마음농사 짓기

마음
농사
짓기

농부 전희식의
나를 알아채는 시간

전희식 지음

돌어 모시는사람들

조건 지워진 삶에서 벗어나기

피시방 화재. 내가 그 뉴스를 보고도 아무 감흥 없이 그냥 지나쳤던 것은 직접 관련이 없어서였다. 목숨을 잃은 사람 없이 모두가 그곳을 잘 빠져나왔다니 천만다행이라고 여겼던 것이 전부였다.

한 통의 전화를 받고는 달라졌다. 그 피시방은 함께 명상수련을 하는 내 후배의 동생이 운영하는 곳이라는 것을 알고 나서 몸에 경직이 왔다. 이럴 수가. 어떡하지. 추운 겨울에 불이 나다니. 두 번 만난 적이 있던 후배 동생은 아주 인상적인 사람이었다. 큰 교통사고로 누워 있는 후배 어머니 병상에서 만났는데 매우 살가웠다.

화재 현장을 찾아갔다. 수원역 앞이었다. 지하 1, 2층에 걸친 화재 현장은 참혹했다. 바닥에는 소방차가 뿌려댔던 물이 질퍽했고 타다만 대형 의자들이 나뒹굴고 있었다. 전날 최고 사양으로 업그레이드한 피시와 함께 녹아내린 모니터, 무너진 천정, 코를 찌르는 매캐한 화학제품 냄새…. 이런 곳에서 250명의 손님을 지상으로 잘 안내했다는 직원들이 새삼 대견해 보였다.

화재 현장을 둘러보면서 다섯 명의 직원이 일사불란하게 피시방 손님들을 안전하게 대피시킨 것이 직원들의 성품이나 인격 문제만은 아닐 거라는 생각이 들었다. 짐작이 맞았다. 이 피시방 직원들은 사장의 평소 배려를 고맙게 여기고 있었다. 어려운 직원에 대한 사장의 보살핌도 많았다고 한다. 영업이 잘되는 피시방 지분을 직원에게 배분해서 많은 배당을 해줬다고도 한다.

이때 1년짜리 계약직이었던 세월호 선장이 떠올랐다. 당시 보도에 따르면 세월호의 항해사·기관장·기관사의 급여는 170만 원에서 200만 원 수준으로 선박직 15명 중 9명이 계약직이었다고 했다. 3개월에서 6개월짜리 계약직들. 그들은 배에 문제가 발견되면 고치기보다 더 좋은 일자리 찾아 떠날 마음이 앞섰을 것이다.

피시방 직원이나 세월호 선장이나 주어진 조건과 일하는 환경의 영향을 많이 받는다는 것을 알 수 있다. 그것을 뛰어넘고자 한다. 이 책의 제목이 '마음 농사 짓기-농부 전희식의 나를 알아채는 시간'이다. 농사를 짓는다는 것도 결국은 나를 알아채는 시간이라는, 그런 시간을 살자는, 마음의 심층을 꿰뚫어보자는 권유라고 할 수 있다.

세월호 선장이나 기관장은 배를 잘 알고 오랫동안 종사해 온 전문가로서 자신들의 처우가 형편없다고 평소에 생각을 했을 것이다. 그러나 배가 침몰할 때 승객들이 빠져 죽든 말든 나만 살면 그만이라고 생각을 하진 않았을 것이다. 삶이 처한 조건 속에서 적폐된 무의식이 그렇게 발현되었을 뿐이라고 생각한다.

'마음 농사 짓기-농부 전희식의 나를 알아채는 시간'이라는 책의 제목은 조건화된 내 무의식의 뿌리를 마음속에서 제거하자는 염원을 담았다고 할 수 있다. 책에 담긴 모든 이야기가 그렇게 읽히기를 바라는 마음이다.

작년 말에 출국하여 22일 동안 태국 최북단 열대지역에 있다가 왔다. 반바지와 맨발로 지내다가 오니 몹시 춥기도 했고 덥수룩한 수염도 깎을 겸 목욕탕을 갔는데, 목욕탕 주인의 퉁명스러움을 보고 한국에 돌아왔음을 실감할 수 있었다.

배낭과 양손에 든 가방이 내 개인 옷장에 다 들어가지 않아서 배낭 하나를 관리자가 계시는 옆자리에 두자고 했더니 "그러다 잃어버리면 누가 책임질 건데요?"라고 쏘아붙이는 것이었다. 옆집 사람이건 외국인이건 가리지 않고 눈을 맞추고 환하게 웃기까지 하는 그들의 순박함, 상냥함, 자연스러움과 비교가 되었다.

태국 현지에서 어느 가게에 들어갔을 때 신기하고 놀라운 일을 겪었다. 돈 통에서 돈을 꺼내 세고 있던 주인이 탁자 위에 돈을 수북하게 쌓아 놓고 내가 찾는 물건을 가지러 안쪽으로 들어가서 들고 나오는 것이었다. 나 말고도 두세 사람이나 손님이 있었는데도, 돈 자랑하자는 것은 아닐 터인데 돈을 쌓아 놓고 자리를 뜬 것이다.

주변을 오토바이를 타고 다녔는데 모든 사람들이 관광지나 시장거리에 오토바이를 세우고는 헬멧이나 가방을 오토바이에 걸쳐 놓고 볼일들을 본다. 나는 버릇대로 처음에는 헬멧이나 가방을 들고 다녔지만 곧 그들처럼 오토바이에 두고 다녔다.

몇몇 마을을 같이 탐방하던 선배가 스마트폰을 잃어버린 것을 알게 된 것은 집으로 돌아오고 난 뒤였다. 다행히도 다음날 그 휴대폰을 돌려받을 수 있게 되었다. 갔던 길을 몇 번이나 오가며 탐색을 하다가 작은 가게 앞에 걸려 있는 휴대폰을 발견했다. 스마트폰을 주운 사람이 옆 가게에 갖다 주고 간 것이다.

돈이건 물건이건 자기 것이 아니면 손대지 않는다는 그 사람들의 생활 규범이 잘 드러나는 사례라고 하겠다. 1인당 국민소득을 따지면 3만 1천 달러인 우리의 6분의 1인 5천 달러에 불과한 것을 보면 돈을 얼마나 가지고 있느냐는 탐심과 무관해 보인다.

고산족 박물관에서 우연히 한국인을 만나서 반갑게 인사를 건넸는데, 그 당황해하던 모습이 생생하다. 낯선 사람에게 인사를 하는 것에 어색한 우리는 외국에서 외국인과는 친절하게 지내지만 한국인끼리는 그렇게 하지 못한다.

귀국해서 자전거로 읍내로 가는 길에 마주친 아저씨에게 '안녕하세요~'라고 했더니 '저 사람 왜 저래?'라는 식으로 쳐다보았다.

귀국하던 날의 목욕탕 사례와 비슷한 일이 그날 또 있었다. 강좌가 열리는 출판사에 가는데, 시간에 쫓겨 택시를 탔다. 짐이 있어 뒷

자리에 앉았는데, 그 순간 남자 두 명이 조수석 문과 뒷좌석 문을 동시에 열면서 타려고 했다. 택시 위에 켜져 있는 빈차 표시등이 꺼지기 직전에 빈차인 줄 알고 문을 연 것이 분명해 보였다. 그런데 기사는 "손님 있는데 뭐 하는 거예요? 눈에 안 보여요?" 하고 버럭 소리를 질렀다. 그들이 내리고 나서 택시 기사는 쌍욕을 더 퍼부었다.

곰곰이 생각해 보면 놀라운 일들이 많다. 한국은 인구가 4000만 명을 돌파하던 1983년까지도 '한 명씩 낳아도 한반도는 초만원'이라며 산아 제한 정책을 강력히 추진했다. 지금은 인구가 5163만 명인데도 출산 장려 정책에 혈안이 되어 있다. 경제 시스템이 바뀌어 실업자가 넘치는데도 말이다. 경제활동 인구가 모자란다는 것인데, 웬일인지 정정한 50대, 60대를 퇴출시키고 있다. 1인당 국민소득 400불일 때도 여러 명의 자녀들을 잘 키웠는데 3만 불이 되어서는 아이 하나 키우기도 힘들다고 한다.

왜 이럴까. 무엇 때문일까. 행복한 삶이 무엇인지 숙고하기보다 여전히 외형의 크기와 성장 신화에 매여 있는 우리의 이런 모습이 어디서 비롯되는 것인지 분석할 길이 있을 것이다.

태국인이 그런 삶의 태도를 보여줄 수 있었던 이유는 무엇일까? 열대 지역이라 먹을 것과 생활에 필요한 것이 자연에서 풍부하게 공급된다는 것, 인구밀도가 한국의 5분의 1 수준이라 사람 사이의 경쟁이나 긴장이 덜하다는 것, 학력이나 경력을 갖추지 않아도 먹고살기에 별문제가 없다는 것, 도시와 접촉을 많이 하지만 고산족 원주민이 자신들의 삶을 계속할 수 있도록 정책적 배려가 있다는 점 등이 될 것이다.

이런 환경 조건의 차이로부터 생겨나는 삶의 태도들을 넘어서는 날을 기대한다. 책에 담긴 글들은 한결같은 염원을 담았다. 어떤 조건에서도 긴장 없이 균형을 유지하며 평화로운 일상. 시골에 살면서 겪는 여러 일화들 중심으로 정리한 글들이다.

그냥 묻혀 지나갈 수도 있는 글들을 엮어 낼 수 있게 해 준 '모시는 사람들' 소경희 편집장께 감사드린다. 늘 때를 놓치고 약속을 지키지 못한 나를 한 번도 탓하지 않고 기다리고 기다려 주었다. 나를 알아채는 시간을 내게 주신 분이다.

2019년 2월
덕유산 기슭에서 목암 전희식 모심

마음 농사 짓기

제2부 ·········· 농부, 더불어 살다

제3부 ·········· 농부, 세상 속으로 가다

제1부

농부,
마실을 나가다

나를 알아채는 시간

얼마 전에 열흘간 '담마코리아'에서 하는 위파사나 명상수련을 다녀왔다. 가을걷이에 바쁜 계절이긴 해도 몇 달 전에 날짜를 잡아서 신청했던 터라, '10일 코스' 기간과 겹치는 여러 볼일들을 미루거나 취소하고서 갔다. 10일 코스지만 들어가는 날과 나오는 날을 합쳐서 꼬박 11박 12일이었다.

명상을 마치고 열이틀 만에 내 휴대전화와 책, 필기도구를 돌려받고 든 생각은, 평소에 우리가 하지 않아도 되는 말을 참 많이 하며 산다는 것이었다. 그곳에서는 완전한 묵언 생활을 했는데 소통에 아무런 문제가 없었고, 도리어 들리는 것과 보이는 것에 주의를 더 기울일 수 있었다. 고요하고 평온한 마음과 기민하고 주의깊은 마음으로 또 다른 자신을 알아챌 수 있는 시간이기도 했다.

모르진 않았지만 배가 비니 머리가 맑아지고 마음이 가벼워지는 것도 다시금 실감했다. 묵언과 감각 집중을 통해 머리가 비어지고, 소식과 채식을 통해 배가 비어지니 정신 영역의 거품과 몸의 군살이 빠졌다. 기막힌 얘기 하나 소개할까 한다.

그곳에 있는 동안 비가 며칠 왔는데, 집 뒷밭의 축대가 무너져 내리는 꿈까지 꿀 정도로 걱정이 컸다. 여름 장맛비에 대문간 쪽 축대 일부가 무너져서 대문간에는 지금도 돌덩이가 쌓여 있는데, 부실해진 축대가 연쇄적으로 무너지는 것은 시간문제로 여겨져서이다. 축대 문제가 도화선이 되어 당장 명상 센터를 나가야만 할 일들이 줄지어 떠올랐다. 밭 주인 할아버지 앞에서 품위를 잃지 않되 단호하게 축대 보수를 요구하는 말들을 머릿속으로 어지럽게 늘어놓고 수정에 수정을 반복했다. 하루이틀이 아니었다. 옆집에 부탁하고 온 개 두 마리가 줄이 풀려서 여기저기 나다니면서 동네 천덕꾸러기가 되는 모습이 떠오르자 전화라도 해야 할 것 같았다.

나중에 집에 와 보니 너무도 멀쩡했다. 멀쩡한 축대가 저를 보고 '더 있다 오지 벌써 왔느냐?' 하는 듯했다. 모녀지간인 개 두 마리는 옆집에서 잘 돌봐 줘서 토실토실했다. 다행이라 생각하면서 허탈하기까지 했다.

우리 일상 자체가 이런 망상이지 않을까 싶었다. 멀쩡한 축대와 개를 마음에 붙들고 몇 날 몇 밤을 전전긍긍했듯이, 대부분의 시간을 우리는 갈망하고 혐오하면서 삶을 채우고 있지 않나 싶다.

세상 걱정도 사실 따지고 보면 내가 만들어서 하는 놀이들이다. 열이틀 동안 온갖 세상 걱정들을 여름철 날파리떼처럼 해댔지만 세상은 나 없이도 멀쩡했다.

그러다가 어제 치과에 갔다. 생생한 현실이 거기 있었다. 이를 갈아 내고 신경을 건드리는 의사의 손끝에서, 아무리 모든 것이 조건에 따라 단지 일어났다 사라져 가는 것들이라 허망하고 덧없다고 되뇌어도, 온몸을 뒤채게 하는 이빨 뿌리의 신경 줄은 팽팽한 삶의 긴장 그 자체였다. 아무것도 떠오르지 않고 통증뿐이었다. 치통마저도 조건에 따라 일어났다 사라질 뿐이라는 것을 알아챈 것은 치과를 빠져나와 치통이 다 가시고 난 뒤였다.

큰 자극에는 순식간에 빠져들고 미세한 자극은 감지하지도 못하는 나인 것이다. 어느 쪽이 중요하고 어느 쪽이 긴급한지와는 별개다. '큰 자극'이라는 것도 그것이 과거 기억과 미래의 상상에 이르면 객관적인 것도 아니고 내가 만든 것에 불과하다. 감각에 매이지 않고 단지 바라볼 수 있는 힘, 그 힘을 기르는 일에 게으름을 피울 수 없는 까닭이기도 하다. 닥친 일을 바르고 조화롭게 처리하기 위해서도 그렇다.

〈경남도민일보〉 2016년 11월

30년 저 너머에

뜻하지 않은 방문이었다. 아니, 꼭 우리 집으로 왔다는 것은 아니다. 요즘은 방문이라고 하면 누구를 어디서 몇 시에 만나는 것만으로 이해하지는 않으리라. 내 코앞으로 불쑥 얼굴을 들이미는 영상전화까지 있다 보니, 대문만 걸어 잠근다고 내 시간과 공간이 온전히 보장되는 것은 아니다.

그는 전화와 문자와 메일로 집요하게 우리 집에 오겠다고 했다. 대단한 열성이었다. 굳이 우리 집에 오겠다는 것은 일종의 성의 표시였다. 꼭 나를 만나야 한다는 뜻을 그렇게 표현한 것으로 여겨졌다. 인천에서 우리 집까지 차로 오가려면 하루가 벅차다. 그걸 알면서 오라 할 수가 없어서 서울에서 만났다. 서울 가는 날에 맞춰서.

30년 전 이야기를 풀어 놓는 자리. 참 아득했다. 벌써 30주년이냐고 확인하기에는 세월이 나에게 무심했다. 나도 세월에 무심했다.

5월 3일. 30년 전 5월 3일 이야기였다. 장소는 인천 시민회관. 주제는 대통령 선거를 직선으로 하자는 것이었고. 그러고는 이어지는 전쟁터, 수배, 구속, 고문 이야기였다. 참 생경했다. 그 자리에 다시 선다는 것이 그렇게 어색할 수가 없었다.

간혹 다시 태어나도 당신과 결혼하겠다거나 다시 태어나도 그 선택을 하겠다고 준엄하게 선언하는 사람들을 보는데, 나는 결코 같은 선택을 하지 않으리라 장담한다. 30년 전 5월 3일의 인천 시민회관은 다시 선택하고 싶지 않은 자리다. 아니, 갈 수는 있겠다. 그리고 그때처럼 그 역할을 할 수는 있겠다. 그때 그 사람들과 모의를 할 수도 있겠다. 거친 언사를 난폭하게 휘두르며 흉기까지 손에 쥘 수도 있겠다. 그리고 목숨을 걸 수도 있겠다. 그때처럼.

그러나 내 속에 품는 목표는 전혀 다를 것이다. 아주 다를 것이다. 그때처럼 그것이 다인 줄 알고 그것이 전부라고 하지는 않을 것이다. 그 행동을 하고 그 말을 하되 그것은 하나의 도구요 소품인 것을 분명히 인식할 것이다. 분명 그럴 것이다.

이런 가정은 사실 실현 가능한 것은 아니다. 재연될 수 없는 역사적 사건을 두고 달리 설계해 보는 것은 때론 궁상맞다. 에릭 브레스 감독의 '나비효과'는 그것을 잘 보여준다.

어린 시절의 끔찍한 기억에 시달리는 에반은 과거의 기억을 되살리기 위해 정신과 치료를 받으며 어릴 적부터 써 온 일기를 매일매일 꼼꼼하게 쓴다. 그 일기가 과거로 가는 비밀 통로가 된다. 일기장에서 해당 날짜의 해당 사건을 읽기만 하면 그때 그 장소로 간다. 에반은 과거를 고치기 시작한다. 아픈 과거의 상처들을 고쳐 나간다. 그러나 어쩌랴. 과거를 바꾸니 오늘의 현실이 더 충격적으로 그를 기다리고 있으니…. 예상치 못한 파국이 그를 맞는다.

오늘을 사랑하고 귀하게 여기라는 메시지를 전하는 영화다. 오늘의 나는 오늘 이렇게 살고 있고, 이렇게 생각하는 나는 과거 모든 순간들의 총합이라는 것을 보여준다. 과거 어느 한 부분이 좋고 나쁘고의 문제가 아니라 그 모두는 한 덩어리로 나를 구성하는 요소들이라는 것이다. 별난 주장도 아니요 특별하지도 않은 진리다.

그때 내가 1계급 특진에 500만 원이 걸린 현상수배자가 되지 않았다면 오늘의 나는 전혀 달라져 있었으리라. 그때 내가 현장에서 붙잡혀 구속되었다면 오늘 내가 이런 생각을 하지 못하고 전혀 다른 방식으로 30년 과거를 기억할 것이다. 오늘이 좋다. 지금 이대로가 감사하다. 따라서 30년 전의 모든 사람과 상황을 수용한다. 사랑한다.

사단법인 인천민주화운동계승사업회 주관의 30주년 행사 때 나올 증언록을 위해 나는 두 시간여 입을 열었다. 격정도 울분도 없었다. 어제 일처럼 생생하되 담담했다. 다만, 그 시절의 내가 참 애처로웠다. 늘 쫓겼고, 늘 호주머니는 비어 있었고, 늘 그날의 잠자리를 걱정해야 했다. 30년 전이니 20대였구나. 만 27세. 그런 나를 가만히 감싸안고 등을 토닥여 주고 싶었다.

대통령 직선제는 이뤄졌지만 세상은 달라지지 않았다. 세상은 뭐가 바뀌어야 달라졌다고 할 수 있는가. 세상은 무엇 무엇으로 구성되는가. 거기에서 나는 무엇인가. 어디쯤에 위치하는가. 세월호 2주기를 맞아 찔끔찔끔 눈가를 훔쳤지만, 다 좋다. 열심히 뭔가를 하되, 그것에 함몰되지는 않아야 할 것이다. 집중하고 몰두하되 그것이 곧 나일 수 없으니까. 내가 그것에 집중할 뿐.

〈경남도민일보〉 2016년 4월

황금 개띠라고 하는데

60간지로 볼 때 개띠는 다섯 종류가 있는데 그중 하나가 무술생인 황금 개띠이다. 내년(2018)이 바로 그렇다. 되짚어 보면 58년 개띠가 그렇다고 한다. 60갑자 중 하나인 무술년을 앞두고 말들이 많다. 개띠 사람들은 강인한 성격이라 고집이 세고, 지도자 자질이 있고, 사교적이되 독선적이라고 한다. 황금 개띠 해는 부자 되는 해라면서 연하장과 백화점 간판에 벌써부터 돈벌이 수단으로 등장하고 있다.

나도 무술생 개띠인 덕분에 며칠 전 방송사에서 취재를 왔다. 참신한 프로그램으로 알려져 있는 EBS 다큐프라임인데 이틀 동안 찍어 갔다. 내년 3월에 개띠 열전이 방영될 거라고 한다. 나는 '개띠 농부 작가'로 나가는 모양이다.

연말마다 되풀이하는 버릇처럼 내년을 어떻게 맞을까 생각해 본다. 먼저, 올해 환갑을 맞았던 한 살 많은 친구가 연초에 했던 말이 떠오른다. 그는 삶을 마무리하는 때로 여기겠다고 했다. 일을 벌이기보다는 정리하고, 쌓기보다는 나누고 싶다고 했다.

올해 환갑을 맞았던 한 살 많은 친구가 연초에 했던 말이 떠오른다. 그는 삶을 마무리하는 때로 여기겠다고 했다. 일을 벌이기보다는 정리하고, 쌓기보다는 나누고 싶다고 했다. 개띠 해를 앞두고 우리 집 '까몽이(까맣다고 해서 어머니가 붙인 이름)'가 새끼를 낳았다.

예순이라는 신체 나이야 옛날 사람들과 달리 혈기가 넘치더라도 정신적 나이, 영적인 나이로 봐서는 그래야 하는 나이이다. 동갑내기 여러 단위에서 몇 년 전부터 시작된 환갑여행 준비 어디에도 들지 않은 게 다행스럽다. 그동안 시끄럽게 살아왔으니 앞으로는 고요하게 지내는 게 좋겠다.

한 갑자인 60년이라는 세월은 원래 그런 의미이기도 하다. 근본에서 달라지는 때다. 덤으로 산다 여기고 하고 싶은 게 있더라도 그게 욕심은 아닌지 살펴볼 일이다. 집착은 아닌지 바로 알아챌 수 있어야 한다. 하늘의 뜻과 땅의 이치를 알고 거스르지 않으며 이를 새기고 살면 만사가 형통할 것이다.

이것을 우연의 일치라고 해야 할까. 내가 환갑을 맞는 개띠인 줄 알 리가 없는 어느 분이 얼마 전에 지나가듯 제안을 하나 하셨다. 나더러 100일 기도를 해 보라는 것이었다. 내년 초에 어머니 3년 탈상과 맞물려 있어 오래전부터 내가 그 비슷한 생각을 하고 있는 걸 안 듯이 말이다. 인화 물질에 불이 당기듯 그분의 제안에 전율을 느끼며 나는 1단계로 49일 기도를 해 보겠다고 약속했다.

국내외 아는 수도원과 명상센터를 몇 군데 검토하다가 내 생각에 적극 동조한 아들의 권유에 따라 일상을 유지하면서 기도 생활을 하기로 했다. 역시 아들의 자문을 받아 가며 집에 별도의 수련 방을 꾸

몄다. 어머니 영정과 향을 마련했고 아는 친구가 기도실에 어울리는 히말라야 소금등을 갖다 주었다. 49일 기도 생활의 일상 계획과 특별 일정도 짰다. 무겁지 않고 가볍게. 심각하지 않고 즐겁게.

초등학교도 2부제 수업이 시작되었고 고등학교 입학 연합고사나 대입 예비고사와 본고사까지 역대 가장 높은 경쟁을 치른 세대. 58년 무술 개띠의 이력서는 화려하다. 『58 개띠』라는 시집이 두 권이나 나와 있다.

개팔자 상팔자라느니, 죽 쒀서 개 줬다느니 개와 관련된 속어도 많다. 개똥도 약에 쓰려면 없다. 서당개 삼 년이면 풍월을 읊는다. 닭 쫓던 개 지붕 처다본다. 개밥에 도토리. 개수작 한다. 하룻강아지 범 무서운 줄 모른다 등 끝이 없다. 도둑맞으려니 개도 안 짖는다. 지나가는 개가 웃는다….

오늘의 내가 있기까지 저지른 잘못들, 용서를 구해야 할 일, 사과해야 할 사람, 감사드려야 할 일들이 많다. 세상 모두를 위해서 나를 향해 두 손 공손히 모아 기도할 때가 된 듯하다.

존경하는 어느 목사님의 기도가 떠오른다.

"오늘만이 내 날이요, 주님 만날 준비는 오늘뿐이다. 오늘 일 내일로 미루지 말고 섬기고 헌신하기에 열심을 다하라."

〈경남도민일보〉 2017년 12월

나에 대한 믿음의 과잉 사태

나는 나를 믿는가? 믿는다. 아니다, 어떨 땐 믿고 어떨 땐 의심한다. 의심한다고? 그러면 나를 의심하는 그 순간의 나는 믿는가? 믿을 때도 있고 헷갈릴 때도 있다. 의심하는 나를 늘 발견하는가? 아니다, 그건 아니다. 한참 지나서 발견하기 일쑤다.

그래도 나는 내 판단과 내 행동과 내 생각을 중심으로 내가 존재한다는 사실은 인정한다. 미덥지 못하지만 어쩔 수 없는 현실이다.

그제는 옆집에 가서 "할머니, 동네 길을 새로 잘 닦았으니 개통식 해야죠?" 하며 선물 들어온 거봉포도를 한 송이 갖다드렸다. 친정에 와 있던 일흔이 다 된 따님도 활짝 반긴다. 고마워하시는 모습을 보자니 민망하고 죄송했다. 내가 내 죄(?)를 알기 때문이다.

그 전날이었다. 야생으로 돼지감자를 키우는 뒷산 밭으로 올라가려는데 길이 막혀 있었다. 찔레나무 등 고약한 가시나무들로 산길을 완벽하게 틀어막고는 원래 있던 산길을 괭이로 파서 밭을 만들어놓았다. 여기까지가 이른바 '팩트'였다.

회전속도가 빠르고 정교한 내 생체 중앙처리장치의 연산 결론은 다음과 같았다. 이건 옆집 소행이다. 한 평도 안 될 땅 욕심에 길까지 밭으로 처넣고는 남의 농로를 틀어막다니. 못 말리는 할머니다. 전에도 호박 넝쿨을 밭으로 깔지 않고 길로 뻗어 가게 해서 사람 다니기 힘들게 했던 적이 있다. 밭둑까지 호미로 풀뿌리를 캐내고 들깨를 심어서 장마가 지면 토사가 쏟아져 남의 밭을 못 쓰게 하는 게 취미인 할머니다. 그럴 때마다 아무 말 않고 지나갔는데, 이제는 길까지 막다니 갈수록 태산이다. 옆집에 대한 배려라고는 눈곱만큼도 없고 사람을 우습게 보는 게 분명하다.

이 추론과 그에 따른 결론은 순식간에 내려졌고 한 점 의심의 여지가 없었다. 신중한 나는 이 명쾌한 결론을 여러 모로 재검증했다. 논리도 정확하고 증거도 있었다.

아, 그런데 엉뚱한 진실이 밝혀진 것은 한나절이 채 못 되어서였다. 산림청 사람들이 이전 길 약간 위쪽으로 평평한 새 길을 만들고 있는 게 아닌가. 원래 있던 옛길을 복원하고 지적도에 나온 대로 할머니 땅을 회복시켜 드렸다고 한다. 할머니는 밭가에 얼씬도 하지 않았던 것이다. 거봉포도 한 송이로 할머니께 지은 죗값이 치러질지 죄송하고 죄송하다.

몇 달 전에는 이보다 더 심한 불상사가 있었다. 구례 '자연드림파크'에서 열린 토론회에서 농촌인구 문제에 대해 발제를 하고 돌아오는 길이었다. 행사장에서 남의 차를 얻어 타고 남원으로 나와서 전주행 버스를 탔는데, 전주시외버스 터미널에 도착하면 내가 사는 시골로 가는 막차를 탈 수 있다는 계산이 나왔다.

전주에 도착할 때쯤 되니 어두워진 차창 가로 언뜻 고가도로가 보였다. 전주에는 고가도로가 없는데 이상한 노릇이었지만 금방 내 생체 연산장치는 작동을 마치고 나를 안심시켰다. '요즘 하루가 다르게 공사판이 벌어지는데 고가도로 하나쯤이야 뚝딱이지 뭐.'

그래도 의심스러워서 밖을 자세히 살폈더니 고가도로가 새로 건설된 것이라고 할 수 없을 정도로 낡고 더러워 보였다. 두 번째도 내 생체 연산장치는 자신 있게 결론을 내 보였다. '네가 전주를 다 알아?', '어두워서 잘못 본 거야.'

내가 전주행 버스를 탔다는 것을 전제로 한 어거지 결론들이었다는 것은 곧 밝혀졌다. 버스가 도착한 곳은 전남 광주였기 때문이다. 차창 밖으로 보이던 낯선 입간판들, 기아자동차 회사 건물 등도 나의 잘못된 결론을 수정하지 못했던 것이다. 심지어는 광주를 알리는 우체국 간판도 보았는데 그걸 보고도 나는 전국 어디에나 있는 '전주식당'을 떠올리며 광주를 선호하는 전주의 사설 우체국이 이름만 갖다 붙였을 거라는 한심한 결론을 내리기도 했던 것이다.

내 오류를 늦게라도 발견한다면 그나마 다행이다. 발견하지 못한 경우가 더 많이 있을 것이다. 못 믿을 '내 믿음.' 〈경향신문〉 2016년 7월

단순하게 살기와 잡동사니

　창고를 볼 때마다 다짐을 하지만, 늘 미수에 그치고 뜻을 이룬 적이 없다. 창고 정리가 매번 좌절되자 이번에는 나라는 인간에 대한 좌절감이 밀려왔다. 요즘 자주 쓰이는 말로 '불가역적' 창고 정리는 내 인생에서 꿈으로만 존재하고 실현될 수 없는가. 정리를 할수록 짐이 왜 늘기만 하는가. 나는 왜 이리도 욕심이 많아서 고물상에서도 마다한 온갖 잡동사니들을 주워 모으는가. 이런 잡동사니들을 부둥켜안고 사니 내 인생이 잡동사니를 닮는 건 아닐까 등등.

　우리 집에 원래 창고는 하나이다. 그런데 그게 공식적으로 그렇다는 것이고 비공식적인 창고는 날로 늘기만 했다. 어디든 잠시만 방심하면 창고처럼 변해 갔다. 구석진 곳이나 선반, 책꽂이 빈 자리, 창문 아래쪽, 마루 밑 등. 아무리 시골살이는 버릴 게 없고 다 쓸모가 있다고 하지만 내가 봐도 정도가 참 심했다.

　그런데 그날이 왔다. 피할 수 없는 날이 되었다. 30여 명이 우리 집으로 농장 탐방을 오기로 한 것이다. 이 탐방 약속은 탐방일을 열흘쯤 앞두고 정해진 것이라 차근차근 창고 정리를 시작했다. 정리를 시작하자 '이것만은 결코 버릴 수 없다!'고 여겨 모아 둔 것들이 부지기수로 발견되었다. 로켓스토브 만들 때 필수인 크고 작은 굵기의 '스파이럴 관'을 필두로 가스레인지 위 종류별 냄비 받침판, 단열재인 재활 '펄라이트', 고물상에서 사 온 엘보, 주름관인 연통용 자바라, 투명 아크릴판 조각 등은 적정기술로 손수 제작을 보장하는 자재들이다.

　녹이 시뻘겋게 슨 실외용 2구 연탄 화덕도 나왔다. 산나물을 삶고 쑥차나 고욤잎차를 가마솥에 덖을 때 딱 한 번 쓰고 처박아 둔 것이다. 누군가가 버리겠다고 하기에 차를 몰고 가서 싣고 온 60년대의 동아일보 신문스크랩 상자가 테이프도 떼지 않은 상태로 두 상자가 나왔는데 허연 곰팡이가 군데군데 슬어 있었다. 또한 1년 이상 굴러다니다 구석에 박혀 있는 맥주병이 한 상자쯤 나왔다. 양주병이나 전통주 병들은 생김새가 특이해서 버리지 못했는지 여기저기서 얼굴을 쏙 내밀었다. 고향 마을에 갔다가 주워 온 연한 갈색의 유리판이 다섯 개 나왔다. 스테인리스 망이 구겨진 새시 모기장도 나왔다. 가을에 썰어서 볕에 말릴 농작물들을 생각하며 역시 주워 온 것이다. 작년 가을에 아무리 찾아도 안 보여서 철물점에 가서 철망을 새로 사 왔는데 이제야 얼굴을 내민 새시 모기장이 한편으론 괘씸하기도 했다. 잊혀져 있던 물건들은 더 있었다. 논에서 타작을 하고 마대에 나락 담을 때 사용하는 초대형 깔때기가 나왔다. 이렇게 큰 놈이 어떻게 숨어 있었는지 신기했다. 집에 있으니 후배더러 와서 가져가라고 했다가 후배가 결국 허탕치고 돌아갔던 그 주인공이다.

농기구 창고 정리도 해야 하는데 날짜는 다가오고 생태화장실 대소변기도 비우고 청소를 해야 하는데 진척이 없었다. 진척이 없는 가장 큰 이유는 버리려고 제쳐 났던 잡동사니들을 다음 날에는 자비심과 측은지심을 발동시켜 구제하는 데 있었다. 버려지려다 아슬아슬하게 생명을 부지하게 된 놈들이 떡하니 버티고 있는 창고를 들여다보면 아니다 싶어 다시 끄집어냈다.

'정리정돈의 핵심은 제자리에 놓기가 아니라 버리기'라는 금언을 떠올리지만 그게 되지가 않는다. 요즘 유행하는 '단순하게 살기(미니멀라이프)' 원칙 중에는 내가 새겨야 할 것들이 참으로 많다. 가령, 한 가지 주워 오려면 두 가지 버려라. 잡동사니 보관 개수를 분야별로 딱 정해 놓고 그 이상이 되면 무조건 줄여라. 1년 동안 한 번도 안 읽은 책, 안 쓴 물건은 무조건 버려라. 책은 딱 100권만 보유하라. 추억 서린 물건부터 버려라. 중고시장에 팔려고 하지 말고 그냥 줘라 등.

정리를 하다가 끝내 덜 된 곳은 아예 천막(텐텐지)으로 씌워 놓고 손님들을 맞았다. 이제 이것들은 천막에 덮인 채 몇 년을 묵게 될지 알 수 없는 일이다. 창고 정리를 하면서 혹시나 고가의 골동품 같은 게 나와서 횡재라도 하면 어쩌나 걱정까지 했지만 기우에 그쳤다.

〈경남도민일보〉 2016년 7월

술과 헤어진 뒤

수많은 별 중에 가장 슬픈 별이 뭐냐는 난센스 퀴즈가 있는데 정답은 이별이라고 한다. 이별도 이별 나름일 것이다. 악연과의 이별은 슬플 리가 없겠다. 그런데 악연이라고까지는 할 수 없는 술과 이별한 지 꽤 오래 되었는데도 슬픔을 느낀 적이 없다. 한 번도 술 유혹을 느끼지 않았고 불편하지도 않았다. 오랫동안 술과는 거의 매일 만났는데 건성으로 만났단 말인가? 아닌데, 제법 진하게 만났는데…. 근데 왜일까. 왜 헤어진 지 두 달이나 되지만 후회가 되거나 그립지도 않을까. 로미오와 줄리엣처럼 강제로 헤어진 생이별이 아니라 자발적 이별이라는 점이 원인이 아닐까 싶다.

그 두 달 동안 수십 명이 만나서 1박을 하는 행사도 있었다. 장례식장에도 갔다. 당연히 술이 있었다. 앉은뱅이 토종밀로 누룩을 만들어 빚어 온 가양주도 있었고, '바보막걸리'라는 유기농 쌀로 빚은 술도 있었다. 나만 술잔을 잡지 않았는데 전혀 문제가 되지 않았다. 이상하지도 않았다. 곁에서 술을 권했지만 맹물 한 잔으로 족했다.

병이 생긴 것도 아니요, 술과 담을 쌓아야 할 만큼 술로 인한 사고가 있었던 것도 아니다. 마음 한 번 먹는 걸로 모든 이별이 이토록 깔끔하게 정리된다면 어떻게 될까? 문학이 설 자리를 잃을까? 예술이 무미건조해질까? 치정 관계로 빚어지는 비극들이 사라질까?

형식적인 이별식마저 없이 술과 안 만나게 된 것은 저 멀리 남미에서였다. 남미로 26일간 명상수련을 떠나서였다. 여행을 준비할 때부터 여행 기간 중에는 술과 고기와 오신채를 먹지 않는다는 안내가 있었지만 엄중하게 여기진 않았다. 여행이나 행사에서 그런 주의 사항을 종종 듣지만 한 번도 지켜진 적이 없었다는 기억만 떠올랐을 뿐이다. 더구나 남미 여행 일행 중에는 그 정도의 금기 사항은 가볍게 받아넘기면서 믿지 않을 정도의 반칙을 재미있게 이끌어 가는 선수(!) 선배도 있었다. 현지 음식을 맛본다는 미명하에 현지 술도 음미해 볼 기회가 줄줄이 이어질 것으로 여겼다.

술과의 작별은 불쑥 다가왔다. "몸을 만들어야 된다. 몸을 깨끗하게 만들지 않으면 명상이 깊어질 수 없다."는 인도자의 한마디에 술이 뚝 끊어졌다. 아르헨티나 중부지역이라고 할 수 있는 코르도바주의 산촌에 있는 생태공동체에서 본격적인 명상을 시작할 때다. 코르도바 공동체에서 명상이 깊어지면서 여러 문제들이 일어났을 때였다. 몸뿐 아니라 기억과 판단이 다 이상 작동을 시작했다. 명상에 깊이 들어갈 때 겪는 일반적인 현상이기도 하고 아니기도 했다.

지금 여기의 몸과 무한히 확장되는 영(靈)의 간극이 점점 커지기 때문이라고, 탁한 몸이 급속하게 변화되는 영적 고양을 감당할 수 없어서라고, 몸에 새겨져 있는 기억과 훈습들이 으르렁대며 영의 확장에 충돌을 일으키는 것이라고…. 이런 설명은 인도자의 말을 요약한 것이다. "몸을 만들어야 된다"는 말은 이때 나왔다. 우주선은 1단과 2단 추진 로켓에서 속도와 고도를 얻어야 비로소 3단에서 지구 중력을 벗어나 우주로 갈 수 있듯이, 몸이 만들어지지 않으면 명상과 수도의 목적한 바에 다다를 수 없는 것이다. 몸이 만들어진다는 것은 몸이 마음을 혼란시키는 상태를 벗어나는 것으로 이해된다. 술만이 금기가 아니라 고기와 오신채가 포함되는 이유다.

술을 안 먹을 때 나타나는 몸의 변화는 우선 술 먹었을 때 나타나는 현상들이 없어진다는 것이다. 술을 먹을 때는 술만 먹지 않고 안주라 하여 음식이라고 할 수도 없는 것을 같이 먹다 보니 몸이 많이 부대끼는데 그런 현상이 없어진다. 술 먹는 시간에는 무언가를 과장하기도 하고 불확실한 것들을 단정적으로 말하기도 하는데 그것은 일종의 자기기만이다. 명상과는 함께 갈 수 없는 덕목이다. 명상은 무의식과도 정직하게 만나야 한다. 여기서 말하는 명상을 고요와 생동감으로 이해해도 되겠다. 다들 술에 긍정적인 효과가 있다고들 하니까 술 먹지 말라고 강조하지는 않고자 한다. 그러나 술 안 먹으니까 여러 가지로 좋다는 말은 강조하고 싶다. 〈경남도민일보〉 2016년 3월

야단스럽게 반기기

내 생활에서 최근 몇 년 사이에 두드러지게 달라진 것 하나는 대학은 물론 중고등학교에서 농업과 농촌에 대한 강의 요청이 많아진 것이다. 이는 학생들의 직업 진로 교육 범위가 넓어진 까닭이겠지만, 농촌 사회와 농업의 정화 기능과 치유 기능을 주목하게 된 데에도 그 이유가 있겠다. 요즘 많이 쓰이는 용어가 농업·농촌의 회복력(resilience)이다.

이를 복원력이라고도 하는데 처음에는 단순히 동요나 교란 이전 상태로 되돌아오는 개념으로 사용하다가, 최근에는 새로운 질서와 규범을 찾아가는 능력까지 아우르고 있다. 창의력도 회복과 치유로부터 시작된다고 이해하는 것이다.

수능을 끝낸 뒤 졸업식까지 여유 시간이 생긴 인문계 고교의 3학년 교실에 몇 번 갔는데 점차 농업고등학교와 과학고등학교, 그리고 체육고등학교도 가게 되었다. 중학교도 갔고 장애인 학생들도 만났다. 대학 신입생 대상 특강에도 갔다. 쉼터 여성들과 노인요양원 등

그에게 '요란스럽게 반겨 주는 놀이'를 제안했다. 사소한 일들에도 한꺼번에 박수를 치면서 환호하는 '놀이 시간'을 가져 보라고 했다. 특별한 조건이 없이 해 보라고 했다. 결과는 놀라웠다. 자연이 갖는 복원력이 그 놀이에서 발휘되었다. 찜찜하고 꼬였던 기분과 관계가 상당히 느슨해지더라는 것이다. 자연의 속성이 그러할 것이다. 조건을 따지지 않고 수용하는 것, 있는 그대로 인정하고 존중하는 것, 박수와 환호로 상대를 반기는 것, 이것은 농업과 농촌의 본래 속성이기도 하다.

감정노동을 하는 분들이 우리 집 농장에 와서 하루 체험을 하고 가기도 했다. 모두 회복력이 작동되는 시간들이었다.

회복력에 대한 특별한 체험을 소개하고자 한다. 얼마 전에 서울에 있는 어느 여고에 갔다. 남녀공학 고등학교에서 학생들을 몇 년 가르친 적이 있지만 여고는 처음이라 제법 긴장되었다. 2시간이나 이들의 관심을 집중시키려면 어떻게 해야 할까. 요즘은 이농 2세대도 아니고 3~4세대라서 농촌에 대한 간접 경험도 없는 경우가 많을 것 같아 사진과 영상도 준비했다. 그래도 뭔가 부족한 느낌이었다.

더구나 강의 시간에 15분 남짓이나 늦었다. 환승역에서 두 번이나 실수를 한 것이다. 긴장은 극도에 달했다. 다음 날이 방학이라는데 저녁 시간 특강에 늦기까지 했으니 긴장은 더 심해졌다. 강의를 망칠 것 같은 기분이 들었다.

그런데 한순간에 상황이 달라졌다. 강당에 들어서는데 학생 200여 명과 학부모 십수 명이 박수와 함께 환호성을 질렀다. 강당 뒷문으로 들어설 때부터 시작해서 중앙통로를 지나 연단에 오를 때까지 박수는 계속되었다. 눈길을 피해서 살그머니 들어가려던 계획은 어그러졌지만 긴장은 풀렸다.

"남자친구 만날 때도 이렇게 오래 기다려 주고 환대하느냐?"고 농담을 던질 수 있는 여유까지 생겼다. 여학생들은 "아니오."라면서 또 와르르 웃었다. 나는 긴장이 다 풀렸다. 두 시간이 쉽게 지나갔고 질문이 쇄도했다. 다음 날 나를 불렀던 부장 선생님은 5회 연속 특강 중 집중도가 가장 높았다고 전해 왔다.

지각한 나를 야단스럽게 반겨 준 학생들 덕분이다. 그렇게 될 수 있게 사전에 충실하게 분위기를 만드신 부장 선생님 덕분이다. 상대의 허물을 아무 조건 없이 덮어 준 결과다. 용서는 용서받는 사람을 살릴 뿐 아니라 용서한 사람을 더 복되게 만들어 준다. 웃음과 박수는 꾸짖고 나무라는 것보다 교정 능력이 크기 때문이다.

이 일이 있고 나서 한 후배가 떠올랐다. 상처 입은 사람들을 돌보는 곳에서 일하는 그 후배는 늘 긴장이 연속되는 상황에 있었고 긴장은 사건과 사고를 유발했다. 악순환이었다. 스트레스가 임계점을 오르내렸다.

그에게 '요란스럽게 반겨 주는 놀이'를 제안했다. 사소한 일들에도 한꺼번에 박수를 치면서 환호하는 '놀이 시간'을 가져 보라고 했다. 특별한 조건이 없이 해 보라고 했다. 결과는 놀라웠다.

자연이 갖는 복원력이 그 놀이에서 발휘되었다. 찜찜하고 꼬였던 기분과 관계가 상당히 느슨해지더라는 것이다. 자연의 속성이 그러할 것이다. 조건을 따지지 않고 수용하는 것, 있는 그대로 인정하고 존중하는 것, 박수와 환호로 상대를 반기는 것, 이것은 농업과 농촌의 본래 속성이기도 하다.

〈경남도민일보〉 2017년 7월

백중 풀베기

유월 보름

어김없이 백중이다

어김없이 이장님의 문자가 온다

우리 이장님 배려도 지극해라

문자 못 받는

할머니 할아버지들 들으시라고

어김없이 올해도

동네 방송까지 하신다

오늘이 백중인데요

백중이니까 동네 대청소 하는데요

예취기나 낫 들고 모이시라요

그렇다

오뉴월 콩밭도 다 맸고

나락 농사 세 벌 짐매기도 끝났으니

세서연(洗鋤宴)이라 했던가

호미를 씻어 헛간에 걸고

한바탕 인사굿, 신풀이굿, 병신굿, 모듬굿

해야 하는데

어김없이 풀베기다

2016년의 산골 마을 백중은

어김없는 풀베기다

동네 마을회관에 가마솥 걸어 놓고

백숙 끓여 나눠 먹는 점심을 기대하며

어김없는 풀베기다

날렵한 낫질에 장렬하게

생을 마감하는 잡초들에게는

짧은 애도요

풀더미 속으로 대동댕이쳐진

까만 쓰레기봉투들이 발견될 때마다

싸가지없는 행락객들에게는

욕설 한 됫박 퍼붓다 보니

구슬땀은 어느새

새벽이슬 밀어내고

온몸을 장악하네

평화적인 정권 교체다

오늘도 역시나 피난 보따리

계속되는 폭염 때문에 하루 일과가 새로 짜였다. 일하는 시간과 쉬는 시간이 많이 조정되었는데, 밭에 나가는 시간은 대폭 줄거나 없어진 대신 낮시간에 매일 계곡으로 피난 가는 것이 추가되었다.

그렇다, 피난이다. 더위 식히러 간다는 말은 타당하지 않다. 피난 가는 게 맞다. 사정없이 뜨거워지는 낮시간대에는 이곳저곳의 그늘을 찾아 몸을 숨겨 보지만 소용이 없다. 달아오른 태양 열기는 곳곳을 들쑤셔서 콧구멍을 어느 쪽으로 돌려도 숨이 턱턱 막혀 온다. 도망갈 곳은 계곡물 속이다. 가장 안전한 피난처다.

우리 집에는 내가 아직 버티고 있는 고집 하나가 있는데 냉방기와 선풍기 안 들이기다. 우리 선조들이 수천 년을 부채로 더위를 물리쳤는데 그 핏줄임을 입증이라도 하겠다는 듯 나도 그렇게 버텨 보는 거다. 신체 조건이나 영양 조건이 월등하게 나은 내가 선조들처럼 살지 못할 이유는 없다고 생각하면서.

자동차를 없애고 자전거 탄 지 1년이 훨씬 지났고, 선풍기와 냉방

기도 없는 데다 화식보다는 생식을 많이 하다 보니, 대한민국에서 이산화탄소 발자국 경연대회가 열린다면 입상할 수준은 되리라 본다. 덕분에 지난 7월 전기료가 4,000원 남짓 되어 가정용 전기요금 누진제 논란이 먼 세상 이야기로 들린다. 선풍기는 가을걷이 할 때 들깨나 콩을 선별하면서 쓰던 게 있었지만 작년에 고장이 난 뒤로 새로 사지 않았다. 부채 몇 개가 폭염에 맞서는 유일한 도구다. 그래서 계곡 피난이 시작된 것이다.

부채 하나와 신문, 그리고 집히는 대로 아무 책이나 한 권 들고 일어서면 그게 내 피난 보따리가 된다. 이때부터 두세 시간 동안 도망자 신세가 되는데, 도망자는 원래 맹수 같은 추적자가 있어야 제맛이지만 계곡물 곁으로는 감히 더위가 얼씬거리지 못한다. 해방구다.

1,500m 남덕유산이 만들어 놓은 천연 계곡의 물은 사시사철 마르지 않을뿐더러 굽이굽이 바위 뒤를 돌아 나무 그늘을 타고 내려오는지라 제법 싸늘해서 물 속에서는 10여 분을 버티기 힘들다. 그래서 두어 시간 물 속을 들락날락하다 보면 입술이 파래지면서 몸에 소름이 살짝 돋기까지 한다.

유원지로 개발되지 않은 덕에 출향민들이 여름휴가를 맞아 고향에 왔다가 들르는 정도지만, 내가 이용하는 계곡은 길이 워낙 험해서 찾아오는 이가 없다. 그러니 가리고 걸치고 할 필요가 없다. 거창에 사는 고향 친구가 왔다가 알탕이라는 이름을 지어 주고 갔다. 알몸

탕의 준말인 듯하다. 그렇다고 이곳이 문제가 전혀 없는 곳은 아니다. 바로 물고기들이다. 큰 놈이 손가락만 하고 작은 놈은 눈썹만 한 이 녀석들은 도무지 겁이 없다. 마구 달려들어 물어뜯다시피 한다. 이들에게 뜯기면 따끔따끔하다. 이빨이 없으니까 주둥이로 빨아 대는 것인데 그 흡착력이 상당한 편이다.

한 번도 사람에게 상처 입은 적이 없기에 사람 무서운 줄 모르는 물고기들이다. 몸에 때를 묻혀 가는 것이 내 피난지 배고픈 원주민에 대한 보답이 될까?

〈한국작가회의 전북지부 '작가'〉 2016년

난방비 제로와 노동의 다양성

경칩이 지나고 봄날이 본격화되었다. 어찌 개구리만 기지개를 켜겠는가. 긴 겨울이 지나고 봄이 오기를 기다렸던, 없이 사는 사람들도 움츠렸던 어깨를 털고 활기를 되찾는다. 지난겨울은 추위가 유난히 심해서 난방비가 많이 들었다고들 하는데, 가만히 돌이켜보니 우리 집 난방비는 거의 제로(0)에 가까웠다. 다들 놀란다. 강추위가 와도 제로 난방비엔 영향이 없으니.

지구 온난화로 기후 변화가 급속히 진행되면서 우리나라의 평균 기온 상승은 지구 평균치를 웃돌지만, 한반도는 지난겨울 예년보다 더 추웠다. 온난화의 역설이라고 한다. 그래서 동파도 많았고 동해를 입은 과수들도 많았으니 난방비 역시 많이 들었던 것이다.

그런데도 우리 집 난방비가 제로에 가까웠던 것은 인공적인 시설 난방 장치가 없기 때문이다. 보일러가 없다. 전기장판도 안 쓴다. 대신 아궁이에 불을 때 방을 덥힌다. 그래서 손가락 하나 까딱해서 스위치만 건드리면 난방이 되는 게 아니고, 몸 노동이 필요하다.

나무를 해 와야 하고 톱으로 자르는 것은 물론 도끼로 패야 하며, 오랜 외출에서 돌아온 날은 아궁이에 불을 지펴 두세 시간 기다려야 방바닥에 온기가 오른다. 그동안에는 어떻게 하겠는가? 별수없다. 끊임없이 몸을 움직이고 손발을 부비며 몸에 열기를 만든다.

우리 집에 와서 며칠 지냈던 친구는 이를 두고 '참으로 신성한 일용할 노동'이라고 찬탄을 했다. 굳이 신성한 노동 어쩌고 할 것까지야 없지만, 따듯한 하룻밤을 위해 내 몸을 직접노동에 써야 하는 것은 사실이다. 다른 일을 해서 돈을 벌고 그 돈으로 기름도 사고 전기값도 치르는 간접노동과는 다르다. 직접노동은 통신비나 오가는 교통비, 행정사무비 등 기회비용이 덜 들고 시간이 많이 걸리는 노동으로 그 종류가 엄청 많다. 기계시스템노동이 아니고 직접창조노동이다.

보일러가 없다 보니 외출할 때도 조절기를 '외출' 모드로 해서 기름이나 가스를 최소치로 소비해야 하는 일도 없다. 얼어 터질 난방수가 없기 때문이다. 시설비나 시설보수비가 안 드는 것도 물론이다. 구들은 한번 잘 놓으면 수십 년은 끄떡없다. 교체해야 할 부품이 있어 따로 돈이 드는 것도 아니다.

울창한 숲에는 산림청에서 간벌 작업하고 남겨 둔 폐목들이 즐비하다. 미리 나무를 가져다 말리고 다듬어 놓는 준비가 필요할 뿐이다. 방은 두 평 반 남짓 되고 천정은 일어서서 손을 뻗으면 닿는 정도

우리 집 난방비가 제로에 가까웠던 것은 인공적인 시설난방 장치가 없기 때문이다. 보일러가 없다. 전기장판도 안 쓴다. 대신 아궁이에 불을 때 방을 덥힌다. 그래서 손가락 하나 까딱해서 스위치만 건드리면 난방이 되는 게 아니고, 몸 노동이 필요하다.

로 낮다. 여기다 한지 벽지를 두 겹 발랐고 한지 창을 이중으로 달았으니 열 손실도 없다.

3·1혁명 99주년을 맞아 '3·1민회 조직위원회'에서 새독립선언문 공모를 하기에 '에너지 자립' 분야에 응모해서 당선되었다.

응모 원고에서 사람을 일컬어 '도구'를 사용하는 존재라거나 '생각'하는 존재라는 여러 규정이 있는데, 나는 현대 문명은 에너지에 기반을 두고 있기에 '에너지 인간'이라 해도 무방하다고 진단한 뒤에 인간들의 에너지 이용이 지나쳐서 에너지 종속의 단계에 이르렀다고 주장했다.

또한 자연이 파괴되고 인간 종 고유의 직관과 예지, 감응력과 교감력이 마비되어 에너지 없이는 한순간에 하등동물로 전락할 위기에 직면했다는 주장도 했다. 사실 대규모 정전이나 자연재해 앞에서 인간의 자생력은 제로에 가깝다.

핵전(핵발전소)을 해체하고 화석에너지를 줄여야 하는 것은 물론 신재생에너지 사업이 불러오는 자연 파괴와 지역 분쟁도 도외시할 수 없다. 근본 처방은 에너지에 의존하는 삶을 자연의 삶으로 전환하는 것이다. 내가 말한 '에너지 자립'은 우리나라에서 쓰는 에너지는 우리나라에서 만들어 내자는 게 아니라 아예 '에너지로부터의 독립'을 말한다. 쓰면 쓸수록 커지는 '몸 에너지' 사용을 늘려야 한다. 이는 인간의 신성성을 회복하는 길이기도 하다.

〈경남도민일보〉 2018년 3월

상류 사람의 도덕적 의무

　나는 자타가 공인하는 '상류' 사람이다. '하류' 사람들과 안 어울리는 건 아니지만 자주 어울리지는 않는다. 체질적으로 상류 인간이다. 하류와는 달리 상류에서는 눈만 뜨면 산과 숲이요 맑은 개울물과 깨끗한 공기가 넘쳐난다. 미세 먼지도 훨씬 덜하다. 그래서 몸과 기분이 쾌적하다. 새벽에 일어나서 마당에 나서면 이보다 더한 축복이 있으랴 싶다. 산골의 새벽은 여린 배추 속잎 같은 연둣빛 이미지다. 밭에 호미를 들고 나가면 점점 투명하게 날이 맑아 온다. 날은 밝아 오는 게 아니라 맑아 온다는 것을 상류 사람만이 안다. 나는 체질적으로 이런 일상이 맞다. 천부직인 상류 인간인 것이다. 해발 600미터가 넘는 고지에 살고 있으니 나는 극 상류 인간.

　그러나 상류 사람에게도 시련이 없는 건 아니다. 도대체 어찌어찌하여 이곳까지 이런 쓰레기들이 몰려오는지 알 길이 없다. 겨우내 반쯤 흙에 묻히거나 얼어붙어 숨죽이고 있다가 봄이 되어 세상이 가벼워지자 쓰레기들이 준동한다. 여기저기 눈에 띄기 시작하다가 바

노블레스 오블리주(noblesse oblige)라는 말이 있다. 나처럼 상류 지역에 살면서 특권을 누리는 사람은 그에 걸맞은 사회적 도덕성을 갖춰야 할 것이다. 썩는 물 냄새도 안 맡는다. 시끄러운 자동차 소음도 없다. 개울물을 그냥 떠먹는다. 축산 악취도 없고 매연도 없다. 이만한 특권이 어디 있으랴.

람이 불면 위아래 없이 구르기도 하고 날리기도 한다. 대한민국에서 가장 흔하고 가장 손쉽게 구할 수 있는 검정 비닐이다.

상점에서 종량제 폴리프로필렌 마대(일명 PP마대)를 3천 원씩에 두 개를 사 와서 집 앞 도로 아래와 계곡 기슭을 탐지견처럼 샅샅이 훑었다. 한나절이면 될 줄 알았는데 이틀이 걸렸다. 마대 두 개면 충분할 줄 알았는데 준비한 마대 두 개는 금방 차 버리고 일반 마대도 대여섯 개나 더 채워졌다.

검정 비닐만 있는 줄 알았는데 웬걸, 파랑 비닐, 빨강 비닐, 노랑 비닐도 있었다. 커다란 파랑 비닐 봉투에는 천안함을 두 쪽 냈다는 북한 어뢰 추진체에 쓰여 있던 글씨체로 '강동구청'이라는 글씨가 찍혀 있었다. 500리 길을 달려 참 멀리도 왔다. 어떤 비닐봉지는 꽁꽁 묶여 있었는데, 그 속은 그야말로 백화점이었다. 삼겹살 살점이 말라붙은 은박지 접시도 여럿 있었고, 양말 한 짝, 소주병, 고등어 굽는 석쇠, 사조참치 캔이 들어 있었다. 우산살이 다 꺾어진 우산은 왜 비닐 속에 있어야 할까? 실패에 꽤 두툼하게 감긴 낚싯줄도 있었다. 깨진 유리병을 담다가 손끝에 상처도 났다.

이 낚싯줄을 보고는 번쩍 생각난 바가 있어 집에 가서 낚싯대처럼 쭉쭉 뻗어 나가는 로프식 고지톱을 가져와서 비탈길 아래로 굴러가 걸려 있는 쓰레기를 뽑기인형 게임하듯이 건져 올렸다. 폭포가 있는 곳까지 진출했는데 그곳은 참 가관이었다. 그 비싼 북어 한 마리가 제상에 놓여 있었고, 막걸리 병이나 일회용 접시들은 바로 옆 바위 틈새에 쌓아 태워 버렸는데 타다 만 잔해들이 마구 흩어져 있었다. 누가 이랬을까. 무슨 액을 막고 무슨 복을 빌러 와서는 이토록 계곡을 어지럽혔을까.

읍내에서 농기계와 4륜 트럭을 몰고 와서 밭뙈기 농사를 짓는 사람이 지나가다가 "어이~ 거기서 뭐해?" 하면서 차를 세웠다. 그렇다. 저 사람이 마구 뿌려대는 제초제 병과 농약 봉지도 여럿 주워서 따로 모아 놨다. 무슨 약초라도 캐는 줄 알았는지 차에서 내려 물끄러미 바라보는 그에게 쓰레기 치우는 중이라고 했더니 "군청에 얘기하면 될 텐데 왜 그러~" 하고는 휑 지나갔다.

맞다. 군청에 얘기하면 된다. 요즘은 군청 공무원이 옛날 머슴만도 못한지 눈이 와도 군청, 길이 패여도 군청, 비가 와서 토사가 나도 군청, 옆집 강아지가 병아리를 물어 죽여도 군청을 부른다. 동네 사람 하나가 술 먹고 트럭을 길에 세워 두고 주정을 해도 직접 해결하지 않고 119로 전화한다. 암, 나만이라도 참자. 군청 좀 쉽게 해야지.

이장님이 면사무소에서 50리터짜리 볼그레한 마대 자루 두 개를 갖다 줬다. 어림도 없어서 다시 읍내 상점에 나가서 피피 마대 두 개를 6천 원 주고 더 사 왔다. 이 정도는 해야 상류사람답지 않겠는가. 노블레스 오블리주(noblesse oblige)라는 말이 있다. 나처럼 상류 지역에 살면서 특권을 누리는 사람은 그에 걸맞은 사회적 도덕성을 갖춰야 할 것이다. 썩는 물 냄새도 안 맡는다. 시끄러운 자동차 소음도 없다. 개울물을 그냥 떠먹는다. 축산 악취도 없고 매연도 없다. 이만한 특권이 어디 있으랴.

조 아무개 사장네도 그렇다. 나라 이름 단 비행기 타고 하늘 높이 오를 줄만 알고 노블레스 오블리주를 모르면 안 된다.

〈오마이뉴스〉 2018년 5월

개장수 노릇

"여기저기 똥 싸 놓으면 치우는 것도 일이여."

"우리 집에도 새끼 났는데 그냥 준대도 가져가는 사람이 없어."

"털 날리고 냄새 나고 한 마리도 힘든데 뭣 하러 또?"

골판지 상자에 담아 장터에 내놓은 우리 집 강아지들을 보고 예쁘다고 머리를 쓰다듬고 품에 안아 보면서도 정작 가져가겠다는 사람이 없었다. 강아지를 가져가진 않고 거절의 말만 쏟아 놓고 갔다.

큼직한 글씨로 '거저 드립니다. 식구처럼 같이 살 분들께'라고 써붙여 놓은 것을 보고 진짜 공짜냐며 가져갈 듯하다가도 일행 중 하나가 만류하면 슬그머니 내려놓는다. 할아버지가 가져가겠다고 하면 할머니가 말리고, 할머니가 탐을 내면 같이 온 며느리가 말리는 식이었다. 개를 키우면 개한테 매여서 며칠 집 비우기도 힘들다고.

맞는 말이다. 개 밥 챙기는 것도 일이다. 사룟값도 만만찮다. 우리 집 개가 두 마리인데 뒷밭에 산돼지가 와서 난장판을 벌여도 짓기만

하고 쫓지는 못한다. 속된 말로 '밥값'도 못한다. 그러니 더 강권하지도 못한다.

우리 집 '까뭉이'가 일곱 마리나 새끼를 낳았을 때부터 여기저기 강아지 데려갈 사람들에게 연락을 해도 다들 한두 마리씩 개를 키우고 있었다. 시골에는 개 없는 집이 없다.

그래서 5일 장터 두 곳을 사흘거리로 돌면서 팔자에도 없는 '개장수' 노릇을 했는데, 공짜로 가져가면 개가 건강하게 자라지 못한다고 기어이 1만 원짜리를 내놓고 가는 사람도 있었지만 공치는 날도 있었다. 집에까지 데려갔다가 아파트에서 어떻게 키우느냐고 마누라 한테 혼났다며 도로 데려온 사람도 있었다. 정말 쉽지가 않았다.

강아지를 '분양'하는 게 시골에서 얼마나 힘든 일인지 아는지라 밥을 줄 때마다 절대 새끼를 배지 말라고 다짐을 놨지만 부질없는 일이었다. 지난여름, 암내가 난 까뭉이 꽁무니를 맴도는 아랫마을 수캐를 내쫓는 걸로는 까뭉이를 지킬 수 없다고 생각해서 마당에 철망을 치고 까뭉이 보호 작전을 폈지만, 이미 눈을 맞춘 두 녀석이 합심하여 철망 밑으로 구멍을 내고 배를 맞춰 버렸다.

한번은 장터에서 낯이 익게 된 장터 개장수가 자기한테 일당을 주면 개를 다 가져가겠다고 했다. 멀쩡한 사내가 강아지 공짜로 나눠 주느라고 하루를 허비하는 꼴이 안쓰러웠나 보다. 순간 흔들렸으나 이내 마음을 고쳐먹었다. 보신탕집에 공급되는 개들이 어떻게 사육

그래, 같이 살자. 너희들 둘을 끝까지 내가 돌보마. 같이 천수를 누리자, 건강하고 즐겁게. 어머니 무릎 위에 올라앉아 귀여움을 독차지 했던 네가 아니냐. 돈 벌어 중성화수술 할 때까지 또 새끼 낳으면 개장수 노릇 내가 더 할게.

되는지를 알기 때문이다. 도살 과정의 참상도 널리 알려져 있다.

장터에 일곱 번 나가서 겨우 일곱 마리를 다 해결하고 개선장군처럼 의기양양해서 집에 오니 두 마리 개가 배고프다고 요란하게 짖는다. 며칠 집을 비워야 하는데 이들을 어쩌나. 개선장군은 졸지에 상심에 젖는다.

산속에서 꽃 농장을 크게 하는 친구가 떠올라 전화를 했다. 용건을 다 듣지도 않고 친구는 단호하게 충고한다. 산에다 풀어 버리란다. 개는 개고 사람은 사람이니 개 붙들고 고생하지 말란다. 단 며칠이라도 절대 자기 농장에서는 개를 돌봐 줄 수 없단다. 겨울에 물은 얼지, 추운데 문 열고 나와서 개 사료 주긴 귀찮지, 해서 자기네 개도 산에다 풀어놔 버렸다는 것이다.

아, 그래도 그렇지. 쌓인 눈은 녹을 줄 모르는데, 이 추운 겨울에 아무리 사료를 몇 부대 쏟아 준다 해도 얼어 죽지 않고 애들이 살 수 있단 말인가. 유기견들의 말로가 자기들끼리 영역 다툼 하다가 크게 상처를 입거나, 도로에서 차량에 치여 죽거나, 또는 들개가 되어 사람들을 위협하다가 포살당한다고 하지 않는가.

집을 나서기 전, 두 마리 개가 사이좋게 먹을 수 있도록 양쪽 그릇에 먹이를 많이 담았다. 강추위에도 얼지 않도록 물대야 밑에다는 수도 동파방지용 열선을 깔고 콘센트에 전원을 꽂았다.

그래, 같이 살자. 너희들 둘을 끝까지 내가 돌보마. 같이 천수를 누리자, 건강하고 즐겁게. 어머니 무릎 위에 올라앉아 귀여움을 독차지 했던 네가 아니냐. 돈 벌어 중성화 수술할 때까지 또 새끼 낳으면 개장수 노릇 내가 더 할게.

〈경남도민일보〉 2018년 1월

내가 만든 송곳 하나

지금이야 장맛비가 시작되었지만, 지난주만 해도 가뭄이 보통이 아니어서 아침저녁으로 밭에 물 주는 일이 하루 일과의 시작과 끝이었다. 물은 농사에 절대적이다. 건강한 흙에 물만 있으면 작물에 필요한 영양분을 다 만들 수가 있지만, 물 주기가 그렇게 간단하지는 않다. 물을 주더라도 아침저녁으로 줘야 하고, 뜨거운 낮에 주면 도리어 농사에 해로울 수도 있다. 물도 아무 물이나 주면 안 된다.

밭에 물을 주다가 갑자기 송곳이 필요했다. 일정한 간격으로 뚫린 구멍으로 물을 흘리는 '점적호스'의 구멍이 막혀 물이 잘 안 나와서다. 철물점에 가면 천 원에 송곳 두 개를 살 수 있지만 그걸 돈 주고 산다는 것은 사지 멀쩡한 농부의 자존심이 허락하지 않는 것이라 직접 만들기로 했다.

특히, 최근에 '유발 하라리'가 쓴 『사피엔스』를 읽고서 사피엔스의 지위가 간당간당한 현대인으로서 더욱 분발하여 손과 발을 많이 사용해야겠다고 다짐을 했던 터라 인류의 미래까지 생각하는 의무감을 갖고 송곳 만들 연장을 챙겼다.

점적호스를 쓰지 않고 이전처럼 아침저녁으로 일반 호스를 들고 농장 여기저기를 다니며 물을 준다면 송곳도 필요하지 않았을 것이다. 지금껏 그렇게 해 왔다. 그러나 아랫동네 사과 농장에서 철거한 점적호스를 버린다기에 너무 아까워 보여서 얻어 와 아침저녁만이 아니라 종일 규칙적으로 밭에 물을 주겠다는 생각으로 이것을 설치했는데, 구멍이 막힌 게 대부분이었던 것이다. 우리 농장은 지하수가 아니라 골짜기 물을 끌어다 쓰는지라 물속의 부유물들이 점적호스의 구멍을 막았을 수도 있다.

송곳 만들기는 엄지 굵기의 나무토막 하나를 골라 한 뼘 길이로 자르는 것부터 시작했다. 그 나무토막을 세워서 한가운데에 중간 크기의 못을 박았다. 송곳을 만들어 본 사람들은 그다음 순서가 뭔지 알 것이다. 못의 대가리를 펜치로 잘라 내고 그라인더로 뾰족하게 가는 것이다.

그러나 나는 그렇게 하지 않고 나무토막을 거꾸로 세워서 못 대가리를 바닥의 돌에 대고는 아까보다 좀 가는 못을 반대쪽에 하나 더 박았다. 두 개의 송곳을 만들려는 것이다. 일을 하다 보면 굵기가 다른 송곳이 필요한데 아직 양쪽에 다른 굵기의 송곳 못이 박힌 것은 본 적이 없다.

경우에 따라서는 세계 최초의 발명품이 될 수도 있겠다는 생각으로 양쪽의 못 대가리를 잘라 내고 끝을 그라인더로 갈아 내기 시작했다. 이 과정에서 한쪽 못이 휘어졌고 그걸 망치로 바로잡다가 나무 자루가 쪼개져 버렸다.

조금 더 굵은 나무토막을 준비해서 처음부터 다시 시작했다. 오래지 않아서 정교한 쌍송곳이 만들어졌다. 밭으로 가서 작물 위치에 따라 점적호스에 두 가지 다른 굵기의 구멍을 뚫어서 물을 흘리니 물이 아주 잘 나왔다.

계곡물은 부유물 때문에 호스 구멍이 막힐 가능성은 있지만 미생물과 유기물 함량이 높아서 관정을 뚫어 전기로 퍼 올리는 지하수하고는 비할 바가 아니다. 지하수보다 자연 압에 의한 지표수를 쓰는 것이 에너지 자립 농사 차원에서도 그렇고 작물의 영양 면에서도 몇 배 이롭다.

밭에 고랑을 내고 물을 대면 고랑 따라 물이 흘러들 것 같지만 우리 농장은 쟁기질과 로터리 치기를 하지 않는 자연재배 농장이라 그렇게 해서는 물을 댈 수가 없다. 땅이 스펀지처럼 푹신푹신하고 완벽한 떼알구조(입단구조) 흙으로 되어 있기 때문에 물이 흘러가지 않고 그대로 스며들기 때문이다.

계곡에 작은 보를 막아 호스 끝을 담글 취수장을 만들었고, 집수 부위로 부유물이 들어가지 않도록 가는 철망을 덧댔다.

송곳 하나 만드는 데 한나절이나 걸렸으니 돈으로 따지면 비경제

적이라 하겠지만 노동은 벌이의 수단만이 아니기에 송곳 하나 만든 내 한나절이 흡족하다. 자존감과 건강 향상, 자연물과의 직접 접촉에서 물리성 익히기, 그리고 의식의 확장 같은 것들은 생활용품을 직접 만들어 쓸 때 받는 보너스들이다.

　나는 시장에서 사기만 하지 않고 웬만하면 손으로 직접 만든다. 그렇게 해서 조금씩 더 온전한 존재로 나아가려 한다.

〈경향신문〉 2016년 7월

들깨와 참새 그리고 가로등

비가 온다고 해서 들깨 타작을 서두른 날이었다. 베어 놓은 지 4~5일 지났는지라 잘 말라서 '갑빠'를 깔고 한곳으로 모으는데 따가운 햇살이 새삼 고마웠다. 들깨를 벨 때는 이슬이 덜 깬 이른 오전이 좋지만 타작하기에는 햇살 따가운 오후가 좋다.

옮기기 좋게끔 반 아름 정도씩 끌어모으는 때도 그렇고, 그걸 양팔에 안고 올 때도 그렇다. 무척 조심스럽다. 깨알이 떨어지지 않게하려니까 충격이 가지 않도록 걸음도 사뿐히 걷는다. 내려놓을 때는 반대다. 소리 나게 턱 내려놓는다, 한 알이라도 더 털어지라고.

들깨를 벨 때도 조심스럽기는 매한가지다. 낫을 예리하게 갈아서 들깨 밑동에 댄 채로 비스듬히 당겨 올려야 깨알이 떨어지지 않는다. 충격이 가지 않게 하는 방법이다. 이보다 더 조심하는 단계가 있다. 들깨 베는 날과 시간을 정하는 때다.

적어도 닷새 정도는 날이 맑을 것이라는 일기예보가 있어야 하고 참새떼 눈치를 봐야 한다. 기민하고 주의깊게 살펴서 밭에 들어가는 순간을 정해야 하는데 들깨가 익으면 참새떼가 귀신처럼 알고 몰려든다. 익지 않은 들깨는 쳐다보지도 않는다. 들깨 뿌릴 때도 들켰다가는 다시 뿌려야 할 정도로 참새는 들깨를 좋아한다. 애써 농사지어서 참새들에게 빼앗길 수는 없다. 속 편한 말로 들짐승이나 날짐승도 먹고살아야 하지 않느냐고 하지만 들깨밭의 참새는 다르다. 이 놈들이 쪼아먹는 것은 얼마 되지 않는데 들깨밭에 내려앉거나 날아가는 순간에 들깨가 우수수 떨어진다.

들깻잎을 따서 반찬을 만들 때도 시퍼런 잎보다는 들깨가 익어 가면서 깻잎이 노르스름해질 때가 좋지만, 이때는 함부로 밭에 들어갈 수가 없어서 곁을 돌면서 잎을 딴다. 하물며 사람조차 조심하는 이런 때에 참새는 거침이 없다.

참새들은 이른 아침부터 낮까지 활동한다. 그래서 먼저 참새떼가 밭에 앉아 있는지를 보고 없으면 일을 시작하지만, 참새떼가 있으면 날아가기를 기다렸다가 베기 시작해야 한다. 불쑥 다가갔다가 놀란 참새들이 한꺼번에 날아오르기라도 하면 들깨 손실이 크다.

올해는 맑은 날이 많아서 농사가 풍년이다. 들깨 알도 굵다. 자근자근 첫 번 털기에서 깨가 와르르 쏟아진다. 초벌 털기가 끝나면 다시 소리 나게 내리치는 두벌 털기를 한다. 들깨 더미를 옮겨 쌓으며 깨알은 자루에 담는다. 비 소식만 없다면 그냥 덮어 뒀다가 다음 날 바람에 드리우겠지만 일단 자루에 담아 집으로 옮긴다. 들깨 자루는

인적조차 없는 시골길에 밤 내내 환한 가로등은 빛공해다. 더구나 무와 배추가 싱싱하게 자라고 있을 땐 가로등은 치명적이다. 쉬어야 하는 밤에 약한 빛이라도 있으면 식물은 광합성을 하려고 시도한다. 쉬지 않고 일을 하다 보면 사람이나 식물이나 스트레스 물질을 체내에 쌓는다.

가볍다. 물에도 뜨는 식물성기름이 가득차 있어서다. 쌀 20킬로그램짜리 마대에 가득 담아도 12~13킬로그램이 될까 말까다.

가을 해는 짧다. 어둑발이 내리는가 싶더니 가로등 불이 들어왔다. 들어와서는 안 되는 가로등이다. 조금 남은 일거리는 불빛 없이도 얼마든지 마칠 수 있다. 지난여름에 가로등을 꺼 달라고 군청에 전화해서 겨우 꺼 놨는데 왜 가로등이 또 들어올까. 가로등은 주민이 손댈 수 없다. 안전사고 때문이라고 한다. 농작물 피해로 가로등을 꺼야 할 때도 담당 관청에 연락해서 꺼 달라고 해야 한다.

인적조차 없는 시골길에 밤 내내 환한 가로등은 빛공해다. 더구나 무와 배추가 싱싱하게 자라고 있을 땐 가로등은 치명적이다. 쉬어야 하는 밤에 약한 빛이라도 있으면 식물은 광합성을 하려고 시도한다. 쉬지 않고 일을 하다 보면 사람이나 식물이나 스트레스 물질을 체내에 쌓는다.

콩이랑 들깨가 가로등 불빛이 있는 쪽은 익어 갈 생각은커녕 잘 자라지도 않고 만년 청년으로 살겠다는 듯 잎만 무성하기에 가로등에 적힌 대로 전화를 했더니 받지를 않았다. 평일 낮시간만 통화가 된다는 걸 통화가 된 며칠 뒤에 알게 되었다. 이날도 늦었다. 어차피 다음 날 전화해서 가로등을 꺼 달라고 해야 할 상황이다.

이렇게 가을날 하루가 저물었다.

〈경향신문〉 2016년 10월

산과 들판은 겨울 채비로 바쁘다

서울에서 나흘 만에 돌아온 집과 농장은 참 고요했다.(2016.11) 가을색은 더 깊어져 있어서 곱게 늙어 가는 귀인처럼 애잔해 보였다.

이번 서울 나들이에서 가장 크게 기억에 남은 것은 12일 밤 11시쯤 광화문광장 주무대에서 진행된 '시민자유발언' 시간이었다. 전혀 가공되지 않은 생목소리들에 나는 압도당했다.

문화예술인 블랙리스트 당사자로 보이는 여성 연극인이 무대에 올랐다. 주어진 3분 동안에 쏟아 낼 말들은 너무 많았고 쌓인 울분은 산을 이루었다. 작품과 공연이 거부되었던 그 예술인의 피를 토하는 울부짖음은 얼굴 전체를 큰 눈물덩어리로 보이게 했다. 예술인들의 자유혼을 짓누르고 고통을 기획한 당사자들을 지목했다. 조윤선 문화체육관광부 장관을 직접 거명했다.

40대 초반으로 보이는 청년 노동자가 올랐다. 민주노총 조합원으로 보였다. 구속 중인 한상균 민주노총 위원장이 작년 이맘때 같은 취지로 열린 민중 총궐기 행사로 5년 징역을 산다면서 한상균이 5년이라면 박근혜는 500년을 살아도 모자랄 거라고 했다. 그 청년 노동자의 바위 같은 결기와 노한 표정이 아직도 생생하다.

아홉 살 어린 나이에 형제복지원에 끌려가 살아야 했다는 중년 아저씨가 농민들 시위 현장에 등장하는 마대 옷을 뒤집어 입고 올라왔다. 12년 동안 513명이 사망한 진상을 규명해 달라고 부르짖었다. 박정희 유신독재 시절에 만들어져 1987년 처음으로 세상에 폭로된 형제복지원 사망 사건이 제대로 해결되지 않은 탓에, 장애인 시설 인강원 사건과 노숙인 복지시설인 대구희망원 사건이 줄을 잇는다고 규탄했다. 이화여대생은 최근의 이대 사태와 그 해결책을 요구했고, 고등학생도 나서서 앳된 목소리로 적폐를 규탄했다.

아는 선배 수행자가 쓴 시가 인터넷에 올라온 것도 보았다. 그는 '우리가 정녕 바꾸어야 하는 것은 이 체제, 이 구조, 우리가 살아 오면서 길들여진 그 모든 가치관과 삶의 방식'이라고 했다.

그렇다. 권력을 규탄하며 스스로가 권력화되는 것을 경계하고 부정과 비리를 지적하며 자신의 부정과 비리에 면죄부를 주지 않을 자각이 필요할 것이다.

선배의 글은 '(혁명은) 지금 여기서 개벽된 그 세상을 사는 것'이라고 했지만, 곁에서 같이 글을 읽은 후배가 '지금은 분노와 저항을 조직 할 때'라고 반발했다.

또 나는 그 사흘 동안 '한살림 30주년 기념 대화마당'에 가서는, 행

새로운 계절을 맞는 자연의 채비는 엄숙하다. 바람결과 빗방울 하나에도 자신을 하나씩 떨구어 낸다. 추위가 몰려오는데도 껴입지 않고 도리어 한 꺼풀씩 벗는다. 엄한 겨울을 견뎌야 할 자연의 겨울 채비는 실은 봄 채비다. 꽃 피울 새봄을 위해 벗고 버리는 것이다. 비상시국에서 우리가 얻어야 할 자연의 가르침이다

사 주제처럼 성장을 넘어 성숙의 사회로 가자면서 죽임의 세상에서 살림운동의 새로운 모색에 대해 주고받았다. '민중총궐기 대회'에서는 박근혜 하야를 외쳤고, 그 주변 공모자들의 동반 퇴진과 처벌을 요구했다. 내 출판기념회에 가서는 '유쾌한 소농 이야기'를 했다.

도심 행진과 구호, 부족한 잠 때문에 두 눈은 뻑뻑하고 충혈되어 갔다. 거울 속 내 모습도 몇 년은 더 늙어 보였다. 서울의 밤과 낮은 참으로 격동의 연속이었고 내내 소란했다. 도심의 불빛이 소음과 뒤얽힌 기묘한 동거를 목격했다.

먼발치로 은행나무가 부풀은 풍선처럼 서 있다. 그 위로 가을 찬비가 내린다. 바람이 살짝이라도 일면 빗방울 머금은 샛노란 은행잎은 한꺼번에 떨어질 판이다. 바람이 아니어도 산골의 정적을 깨고 까마귀 울음이라도 들린다면 우수수 떨어져 버릴 듯 아슬아슬하다.

새로운 계절을 맞는 자연의 채비는 엄숙하다. 바람결과 빗방울 하나에도 자신을 하나씩 떨구어 낸다. 추위가 몰려오는데도 껴입지 않고 도리어 한 꺼풀씩 벗는다. 엄한 겨울을 견뎌야 할 자연의 겨울 채비는 실은 봄 채비다. 꽃 피울 새봄을 위해 벗고 버리는 것이다. 비상시국에서 우리가 얻어야 할 자연의 가르침이다.

〈경향신문〉 2016년 11월

내 식으로 차례 지내기

이번 추석에는 우리 식구만 셋이 모이게 되어서 진짜 제대로 된 '차례상'을 차리고 싶었다. 그동안 명절 때마다 겪었던 의미 없는 의례와 출처를 알 수 없는 음식들 때문에 명절 자체에 흥미를 잃어 왔던 터라, 내 소신과 내 정성대로 할 수 있을 것 같아서다. 미리 알아본 바가 있는지라 그 도움말대로 하나씩 준비했다. 내가 알아본 것은 두 방향이었다.

하나는 차례가 아니고 차례라는 것이다. 차례(茶禮)는 한자말의 훈에 있듯이 차를 올려 제사를 지낸다는 것으로 물이 탁해서 늘 차를 달여 마셨던 중국 얘기이고, 앞뒷산에 약수가 철철 흐르는 우리나라는 차례가 아니라 차례를 했다는 것이다. 차례는 채우고 비운다는 뜻이다. 모든 제례는 결국 채우고 비우는 과정이어야 한다는 뜻이다. 비워 내고 나서 채우는 게 아니라 맑고 밝은 사랑과 용서와 포용으로 채워 나가면 탁하고 어리석고 욕심스런 것들이 그냥 비워진다는 얘기다. 참 의미심장하다.

다른 하나는 간소하면서도 정성스러움이다. 이것은 동학 연구가인 김용휘 교수의 도움말에 전적으로 따른 것이다. 내가 동학의 가르침대로 '청수일기(허례허식을 버리고 맑은 물 한 그릇으로 장독대 정화수 떠놓고 비손하는 마음과 방식)'와 '향아설위(죽은 귀신이나 벽을 향해 상차림을 하는 게 아니라 한울로서의 나 자신을 향해 상을 차리는 것)', 그리고 '천지부모(하늘, 땅, 세상 만물이 한 부모)' 정신으로 상을 차리고 싶다고 도움을 구했는데, 김 교수는 딱 한마디로 대답을 해 줬다. '간소하고 정성껏'이라고.

이런 두 방향에서 차례를 구체화하는 것은 내 몫이었다. 잠시 생각을 하다가 차례상 뒤쪽에 하얀 종이를 3면으로 접어 세우고는 각 면마다에 '조상님', '큰 스승님', '만물만상'이라고 썼다. 아버지와 어머니, 또는 고조부까지만 모시려니 허전했다. 또 우리 직계 조상님뿐 아니라 세상의 큰 스승들의 가르침으로 나를 채우고 싶어서다. 여기에 후손 없는 귀신이나 사람의 형상을 하지 못한 생물 미생물도 다 모시고 싶은 마음도 담았다. 새 물과 새 차를 넣어 뜨겁게 우려 낸 보이차 세 잔을 세 위패 앞에 놓았다. 보이차를 올릴 때는 한 사람이 한 잔씩 찻상에서부터 두 손으로 받쳐 들고 신부 걸음으로 조심조심 걸어서 왔다. 보이차 앞쪽에는 새로 출간된 내 책 한 권, 유기농 사과 한 알을 놓았다. 이게 차례상의 전부였다.

그다음 진행 순서도 식구들이 즉석에서 정했다. 한 사람씩 차례상 앞에 나가서 서원을 올리기로 했다. 어떤 사람은 무릎을 꿇었고 어떤 사람은 가부좌를 했다. 식구와 이웃, 사회와 세상에 대한 서원을 올린 사람도 있었고, 조상과 스승들의 큰 가르침에 고마움을 구구절절 표한 사람도 있었다.

절은 안 했다. 위패에 절을 하기보다 살아 있는 사람에게 하자고 했다. 그래서 우리는 각자의 공개 서원을 끝내고 삼각점에 서서 맞절을 했다. 1배만 할까 아니면 3배를 할까 물으니 다들 3배를 하자고 했다. 그래서 한 동작 한 동작을 또박또박 정성을 다해 서로에게 3배를 올렸다. 그러고는 서로를 깊이 포옹하면서 덕담을 나눴다.

차례상과는 비교도 안 될 정도로 푸짐하게 차려진 밥상 앞에 앉은 우리는 덕담을 이어 나갔다. 아들이 대행 스님의 『한마음요전』에서 읽은 예화를 소개했다. 포수가 사냥을 나서서 들오리 한 마리를 쏘았는데 어떤 오리 한 마리가 도망가지 않고 피 흘리는 오리를 얼싸안고 울더라는 것이다. 죽은 오리의 짝꿍이었다. 이를 보고 포수가 총을 버리고 사냥을 그만두었다는 일화였다. 목숨을 걸고 사랑을 실천한 짝꿍 오리 덕분에 숲에는 평화가 찾아왔다고 한다. 이런 류의 덕담을 나도 하나 나누었다. 식사를 마치고 어머니 산소를 찾았다. 어머니 무덤 앞에서 가져간 음식에 따가운 볕을 발라 가며 안 남기고 다 먹었다. 중학교 때 도시락에다 밥알 딱 하나를 남겨 왔다가 어머니에게 부지깽이로 혼이 났던 기억을 되새기며. 〈경향신문〉 2016년 9월

우리 동네 순애 씨

　오늘은 새벽 공기가 몹시 찼다. 곧 서리를 내릴 것 같았다. 병이 전혀 오지 않아서 따도 따도 계속 익어 가는 고추가 마음에 걸렸다. 서리가 조금만 늦게 오면 고추도 두어 번 더 딸 것이고, 성인병에 좋다는 야콘도 더 여물 것이다. 고구마도 굵어질 것이다.

　마당에 넣어 놓은 고추에는 비닐을 덮었는데도 여름철 빗방울 같이 커다란 이슬이 맺혀 있다. 고양이가 다람쥐 한 마리를 물고 뒷밭으로 재빨리 사라진다. 내 뒤꿈치를 졸졸 따라붙는 닭 두 마리에게 싸라기를 한 주먹 뿌렸다. 구름 한 점 없는 새파란 하늘이 이 모든 것들을 내려다본다. 그 하늘을 내가 쳐다본다. 하늘이 높이 올라간다. 하늘이 자꾸만 올라간다고 누군가에게 소리치고 싶었다.

　추석 쇠러 오셨다가 어머니 방 도배까지 해 주시고 서울로 돌아가시는 작은형님을 모시고 읍내 터미널로 가는데 우리 밭 곁에서 도로를 반쯤 차지하고서 도리깨로 들깨 타작을 하는 동네 할머니를 만났다. 가물어서 깨알이 잘다고 했다. 한 움큼 쥐어 보니 토실토실한 게 기름기가 반지르르했다. 깨 농사 잘하셨다고 하니 되레 우리 밭 고추 칭찬을 하신다. 농약도 안 치고 비료도 안 주면서 어쩜 고추가 그렇게 깨끗하냐고. 우리 동네에서 고추 농사 최고로 잘 지었다고.

읍내 자전거방에 들러 앞바퀴 무시 고무를 갈면서도 구부정한 허리에 허연 먼지가 뽀얗게 앉은 머릿수건 위를 휙휙 가로지르던 할머니의 도리깨가 자꾸 아른거렸다.

"조합장 물러나란디야. 나락 죄다 안 사들인다고. 쟁일 데가 없어 그라는데 조합장 물러나래믄 워쩌라는 거여?"

"어떤 놈이 그런 주뎅이 놀린디여? 작년 나락도 수천 가마니 남아 있어서 엊그제 이장회의에서 한 사람당 서른 가마니씩 강제로 맡기고 지랄했는디."

"그러게 말여. 북한에 주면 얼매나 좋아."

"이명박이 저도 굶어 봤다닝게 계산이 있겠지."

자전거 볼일은 없으면서도 자전거방에 들러 공짜 커피를 뽑아 마시는 노인네들이 한마디씩 던지고 지나간다. 나도 한마디 거들면서도 머릿속에는 겨우 도리깨 두 번 내리치고 허리 한 번 펴곤 하는 할머니가 들어 있다.

돌아오는 길에 문득 상점에 들러 아이스크림 두 개를 샀다. 여전히 힘겨운 도리깨질로 한나절을 반토막 내시고 있는 할머니는 그 자리에 그대로 계셨다. 나는 트럭을 세우고 아이스크림 두 개를 치켜

들어 보였다. 그러고는 외쳤다.

"순애 씨이~!"

할머니는 이 세상에서 자기 이름을 불러 주는 단 한 사람인 나를 배시시 웃으며 맞았다. 나를 향한 미소인지 한적한 산골에서 일손을 멈추고 그냥 허리 한 번 펼 수 있게 해 준 그 누군가를 향한 미소인지 구분은 안 되었다.

우리는 연인처럼 도로 가 경계석에 나란히 앉아 아이스크림을 먹었다. 도리깨질이 멈춘 타작마당엔 잠자리가 여러 마리 내려앉았다. 두드려야 할 들깨 더미가 작은 뫼만 했다.

아주 잠깐 망설이다가 도리깨를 잡았다. '어머니 조금만 기다려 주세요.' 속으로 어머니께 이르고 능숙하게 도리깨를 휘둘렀다. 들깨 모감지가 안 떨어지게 해야 한다. 아침 이슬이 다 깨기 전에 해야 하는 게 들깨 타작이다. 그래야 들깨 알만 솔랑 빠진다. 가을볕일망정 정오가 가까워 오는 시각의 도리깨질은 칼질 노련한 외과의사 못지않은 정교한 타격이 요구된다.

한 마당만 두드려 주고 가리라 했는데 순애 씨의 입꼬리가 양 귀에 걸린 모습을 보고 한 마당만 더 인심을 쓴다는 게 들깨 다발이 한 마당 거리만 남게 되었다. 그만 됐다고, 어머니 기다리는데 어서 들어가라고 내 손에서 도리깨를 뺏으려는 순애 씨의 만류가 없었다면 분명 나는 그 한 마당 거리 들깨 더미를 남겨 두고 집으로 갔을 것이다.

내가 도리깨를 내려놓았을 때는 타작마당이 말끔하게 정리되어 있었다.

황송한 순애 씨는 밭에서 대파를 댓 뿌리 뽑아 왔는데, 다시 홑 팥을 주섬주섬 뽑아 와서는 까서 밥에 놔 먹으란다. 그러고는 덥석 내 손목을 잡았다.

"사람들이 보면 어쩌려구!"

내 능청에 할머니는 담대했다. 잡은 손목을 흔들었다.

"우리 집에 가아. 시언한 단술 한 그릇 어머니 갖다 드려 웅?"

어머니를 들이대면 내가 꼼짝없이 자기네 집으로 따라갈 것이라는 치밀한 계산이었는지도 모른다. 그건 중요하지 않다. 내가 어머니 덕에 좋아하는 단술 맛을 보게 되었다는 게 반가울 뿐이다.

돌이켜보면 엄청난 진화다. 산고사리 따 말린 것을 팔아 달래서 아예 할머니 통장으로 입금해 드릴 테니 통장 좀 보자고 했다가 날벼락을 맞은 적이 있다. 통장에 든 돈 털어 가는 사기꾼이 이런 식으로 구슬린다는 것을 농협 직원한테서 여러 차례 들었던 할머니 눈초리가 날도둑놈 보듯 돌변했는데 이때가 바로 지난봄이었다. 그 사이 우리 사이에 무슨 일이 있었나?

순애 씨는 나를 빈집의 거실로 들어오게 했다. 티브이가 잘 안 나온대나 어쩐대나 하는 구실로. 오후 1시가 넘어서고 있어 어머니 생

각에 마음이야 분주하기 짝이 없건만, 노인네 혼자 사는 집의 잘 안

나온다는 티브이를 기웃거려 보지 않을 수는 없었다.

단술을 냉장고에서 꺼내 한 되짜리 주전자에 반이 넘게 담으신 순

애 씨. 아뿔싸. 어느새 추석 음식을 골고루 올린 점심상도 차려 냈

다. 내가 더 이상 양보할 수 없는 임계선에 서 있음을 느꼈다.

순애 씨의 유혹은 가을 하늘처럼 청명했고 나는 신사도를 발휘하

여 고상하게 사양했다.

어머니 앞에서 두 번째 점심밥을 먹어 치울 정도로 내 배가 크지

가 않다는 걸 알기 때문이다. 단술 주전자만 들고 순애 씨 집을 나섰

다. 내 사양 덕에 자기 밥상을 차린 꼴이 되어 버린 순애 씨는 밥상을

앞으로 당기며 창밖을 향해 살랑살랑 손을 흔들어 나를 배웅했다.

"또 와."

〈삶이 보이는 창〉 2009년 10월

밥상 앞에서의 신미란다 원칙

틈만 나면 나를 불러올리는 사람이 있다. 불러올리는 이유는 '밥 같이 먹자'인데 레퍼토리는 매번 다르다.

국수를 삶았으니 오라기도 하고, 맛있는 고등어를 구웠으니 오라기도 한다. 그분의 특기인 비빔밥을 했으니 올라오라는 때도 있다. 비빔밥도 내가 들은 것만 해도 종류가 여럿이다. 언젠가 원고료로 농산물을 받는데 곤드레나물이 있어 갖다 드렸더니 바로 다음 날에 온 연락이 곤드레나물 비빔밥 먹으러 오라는 것이었다. 최근에 나를 불러올리는 횟수가 부쩍 많아졌다. 집을 좀 넓히는 공사를 하는데 일꾼들 밥을 손수 해 드리다 보니 노부부가 드시던 평소 밥상과는 달리 반찬이나 후식이 거나하게 준비된다. 내 숟가락 하나 더 얹는 것은 별 부담이 없다는 것이 더 자주 나를 부르는 구실이다.

며칠 뜸하기에 문자를 보냈다. '요즘은 특별히 맛있는 걸 드시나봐요? 얼마나 맛있는 걸 드시기에 나를 안 부르시나요?'라고. 그랬더니 득달같이 전화가 왔다, 어서 올라오라고. 겨자국수를 끓였다는 것이다. 겨자국수는 처음 듣는다. 국수를 만들 때 밀가루 반죽을 겨자를 넣고 만드나? 비빔국수로 해서 소스를 겨자로 하나? 아니면 육수에 겨자를 넣을지도 몰라.

언젠가는 국화된장을 내놓으셨고, 겨자김치도 밥상에 올린 적이 있다. 진달래호박부침개, 들깻잎게찜도 있었다. 처음 등장하는 메뉴가 밥상에 올라올 때는 각오를 해야 한다. 음식 맛에 대해 특색 있고 개성 있는 대꾸를 준비해야 한다. 의례적인 인사말은 기가 막히게 식별하시고는 바로 2차, 3차 심문(?)이 시작되기 때문이다.

자전거를 타고 500미터쯤 되는 그분네 집으로 올라갔다. 물론 자전거를 끌고 나오기 전에 스마트폰으로 겨자국수를 검색해 보았는데 없었다. 겨자소스 비빔국수는 있어서 대충 그에 대한 상식을 갖추고 올라갔다. 아니나 다를까 국숫발이 샛노랬다. 먼저 아는 척을 하면 안 된다. 그러면 그분이 유장하게 메뉴 설명할 기회를 빼앗는 꼴이 되기 때문이다.

밥상에는 집 고치는 일꾼 둘이 같이 앉았다. 무주 안성면에서 공동생활을 하는 분들인데 어떨 때는 세 분이 오고 어떨 때는 혼자서 오기도 한다. 수행 공동체 생활을 하시는 분들이라 말과 행동이 그림자처럼 고요하다. 맑디맑은 얼굴에는 기분 좋은 미소가 늘 담겨 있다. 그분들이 자리에 앉자 노부부와 함께한 밥상은 다섯 식구의 대가족 밥상이 되었다.

'가야실댁'이 드디어 입을 열었다.

"맛 좀 보세요."

가야실댁은 안주인님의 별칭이다. 내 기억으로만 해도 별칭이 여러 번 바뀌었는데, 이 별칭은 1년여 된 것이다. 작년 이맘때에 우리가 사는 이 덕유산 기슭 산골짜기에서 가야의 제철 유적이 광범위하게 발견되었다. 곽장근 군산대 교수를 중심으로 지표 조사를 했는데 남원 운봉 지역의 제철 유적을 능가하는 규모이고 제철 유적이 30여 개소가 넘는 것으로 나타났다.

조사단이 우리 집을 지나 윗길로 여러 번 드나들면서 '가야실댁'이 작명된 것으로 기억된다. 4년 전에 이곳으로 귀촌하고 나서 별칭이 국화댁, 아봉가, 가야실공주를 거쳐 가야실댁으로 안착된 듯하다.

아무 말이 없었더라도 정성을 기울여 맛을 보고 소감을 준비해야 하는데 특별히 가야실댁이 맛 좀 보라고 명령(?)까지 했으니 나는 더 신경을 쓰면서 국수 몇 가닥을 집어 들었다.

맛에 대해 품평을 할 때는 신경 써야 할 대목이 있다. 입에 넣자마자 맛있다고 하면 안 된다. 삼키지도 않고 어떻게 맛을 아냐는 지청구를 들어야 하기 때문이다. 그냥 '맛있다'고만 해서도 안 된다. 그랬다가는 어떻게 맛있냐는 2차 질문이 나오기 때문이다. 아주 구체적으로 맛을 표현해야 한다.

더 중요한 것이 있다. '맛있냐?'는 물음이 나오기 전에 먼저 말을 하는 것이다. 그러면 가야실댁이 지어내는 최고의 표정을 볼 수 있다. 오직 이 한순간을 기다렸다는 그런 표정 말이다. 그런데 이날은 내가 딱 한 박자가 늦었다. 꿀꺽 첫 국수가락을 삼키고 잠시 맛을 음미하면서 대답을 고르고 있는데 가야실댁의 말이 내 말보다 더 빨랐다.

"맛있어요? 맛있죠? 괜찮아요? 어때요?"

다들 나를 쳐다봤다. 가야실댁의 심문에 익숙해졌는지 내 대답을 참고하려는 눈치로 두 일꾼도 내 대답을 기다렸다. 나는 입 안에 남은 국수 잔챙이를 혀로 훑어내서 다시 소리 내어 꿀꺽 삼켰다.

이때 김서방이 나섰다. 가야실댁의 첫 남편이자 마지막 남편일 가능성이 확실하며, 연식도 상당히 오랜 남편이다. '김서방'은 가야실댁만 부르는 호칭이다. 우리는 다들 전북은행 고위직에 있다 정년퇴임한 그분을 선생님이라고 부르지만, 가야실댁은 새댁 시절부터 지금까지 반백 년을 '김서방'이라 부른다.

"여보 대답 꼭 해야 돼? 식사하시는데 자꾸 물어보면 어떻게 식사해요."

그 말을 들은 우리의 너그러운 가야실댁은 호호호호 웃으면서 드시라고 손짓 눈짓 고갯짓까지 하셨지만, 나는 분위기 전환용 대답을 신의 계시라도 받은 듯 쏟아 냈다.

"저는 가야실댁의 심문에 진술을 거부할 수도 있고 변호사의 조력을 받을 수도 있으나 제 스스로 양심에 따라 숨김과 보탬이 없이 오

"저는 가야실댁의 심문에 진술을 거부할 수도 있고 변호사의 조력을 받을 수도 있으나 제 스스로 양심에 따라 숨김과 보탬이 없이 오직 사실 그대로만 말할 것이며 혹시라도…."

직 사실 그대로만 말할 것이며 혹시라도…."

　내 말이 끝나기도 전에 밥상에서 폭소가 터졌다. 장터 튀밥집에서 강냉이가 튀어 오르듯이 웃음꽃이 폭발했다. 국수 몇 가닥이 누군가의 입 속에서 탈출을 했지만 나는 멈추지 않고 창의적인 진술을 계속했다.

　"… 혹시라도 그것이 진실이라 할지라도 가야실댁을 실망시키거나 맥빠지게 했을 경우에는 밥솥에 남아 있는 밥을 다 먹겠으며…."

　늘 진중하고 웃을 때마저도 이빨을 보이지 않는 김서방도 밥상 위에 젓가락을 내려놓고 웃어댔다.

일꾼 중 한 분인 여성분이 말을 보탰다. 미란다 원칙은 질문자인 수사관이 먼저 상대에게 고지하는 것이니까 앞으로 가야실댁은 맛있냐고 묻기 전에 꼭 진술거부권과 변호사 선임권을 보장하셔야겠다고 큰일 났다며 측은한 표정을 지어 보였다.

그러자 남자 일꾼분이 거들고 나왔다.

"진술을 다른 사람에게 위임할 수도 있으며… 진술의 질과 양에 따른 포상제를 실시할 것이므로….".

점잖던 김서방까지 일흔넷의 체통도 잠시 내려놓고 결정적인 한마디를 덧붙였다.

"식사를 거부할 수도 있으며….".

나는 이 대목이 목에 가시처럼 걸렸다. 식사를 거부한다. 아니, 가야실댁이 만든 음식을 거부한다? 감히? 나는 가야실댁의 표정 살피기를 포기하고 결자해지의 심정으로 마무리 발언을 했다.

"다만, 진술 타이밍을 놓치거나 진술 내용이 가야실댁의 마음에 안 들 때는 영장 없이 밥그릇을 압수할 것이며, 최장 1시간 동안 뒤주 속에 구금할 수 있고….".

시골에서 뒤주가 없어진 지 오래라는 사실을 알고 있는 나의 '가야실댁 밥상 앞에서의 신미란다 원칙'이었다.

〈작가회의 전북지부 '작가'〉 2016년

믿음의 조건과 유효기간

며칠 전 대전에 사는 친구가 내게 노트북을 한 대 주었다. 휴대용 저가 노트북인데, 저장 공간은 32기가바이트에 불과하고 메모리도 2기가바이트지만 1.15킬로그램으로 가볍고 문서작성 프로그램이 설치되어 있어서 외출 중에도 글을 써야 할 때가 있는 내겐 무난한 것이었다. 얄팍한 호기심에 인터넷에서 찾아봤더니 단종된 제품이고 상위 버전이 21만 원에 팔리고 있었다.

공교롭게도 이 노트북을 친구로부터 거저 건네받은 날이 내가 다시 '그 사람'에게 30만 원을 빌려 준 날이었다.

'그 사람'이 내게 사기를 친 때가 지난 설 직전이었으니 인연이 벌써 두 달이 넘는다. 나는 그동안 그에게 네 번이나 송금했고 뒤늦게 전액을 돌려받았지만 그의 도움 요청에 또다시 송금을 한 것이다.

그와의 첫 만남은 인터넷 중고제품 전문 사이트에서였다. 제법 괜찮은 초경량 인기 노트북이 54만 원이라는 저가에 올라와 있기에 직접 전화 통화도 했고 신분증도 선뜻 문자로 보내 주는 그를 믿고 돈을 보냈는데 딱 그 순간부터 연락이 두절되어 버렸다. 그의 말은 대부분 거짓말이라는 게 드러났다. 나이는 23세.

90년대의 피시통신 시절마냥 끊겼다 이어졌다 하는 그와의 문자 교환 때도 그는 거짓말을 일삼았다. 입금하러 은행에 와 있다는 둥, 환전하는 데 시간이 걸린다는 둥. 보아하니 내게만 사기를 친 게 아닌 듯했다.

내 체질상 그에게서 돈을 돌려받기 위해 할 수 있는 압박 수단을 동원하는 것은 별로 유효하지 않았다. 협박이나 구슬리는 것이 내 체질은 아니라서, 내 아들보다도 나이가 어린 그를 나무라면서 어떤 책에서 본 구절을 인용했다.

"도둑질을 한 사람에게 가장 큰 벌은 잡히지 않는 것이라고 한다. 안 잡히면 그는 평생 도둑질을 일삼을 수밖에 없기 때문이다."라는 말이었다. 그는 죄송하다고 했다. 그러나 그의 말은 이미 내게 신뢰를 잃었고, 건성으로 대꾸한다는 느낌마저 들었다.

여기저기 거짓말로 물건을 팔았는데 그들의 협박과 위협이 너무 무섭다면서 어쨌든 돈을 갚겠으니 조금만 기다려 달라고 했다. 보기에 따라서는 어설픈 초보 사기꾼 같았다.

갚아야 하는 떼먹은 돈이 얼마냐고 물었더니 액수가 상당했다. 내가 그 돈을 빌려주면 다시는 이런 짓을 안 할 수 있겠느냐고 물었더니 철석같이 다시는 안 그러겠다고 했다. 노트북 값도 못 돌려받고 있던 내가 100만 원이 넘는 거액을 그에게 송금했다.

　그 뒤로도 그 사이트에는 그의 이름으로 계속 화장품이니 운동기구니 하는 저렴한 중고제품이 올라오고 있었다. 참담했다. 내 얘기를 들은 친구들은 혀를 끌끌 찼고 다투어서 핀잔을 주었다. 그 젊은이 버릇만 나빠진다고도 했고, 한번 그런 길로 빠진 사람은 좀체 벗어나지 못하니 관계를 끊으라고도 했다. 내가 멍청하다는 지적은 공통된 것이었다.

　밥을 굶고 있다고 해서 십여만 원을 보내기도 했고 뭐 하는데 얼마가 모자란다고 해서 몇 만 원을 보내기도 했다. 그러는 동안에 무수한 대화가 문자와 보이스톡으로 오갔다. 단연코 말하건대 나는 그를 구원한다든가 버릇을 고치겠다는 오만은 없었다. 그냥 안쓰러웠다. 둘러대고 거짓말하면서 위기를 모면만 하고 있는 한 영혼이. 극도의 불안과 긴장의 연속에 파묻혀서 살거나 또는 한나 아렌트의 말처럼 '악의 평범성'을 사는 한 청년이.

　한 달 반쯤 되었을 때다. 그가 전액을 갚았다. 알바를 한 돈 전액인데 모자라는 돈은 가불을 했다는 것이다. 이 사실을 전하자 내 친구들은 다들 있을 수 없는 일이 일어났다고 했다. 자기가 쓰던 노트북을 내게 준 친구도 그랬다. 믿기지 않는다고.

　내가 다시 이 친구에게 30만 원을 빌려줬다고 하니 두 친구가 10만 원씩 내 계좌로 돈을 보냈다. 부담을 같이 나누자는 취지였다.

나는 여전히 그의 말을 곧이곧대로는 믿지 못한다. 거짓말하는 그의 존재 전체를 부정하지 않을 뿐이다. 상대에 대한 믿음 여부는 사실 자신에 대한 믿음의 반사에 불과할 것이다. 그 유효기간 역시 마찬가지가 아닐까 한다. 오로지 직감에 의지하여 인연을 이어 가고 있는 그 녀석의 영혼에 평화가 오기를 빈다.

〈경남도민일보〉 2017년 4월

밑그림이 없는 사람

하루하루가 신비의 연속이고 매 순간이 신성함으로 가득하다는 것은 빈 마음이 되면 누구나 알 수 있는 일이다. 이를 알아채지 못하는 사람은 없다. 시간이 걸릴 뿐이다. 모든 수행과 성찰은 그 시간을 단축시키거나 없애는 것이다.

지난 일요일은 참으로 오랜 세월을 건너 딸아이와 여유로운 나들이를 했고, 서울의 명동 입구에 자리잡은 다큐전용관에 가서 영화를 봤다. '살기 위하여'라는 영화다. 이강길 감독이 만들었는데 나오는 인물들은 새만금 해창 갯벌과 농성천막에서 낯이 익은 얼굴들이다.

영화관에 도착하기까지 여러 탐색과 선택들이 환상적으로 절묘했다. 딸과의 데이트 효과다. 학교를 그만두고 한 학기를 도법 스님 따라 순례를 했던 딸아이도 영화에 대한 관심이 남달랐다.

그런데 하찮은 일로 마음이 상하게 되었다.

"나 시각장애인인데요. 자막 나오면 좀 읽어 주세요."

자리를 잡기 위해 딸아이와 손을 잡고 통로를 지나는데 억센 손이

쭉 뻗어와 내 팔을 잡았다. 잔졸하게 이것 때문에 마음이 상했다는 것은 아니다. 영화가 상영되기까지 한 시간여를 대기실에서 기다리는 동안 계속해서 큰 소리로 떠들어대던 그분이었다. 말의 대부분은 '나는 장애인이요' 라는 과시로 들렸었다.

팔을 잡힌 채 '꼭 이런 식으로 남의 팔을 대뜸 움켜쥐지 않아도 될 텐데 참 무례하구나.' 하는 생각이 스쳤지만 상영되는 영화도 영화려니와 그분이 그런 방법 외에 다른 선택이 없었으리라는 생각이 들어 딸은 떨어뜨려 놓고 그분 옆자리에 앉으며 그러마고 했다.

영화가 시작되기까지 빈 시간이 있어 나는 그분에게 친밀한 척 말을 걸었다. 망막에 연결되는 칩(chip) 회로를 이용하여 세상을 완벽하게 볼 수 있는 전자 눈이 나왔다는 기사를 떠올렸던 것이다.

두어 달 전에 알려진 소식이었는데 그분은 "나 그런 것 몰라요." 라고 퉁명스럽게 대꾸했다. 얄팍한 내 친절이 거절당하는 기분이었다. 머쓱했지만 어쩔 수 없었다. 좀 있다 한마디 더 한 것이 사달을 불러왔다. 그것 때문에 크게 마음이 상하게 되었다.

디브이디(DVD)의 선택 사항처럼 영화나 텔레비전에서도 선택에 따라 자막을 읽어 주는 기능이 있으면 좋겠다고 그에게 말을 걸었다. 그가 버럭 짜증을 냈다.

"좀 조용히 할 수 없어요? 나 지금 음성 책 읽고 있거든요?"

어두운 영화관에서 그가 귀에 이어폰을 꽂고 있는 걸 내가 알 수 없었다. 그의 모든 태도는 세상 비장애인들은 모두 장애인을 위해 복무해야 한다는 완고함으로 읽혔다. 나는 벌떡 일어나서 딸 곁으로 가고 싶었지만 꾹 참고 영화를 보았다. 충실히 자막도 읽어 줬다. 신산한 내 속마음을 아는지 모르는지 그분은 영화가 끝나자마자 흰 지팡이를 짚고 먼저 일어나 가 버렸다. 장애인으로 살면서 학습된 최소한의 자기 존재 확인이 아니겠냐고 딸과 얘기를 나눴다.

종로로 곧장 가서 박현 선생님의 강의를 들으면서 그때서야 영화관에서 있었던 일이 내 인생에게 뭘 말하고자 했는지를 겨우 알아챘다. 박현 선생은 감사(感謝)는 감어물 사어심(感於物 謝於心)의 준말로서 모든 사물과 현상, 행위에 공감하며 조건없이 그 대상을 향해 온 마음을 보내 드리는 것이라고 설명했다. 뭔가에 대한 밑그림을 갖고 있다는 것은 바깥을 향해 덜 열려 있는 내 마음의 상태를 드러내는 것이라는 말씀도 하셨다.

평소 나는 사회적 약자를 정성으로 보살피고 배려해야 하는 것으로 알고 있었지만 더 중요한 것을 모르고 있었다.

무례하면 안 된다는 완고한 밑그림을 갖고 있었던 것이다.

〈전북일보〉 2009년 4월 22일

제2부

농부,
더불어 살다

막상막하 연극놀이

오늘 새벽이었습니다. 뜻하지 않게도 어머니랑 제가 모노드라마 시합을 하게 되었습니다. 제 판단에는 어머니가 완승입니다. 한번 들어 보세요.

주무시는 줄 알았는데 어머니는 진작 깨어 있었나 봅니다. 앉아서 책을 읽고 있는 제 무릎을 어머니가 와락 잡아 흔들었습니다.

"지리산 할아버지가 오랴. 어서, 어서 가자."

꿈을 꾸셨거나 아니면 혼자 깊은 상상을 하고 계셨던 듯싶습니다. 어머니 생신 여행을 지리산으로 갔다가 만난, 어머니가 반한(?) 백발의 멋진 할아버지 얘기를 하신 겁니다. 오늘은 학교에 강의도 나가야 하고 잡지사에 원고도 보내야 하지만 저는 대뜸 어머니 손을 마주 잡고 반색을 하며 맞장구를 쳤습니다.

"그래요? 정말요? 아유 잘됐네요. 가요 우리. 지리산 가요."

"그래도 전화해 보고 가야 안 되건나?"

연락도 없이 가는 무례를 저지르고 싶지 않은 어머니 마음이 읽혔습니다. 저는 바로 수화기를 집어 들었습니다. 귀를 잡수신 어머니께 들리라고 큰 소리로 얘기를 했습니다. 지리산 할아버지한테 극진하게 안부를 여쭌 다음에 용건을 말했습니다. 이른바 전화기를 이용한 모노드라마를 연출하기 시작했던 것입니다.

"오늘은 눈이 많이 와서 차가 못 간다고요?"

"그러면 언제요?"

"눈이 왔어도 살살 조심해서 가면 안 될까요?"

"어머니가 오늘 꼭 가고 싶어 하시는데 어떡해요."

제 연극이 제법이었나 봅니다.

제 말 한마디 한마디에 어머니 표정이 꿈틀꿈틀 했으니까요. 계속 전화 통화가 이어지고 있는데 어머니가 한쪽 눈을 껌뻑이며 내 무릎을 꼬집었습니다. "이기… 눈치 엄씨. 전화 끄너!" 하고 안타까운 듯이 제 귀에다 속삭였습니다.

그렇잖아도 전화를 끊어야 하는 처지였습니다. 띠띠띠띠 하는 수화기 이탈음이 계속 내 귀를 괴롭혔거든요. 이 소리가 어머니에게 들리면 큰 낭패가 될 것이고요.

전화기를 내려놓은 저를 어머니가 야단을 쳤습니다.

"지리산 할아버지가 나중에라도 몬 오게 하믄 오짤락꼬 그래? 오지 말라카믄 안 가야지. 이기 지 생각만 하지 남 생각은 손톱만치도 안 해야 시방."

주무시는 줄 알았는데 어머니는 진작 깨어 있었나 봅니다. 앉아서 책을 읽고 있는 제 무릎을 어머니가 와락 잡아 흔들었습니다.
"지리산 할아버지가 오랴. 어서, 어서 가자."
꿈을 꾸셨거나 아니면 혼자 깊은 상상을 하고 계셨던 듯싶습니다. 이렇게 시작된 모노드라마는 따끈한 차 한잔을 마지막으로 막을 내렸습니다.

김정임 할머니 연출의 제2탄 모노드라마가 바로 시작되었습니다. 오늘이 모 심는 날이라는 것입니다.

"순이가 모심을 때 같이 온다캤는데 오락캐라." 하셨습니다. '순이'는 올해 쉰 살인 서울 사는 제 여동생입니다.

"순이가 온다고 했어요?"

"그래. 접때 그랬어. 오늘 모심는데 오락캐야."

어머니한테는 오늘이 모심는 날인가 봅니다. 나는 전화해서 순이가 올 수 있는지 물어보겠다고 하고는 전화기를 들었지만 계략(!)이 떠오르지를 않아서 '에라 모르겠다.' 하는 심정으로 어머니에게 수화기를 넘겨 버렸습니다. 전화기 선은 분리시킨 채였습니다.

이때부터 휘황찬란한 어머니의 모노드라마가 시작되었습니다.

"순이가? 그래. 나 에미다."

"애들도 잘 있다고? 그래. 문 서방은?"

"벌쎄 출근했어? 아이구 부지런해야. 문 서방은 어딜 가나 부지런해야."

이렇게 안부를 극진히 딸과 주고받으신 어머니는 본론을 꺼내셨습니다.

"순아. 그란대 말이다. 너 오늘 모심는데 올 수 익껀나?"

이 대목에서 저는 조마조마했습니다. 순이가 내려온대더라고 하면 어쩌나 하구요.

"너도 출근한다고? 그라믄 몬 오건네?"

휴우~ 저는 안도의 한숨을 내쉬었습니다.

"모심는 거야 어찌어찌 놉을 해서라도 심구믄 되지 머. 출근해야 된다카믄 출근부텀 해야 안 되건나."

"나도 갈끼냐꼬? 내가 가 봐야 안 되건나. 희식이가 혼자 오찌 하

우리 집에 오는 모든 손님들은 어머니께 머리 숙여 절을 해야 합니다. 치매 노인에게 존중감을 키워 드리기에 극진한 존중이 최고입니다.

건노. 내가 가서 모춤이라도 아사 줘야지."

"찌랄하고 있다. 내가 오찌 그 멀리 서울 가노. 니가 와야지."

"인자 끊어."

어머니가 전화로 내 모든 걱정을 다 해결하신 겁니다. 동생이 온 다고 하면 또 하루 종일 오지도 않을 동생 맞이하라는 어머니 채근이 심할 텐데 동생이 출근하느라 안 온다니 얼마나 좋습니까. 근데 어머니는 내가 잊고 있던 문제가 하나 있었는데 그마저도 해결하셨습니다.

"머락꼬?"

"느그 오래비야 돌아서믄 변덕이라서 봐야 알지."

"모를 심을지 콩을 심을지 내가 오찌 아노."

"모 안 심는닥카믄 나는 팥이나 가릴란다."

모를 심기로 한 오늘도 이렇게 물려 버리신 것입니다. 모를 심으려면 아직도 보름은 지나야 하거든요.

여기까지입니다. 구성도 그렇고 발성도 그렇고 효과도 그렇습니다. 아주 완벽한 모노드라마였습니다. 현실을 치유하는 영성드라마라 해도 과언이 아닙니다. 제가 연출한 연극이 단막극이라면 어머니 작품은 중편 드라마였습니다. 나는 모른 척하고 물었습니다.

"머락캐요? 순이가 온대요?"

어머니가 아주 소상하게 통화 내용을 설명해 주셨습니다. 아까 전화하실 때보다 살이 붙고 뼈가 생겨서 줄거리는 더 풍성했습니다. 결론은 오늘 모를 심지 않아도 된다는 것입니다. 두 편의 연극으로 이 아침이 너무도 아름다웠습니다. 우리 모자의 연극 어때요? 공연하면 보러 오실래요?

할머니와의 약속

　여행의 참맛은 뜻하지 않은 길로 들어서서 낯선 상황을 헤쳐 나가는 중에 생각지도 못한 사람을 만나 내 참모습을 발견하는 데 있지 않을까 싶다. 시간은 더 걸려서 짜증도 나고 불안하기도 한 그런 때 마음속에 난 새로운 길을 발견하게 되는 그런 여행 말이다.

　지난주 지리산 단풍 구경이 그러했다. 아침 일찍 도시락을 싸고 기저귀며 물티슈며 속옷 등 어머니 용품을 바리바리 싸서 트럭에 싣고 어머니랑 집을 떠난 것은 오로지 '휠체어가 서로 비껴 갈 수 있을 정도(?)로 흙길이 널찍하게 잘 나 있는 임도'가 있다는 말을 듣고서였다. 그곳에서 해질녘에 단풍을 바라보다 눈물을 흘렸다는 내 친구는 기름값에 보태라며 봉투까지 찔러 주었다.

　지도를 봐 가며 등산로 입구를 몇 군데나 오르내렸지만 휠체어를 내려놓을 만한 곳은 눈에 띄지 않았고, 어머니는 지쳐 갔다. 치매 2급에 지체장애 3급인 어머니에게서 기저귀 갈 때가 지났다는 신호가 여러 가지로 전해져 오는 바로 그때 마을회관 귀퉁이에서 도리깨로 콩 타작하시는 할머니들이 보였고, 어머니도 그 모습을 보고는 생기를 찾으셨다. 갈증에 시달리다 옹달샘을 발견한 기분이었다.

내가 찾는 '지리산 흥부마을'이 이곳도 맞지만 30리쯤 가면 거기에 친구가 말했던 진짜 흥부마을이 있다는 것을 이 동네 할머니에게서 듣고 내가 길을 헤맨 이유를 알게 되었지만, 자빠진 김에 쉬어 간다고 휠체어를 내렸다. 그러고는 꼬부랑 할머니에게서 도리깨를 받아 쥐었다. 어릴 때 해 본 가락이 있어 그런지 도리깨질이 어색하지가 않았다. 어머니 휠체어 위치를 바꿔 가며 여러 가지로 도리깨질을 하는 모습을 보여줬는데, 어머니만 좋아하시는 게 아니라 동네 할머니들이 다 좋아하셨다.

어머니 상태도 좋은지라 이왕 시작한 일을 끝까지 해 드리려고 한 바탕을 끝내고 콩대를 뒤집다가 보니 할머니 한 분이 저쪽에 주저앉아 훌쩍훌쩍 울고 계셨다. 사연이 기가 막혔다. 예순셋인 둘째 딸이 치매가 걸려서 친정으로 데려와 같이 살았는데, 도저히 감당할 수가 없어 지난주에 요양원으로 보냈다는 것이다. 처음 보자마자 우리 어머니 치매가 언제부터 왔냐고 꼬치꼬치 묻길래 왜 그런가 했더니 이런 애달픈 사연이 있었다. 사위가 바람도 많이 피우고 딸을 때리기까지 했다면서 울음을 그치지 않았다. 우리 모자를 보니 딸애가 더 불쌍해 죽겠다는 것이었다. 할머니 연세는 여든여섯이었다.

한참 만에 눈물을 그친 할머니는 단풍 구경 와서 무슨 일을 하냐며, 저 뒤로 가면 디딜방아도 있고 흥부 생가도 있으니 어머니랑 가서 구경하라면서 내 손에서 도리깨를 빼앗았다. 혼자 몸 가누기도 힘든 여든여섯 할머니가 예순셋 치매 딸을 돌봤다고 생각하니 대충 상상이 되었다. 치매 앓는 딸이 기운까지 멀쩡했다면 그 어려움은 더 컸으리라. 자신의 앞날 걱정만으로도 구만리인데 딸 처지까지 걱정하면서 400평이나 콩 농사를 지으신 그 할머니에게 용돈을 조금 드리면서 작별 인사를 했다. 트럭 시동을 거는데 앞을 가로막고 선 할머니 손에 시커먼 비닐봉투가 들려 있었다. 그 안에는 타작마당에서 급히 쓸어 담느라 콩깍지가 듬성듬성한 콩이 가득 들어 있었다.

오늘은 메주콩이고 내일 서리태를 타작하니까 다음에 오면 그것도 좀 줄 테니 꼭 오라고 하면서 내 손을 거머쥐는데 무슨 석돌을 만지는 것 같았다. 나는 할머니 얼굴에 패인 주름살보다 더 깊고 굳은 약속을 했다. 다음에 오마고. 꼭 오마고. 겨울이 깊어지기 전에 두유나 과일 한 상자 사 들고 따님 안부 물으러 가야겠다.

〈불교신문〉 2014년 11월

'노인의 날'은 언제인가?

올해(2014)도 어김없이 노인의 날이 찾아왔다. 10월 2일. 어버이날과 어린이날이 있으니 노인의 날도 있는 정도로 이해하고 넘어갈 수도 있다. 스승의 날도 있고 어제 지나간 국군의 날도 있다. 그런 날들 중의 하나임에 틀림없다. 노인들을 챙겨서 하루 날을 잡아 기념해준 지가 어언 18년이라니 감사한 일이다. 그런데 노인의 날은 다른 기념일과 달리 좀 특별한(?) 대접을 받는 게 현실이다.

중앙 부처 차원의 행사는 있으되 지방 단위, 가정 단위의 행사는 없다는 것이 다른 날들과 두드러지는 차이다. 어버이날이나 스승의 날, 어린이날이면 어느 집이건 부산하게 카네이션이다, 공원 나들이다 하여 손에 손을 잡고 그날을 기린다. 노인의 날이라고 해서 할아버지 할머니께 꽃 한 송이 달아 드리는 걸 나는 보지 못했다. 외식 나들이 일행도 보지 못했다. 기껏해야 노인요양원에서 점심에 특식이라도 나오면 다행이고 그런 경우도 아주 드물다.

두 번째 특징은 제날짜에 맞춰서 기념식이나 행사를 하지 않고 편한 날로 아무렇게나 날짜를 골라잡는 특징이 있다. 노인의 날을 따로 정한 의미를 무색하게 한다. 지방 단위 행사가 없다는 점을 첫 번째 특징으로 말한 이유랑 같은 맥락이다. 시·군 단위에서 10월 2일 제날짜에 행사를 하는 경우는 가뭄에 콩 나듯 한다. 우연히 그날이 비어 있으면 하는 식이다.

유독 바쁜 가을철이라 굳이 날짜를 맞출 이유가 없나 보다. 행사를 진행하는 측의 편의에 따라 10월 초에서 10월 중순까지 중에서 하루를 정해 서커스나 품바타령을 보여주고 3류 가수 몇 명 부르고 냉동식품을 차떼기로 싣고 오는 외식업체를 불러서 점심 한 끼 대접하면 끝이다. 하지만 기념사와 축사는 어떤 경우에도 해야 한다. 양복 입은 정치인이나 행정가들 십 수명이 연단에 올라 그 말이 그 말인 비슷한 말들을 지치지도 않고 되풀이해서 한다. 노인들이 잘 못 알아 들을까 봐 배려하는 조치로 볼 수는 있겠다.

아침 일찍 아흔셋 어머니 가슴에 꽃을 달아 드렸다. 몇 번 얘기해도 노인의 날인지 뭔지 모르는 어머니는 꽃을 뜯어 버리고, 방금 먹었지만 또 밥을 달라고 조르신다. 하루 일정이 계획대로 잘 진행될지는 하나님도 모를 일이다. 점심 먹고 기온이 오르면 공원에 가서 호수 위로 난 다리 위에서 기념사진도 찍고 저녁은 어머니 좋아하는 팥죽으로 외식을 할 계획이다.

엊그제 보도에 따르면 노인 자살률이 아주 끔찍했다. 80대 이상

남성 노인 자살률은 우리나라 평균 자살률의 6배라고 한다. 우리나라 자살률이 세계 최고 자리를 굳건히 지키고 있다는 사실은 이미 다 알려져 있다. 그런데 노인 자살률은 그 평균 자살률의 6배나 된다면 수치가 얼마나 될까? 노인인구 10만 명 중 170명이 스스로 목숨을 끊는 셈이다. 이 정도면 국가적인 대 재난이다. 그런데 관심은 이런 통계 수치가 발표된 날 하루 반짝하고는 끝이다.

미루어 짐작할 수 있다. 팔십 넘은 할아버지들이 자살을 선택하기까지 마음속으로 품었어야 할 고독감, 외로움, 배척감을 넘어 배신감, 좌절, 분노…. 노인들의 만성적인 질병과 빈곤은 더 심각한 문제다. 지난 한 해 노인 1인당 평균 진료비가 322만 원이라고 한다. 2006년 180만 원에 비해 근 두 배다. 해마다 노인 인구 증가세보다 진료비 증가세가 가파르게 높아지고 있다.

다른 한편에서는 출산율이 너무 낮다면서 출산장려정책이 화려하다. 노인 인구에 비해 경제활동인구가 적어서 노인 부양이 문제라고 계속 떠든다. 노인들에 대한 지독한 폭력이다. 청소년 자살률도 세계 1위다. 새는 둑 막을 생각을 해야지 물이나 더 채울 생각이라니!

구름이 걷혔다. 햇살이 환하다. 서둘러 나서야지. 공원으로 팥죽집으로.

<그부모를 모시는 사람들> 2014년 5월

눈 오는 날의 우편배달부

'마리오'는 어부의 아들이었다. 남미 칠레의 한적한 섬에서 태어나 그 섬에서만 살다 보니 변화가 없는 섬 생활을 따분해 했다. 그러다가 이 섬으로 유배 온 '네루다'라는 체코의 유명한 시인을 만나 그의 전속 우편배달부가 된다. 그러고는 그의 삶이 송두리째 바뀐다. '일 포스티노'라는 영화 이야기다.

영화 같은 이야기는 현실 속에도 있기 마련이다. 직업으로서의 우편배달부가 우편물만 배달하지 않고 '마리오'처럼 우편물을 주고받는 사람에 관심 갖기는 쉽지 않다. 제시간에 갖다 줘야 할 우편물 때문에 그럴 틈이 없기 때문이다. 편지와 각종 고지서, 신문이나 소포로 늘 가방이 넘친다. 비라도 오는 날이면 오토바이 위에서 곡예를 한다. 시골길 흙탕물이 빨간색 오토바이를 전혀 다른 색깔로 바꿔 놓기도 한다. '일 포스티노'의 우편배달부와는 다르지만 우리 마을에도 특별한 우체부가 있다.

월요일인 그제는 비가 아니라 눈이 왔다. 연 사흘째 내리는 눈이

연 사흘째 내리는 눈이 얼어 길이 빙판이었다. 기대도 하지 않고 있었는데 대문간으로 우체부가 들어오기에 깜짝 놀랐다. 오토바이는 안 보였다. 그가 눈길을 뚫고 우리 집까지 온 이유는 전해야 할 우편물 외에 다른 게 있었기 때문이다. …

얼어 길이 빙판이었다. 기대도 하지 않고 있었는데 대문간으로 우체부가 들어오기에 깜짝 놀랐다. 오토바이는 안 보였다. 그가 눈길을 뚫고 우리 집까지 온 이유는 전해야 할 우편물 외에 다른 게 있었기 때문이다. 오늘처럼 눈이 많이 오는 날에는 마을 입구에 있는 농장 창고에 우편물을 둬도 좋겠냐고 물어보기 위해서였다. 이 말을 작년에도 했고 재작년에도 했다. 나는 재작년에도 그랬지만 작년에도 당연히 그렇게 하시라고 했다. 그런데도 올해 또 그걸 물으러 오토바이를 길에 세워 두고 눈길을 수백 미터 걸어서 올라온 것이다.

오늘도 오토바이로 바삐 오가는 우체부.
우체통. 신문과 고지서와 책이 내게로 오는 통로다.

내가 집에 없을 때 등기라도 오면 굳이 전화를 하시는 분이다. 어디에 두고 가니까 돌아오면 확인하라는 전화다. 전화 안 해도 되니까 앞으로는 그냥 두고 가시라고 해도 등기는 그렇게 하면 안 된다며 꼭 전화를 한다. 그 손전화기를 이렇게 눈이 오는 날에 쓰면 좋으련만 일부러 올라왔다. 올겨울 오토바이가 못 올라올 정도로 눈이 많이 내린 건 처음이라 직접 와서 말하는 것이라고 했다.

책이나 다른 물건을 택배로 부치면서 요금을 드리면 다음 날 작은 비닐봉지에 영수증과 함께 잔돈을 꼭 챙겨서 가져온다. 요금을 치르고 남은 돈을 갖다 주는 건 누구나 당연하다고 여길 것이다. 우리 동네 우체부가 특별하다는 것은 반대 경우의 이야기다. 우체부가 우체국에 돌아가서 정산을 할 때 내가 드린 요금이 모자라는 경우가 있다. 그럴 때는 집으로 들어오지 않고 영수증만 편지나 신문지 사이에 끼워서 대문 밖 우체통에 놓고 간다. 바빠서 그렇단다. 잔돈을 갖다 줄 때는 꼭 집으로 들어오는데 말이다. 이럴 때면 나는 영수증을 보고 모자라는 잔돈을 예의 작은 비닐봉지에 담아 우체통에 넣어 두지만 어떤 때는 내가 깜빡하고 그냥 지나간 것이 서너 건은 되어 총액을 물으면 그는 기억을 못한다. 내게 돌려줘야 할 우편물과 잔돈은 잊은 적이 없는 그가 자기 돈으로 메운 돈은 잘 잊는다.

나는 그 우체부가 어떤 계기가 있어서 우편물 하나하나를 그렇게 소중하게 대하고 고객(?)을 정성으로 섬기는지 알지 못한다. 바쁠 텐데도 마주치면 꼭 오토바이를 세우고 읍내 이야기를 전해 주기도 하고 일상의 내 안부를 물어 오는지 알지 못한다. 그러나 그가 '마리오' 못지않게 새로운 삶을 만났고 자신의 일을 즐거워한다는 것은 분명해 보인다. 계간 문예지인 『창비』가 올 때가 되었다고 하거나 치매를 앓는 어머니 기저귀 아직 안 떨어졌냐면서 택배 올 때 되지 않았냐고 먼저 물어 올 때 보면 정녕 그렇다.

<불교신문> 2014년 12월

감동은 어디에서 오는가?

일본에 닷새 동안 머물고 돌아온 지 이제 두 달쯤 된다. 돌아오자
마자 계간 『환경과 생명』에 일본의 도시농업 연수기를 62매 분량이
나 썼고, 이와는 별도로 지방지 《전북일보》에 전라북도의 농업정책
이나 생태환경을 머릿속에 떠올리며 다섯 차례 연재를 했다. 닷새
다녀와서 모두 150매 정도나 썼으니 할 말은 웬만큼 한 셈인데도 뭔
가 아쉬움 같은 게 계속 남아 있었다.

『작은 것이 아름답다』를 보는 순간 음극 자석이 양극 자석에 끌리
듯이 내 아쉬움의 정체가 쑥 끌려 나왔다. 마음속 또 다른 저장소에
있던 것이 『작아』를 보고서야 임자 만난 것처럼 튀어나온 셈이다.

부드러운 설득

연수 마지막 날 도쿄 중심가를 지나는데 큰 건물 벽에 펼침막 두
개가 아래로 길게 걸려 있었다. 흔한 풍경이 아니라 유심히 살펴봤

더니 "해외파병은 위헌의 소지가 있는 것으로 보인다."라는 것이 하나였고, 다른 하나는 "지금의 연금복지정책은 근로자에게 크게 도움이 되지 않는다."는 것이었다.

이 펼침막 내용을 본 사람이면 누구나 짐작할 수 있겠지만 나 역시 일본의 시민단체 하나가 저 건물에 들어 있구나 싶었다. 무슨 이름의 단체일까 싶어 살펴보니 시민단체가 아니고 정당이었다. 야당인 사회민주당 이름이 펼침막에 씌어 있는 것이다. 이 정도 이야기를 하면 내가 무슨 얘기를 하려고 하는지 눈치 빠르신 분들은 알 것이다. 야당이 내건 펼침막 구호가 참 부드럽지 않은가?

옆자리에 앉은 일행에게 소감을 말했더니 그 사람도 동의했다. 우리나라에서 자주 보던 '무엇무엇 하는 무엇무엇을 결사반대'라든가 '무엇무엇 웬말이냐 당장 무엇무엇 철폐하라'는 구호와 자연히 비교되었다.

솔직히 함부로 내놓고 말을 할 수는 없지만 그런 구호를 보노라면 가슴 한구석이 오그라드는 기분이었는데, 일본 사회민주당이 내건 구호는 자기 당의 의견을 그냥 담담하게 드러내 보일 뿐이었다. 조심스럽다고 할까 겸손하다고 할까 그런 기분이 들었다.

각자 나름대로 자신의 소중한 일로 바쁜 시민들에게 접근하여 팔을 잡아끌면서 예수 믿으라고 소리 지르는 것을 보거나, 확성기를 크게 틀어서 주변 사람들의 대화를 다 집어삼키는 시위대의 모습을 볼

때마다 옳고 그름을 떠나 참 무례하다는 생각을 했던 터라 그 펼침막
은 인상 깊게 다가왔다.

손전화를 걸어서 먼저 "지금 통화하기 괜찮으신가요?" 하고 묻는
사람하고, 다짜고짜 자기 용건만 서둘러 말하는 사람이 연상되기도
하는 펼침막이었다. 사회민주당의 펼침막 내용은 부드러웠지만 도
리어 그 글귀는 아주 강하게 와 닿았다. 꼭 목소리가 크다고 해서 그
주장에 이끌리는 것은 아니다. 주장하는 것 자체가 봉쇄되어 있는
사회라면 금하고 있는 주장을 듣는 것이 충격이 되고 각성이 되겠지
만, 자유롭게 주장할 수 있는 사회에서는 내면의 공감과 동의를 얻어
내는 설득력 있는 접근이 중요하다. 사람을 감동시키는 만큼 사람을
변화시키는 법이다. 옆자리 짓궂은 친구가 일본 사회민주당의 구호
를 한국식으로 바꿨는데 이랬다.

- 평화헌법 위반이다 파병 논의 중단하라
- 부자만 배 불리는 껍데기 연금정책 폐기하라

작지만 깊은 배려

일본 사회 전체가 그러한지 아니면 내가 보았던 그 구호만 그랬는
지는 잘 모른다. 두 번째 이야기도 비슷한 맥락인데 나만 그렇게 느

낀 것일 수도 있다. 역시 도쿄에서였다. 날이 새기 시작하는 새벽 거리는 한국처럼 '새벽의 사람들'로 분주했다. 출근을 서두르는 직장인들도 있었고, 환경미화원이랑 신문 수송 차량도 있었다.

아침 신문을 가득 실은 수송 차량이 후진할 때 '삐뽀삐뽀' 소리를 냈다. 일본에서 닷새 동안 타고 다니던 전세버스가 후진할 때 차창을 다 닫고 버스 뒤에서 주차 안내원이 "오라이 오라이" 하는 소리가 운전석 스피커로 들리고, 운전석 옆 작은 스크린에는 차 뒤쪽이 훤히 비치는 것을 보고 내가 놀라워하자, 어떤 분이 우리나라에도 그런 장치가 달린 고급 자동차가 있다고 했다. 짐 실은 트럭이 후진할 때 소리가 나는 걸 보고 큰 차만 그런가 싶어 후진하는 크고 작은 트럭들을 눈여겨보았는데, 내가 본 모든 트럭이 다 그런 식의 소리를 냈다.

또한 차도에 있는 가로수 지지대도 참 인상 깊었다. 나무를 철사나 나일론 끈으로 동여매서 나무 깊숙이 파고 들어간 상처를 많이 봐 왔던 내 눈에 일본의 가로수 지지대는 서너 단계나 더 진보한 것이었다. 나무 둘레는 쇠 파이프로 지지대를 튼튼하게 세우고 넓다랗게 자른 폐타이어 같은 고무 밴드로 여유 공간을 만들어 두고서 나무를 붙들고 있는 식이었다. 나무가 자라면서 굵어지는 것을 고려해서 끈을 점점 늘여 갈 수 있게 해 놨다. 나무의 처지에서 꼼꼼하게 생각을 하지 않고서는 고안해 낼 수 없는 장치로 보였다.

겉포장을 걷어 낸 사회

나가노현 주택가로 새벽 산책을 나갔다가 본 것들도 기억에 새롭다. 현판을 보고 현 의회 건물이라는 것을 알고 깜짝 놀랐다. 우리나라 70년대 연립주택 같았다. 2층 블록 건물이었는데 나가노현은 주민이 230만 정도 된다고 하니 전라북도보다 크다. 오래된 건물이라 새로 페인트칠을 했는데 옅은 미색이 산뜻하긴 했으나 건물은 여간 초라한 게 아니었다. 다만 앞마당의 족히 수백 년 되어 보이는 아름드리 소나무들이 의회의 역사와 권위를 말해 주는 듯했다.

의회 건물 뒤쪽 주택가 깊숙이 들어가 보니 집집마다 손바닥 만한 땅도 텃밭으로 일구고 있고, 울타리가 따로 없이 텃밭으로 집 울타리를 삼고 있었다. 특히 눈에 뜨인 것은 주택가에 갈림길이 있는 곳마다 흰색 페인트로 'ㅓ'자 표시나 'ㅏ'자 표시를 해 놓은 것이다.

좁은 주택가 길을 초행자가 차를 몰고 가다 보면 어디에 골목이 있어 사람이나 차가 튀어나올지 모르는 법인데 모든 갈림길에 그런 표시를 해 놨으니 멀찍이서도 운전자가 대비할 수 있겠다 싶었다. 차도로 나서서 횡단보도를 건너다 파란색 신호등 옆에 자전거도 함께 건너라는 표시등이 들어온 것을 보았다. 또한 길에도 자전거길 표시가 사람이 가는 길 옆쪽에 따로 있었다. 하천가에는 시에서 만들어 놓은 거름통도 있었다. 텃밭에 난 풀을 매서 그냥 버리지 말고 그곳에 넣으면 잘 썩어 거름이 되게 한 것이다.

이런 모습들을 보면서 당연히 일본의 우경화 현상과 어떻게 연관 지어 해석해야 할지 고개가 갸우뚱거려지긴 했다.

무엇보다 놀라웠던 것은 번화한 도심 거리에서 손전화 가게를 들러 보았는데 단돈 2만 5천 원짜리가 있다는 사실이다. 안내자의 얘기로는 다른 기능은 전혀 없고 집전화처럼 거는 기능과 받는 기능만 있다고 했다. 엠피쓰리폰이니 카메라폰이니 하여 수십만 원짜리 손전화뿐인 한국의 현실과 많이 다른 것이다.

지금 우리나라에 '홍옥'이나 '국광'처럼 시면서도 맛이 단 사과는 흔적도 없이 사라지고 단 사과인 부사만 판을 치는 현실도 어쩌면 다양성을 존중하고 소수자를 배려하는 마음이 모자랐기 때문은 아닐까 싶었다. 또 우리나라처럼 길가 전봇대 옆에 쓰레기봉투 모아 두는 곳이 있었는데, 쓰레기봉투가 많았으나 그 주변에 버려진 쓰레기가 단 하나도 없었다.

어떤 혁명도 개인의 버릇과 삶을 바꾸는 데까지 나아가지 못하면 실패하는 법이다. 한 개인이 깊은 자기 성찰을 통해 근본적으로 바뀌고 그 변화가 사회 영역으로까지 확장되는 것이 진정한 혁명이라고 본다. 그런 면에서 이번 일본 도시농업 연수는 일본 시민혁명 관찰 여행이라고 해도 지나친 말은 아닐 듯싶었다.

〈작은 것이 아름답다〉 2005년

빛나는 졸업장

　몇 번째 받게 되는 졸업장이신지요? 광주·전남생태귀농학교 15
기 졸업생님들께 여쭤 봅니다. 오늘 받으시는 귀농학교 졸업장이 지
금까지 받은 졸업장 수에 하나를 더하게 되잖아요. 졸업장 숫자가
몇 개나 되죠?

　졸업장 생각을 하면 여러 풍경들이 스치실 겁니다. 저 역시 그렇
거든요. 여러 졸업장 중에서 으뜸은 역시 귀농학교 졸업장이라는 것
은 의심의 여지가 없습니다. 그렇죠? 저는 귀농학교 졸업장을 받으
면서 제 생애 최고의 자랑이고 저의 마지막 학력을 장식한 것이라고
뿌듯해했습니다.

　다른 졸업장들도 다 배움의 길에서 만났던 숱한 사연들로 소중하
겠지요. 그런데 귀농학교 졸업장에 서린 개인적인 결단과 꿈, 여러
인연들, 의례적인 삶의 뒤통수를 갈기는 듯했던 강의들…. 특별한
기억이지 않으세요?

　저는 귀농학교 졸업장이 세 개나 됩니다. 전주귀농학교 1기와 2기

졸업장을 가지고 있습니다. 여기서 귀농학교 맛을 단단히 봤던 저는 급기야 중앙으로 진출을 감행하여 서울(여름)귀농학교 졸업장까지 거머쥐게 되었던 것입니다.

이때 알게 된 사람들과 지금껏 연락하며 잘 지내고 있습니다. 졸업 뒤에 다시 만나 보지 못한 동문도 몇 있지요. 그렇지만 마음속에 간직된 그들과의 동류의식과 동질감은 변함이 없습니다. 힘든 일이 있을 때 조용한 격려가 됩니다. 이번에 15기로 졸업하시는 여러분들에게 이 점을 축하드리고 싶습니다. 좋은 분들을 만났고, 동기들에게는 스스로가 '좋은 분'이 되신 것을 축하드립니다.

하루에도 수십, 수백의 사람들을 만나지만 귀농학교에서 만난 사람들은 비록 숫자가 적을지라도 앞으로 살아가시는 데 큰 힘이 될 것입니다. 축하드립니다.

한 가지 더 축하드리고 싶은 것이 있습니다. 우리나라에 농사를 짓는 분들이 240만 명쯤 된다고 합니다. 하지만 졸업생 여러분과 같은 마음가짐으로 농사를 지으려는 농민들은 극소수에 불과합니다. 그만큼 어렵고 힘든 농사를 선택하셨다는 것입니다. 이것을 진심으로 축하드립니다.

요즘 주변을 둘러 보세요. 모심기를 끝낸 논두렁이 누른 황금색입니다. 초여름에 웬 황금들녘이냐 싶지만 제초제를 뿌려서 풀들이 다 말라 죽은 것입니다. 어제 먹은 것이 바로 지금의 나입니다. 내가 먹고 살기 위해 좀 거슬리는 것들을 깡그리 죽여 버리는 농사법이 지금 주류 농사법입니다.

여기저기 깔아뭉개 만든 거름기 하나 없는 허여멀건한 밭에서 감자나 옥수수, 야콘, 고추가 무성하게 자라고 있습니다. 그야말로 과학적(?)으로 계량된 화학비료가 키우고 있는 것입니다. 귀농학교에서 어렵고 힘든 농사법을 선택하신 여러분들에게 감사하고, 졸업을 축하드리는 이유가 여기 있습니다.

어디서 어떤 농사를 짓고 사시든지 귀농학교에서 먹었던 처음마음을 놓치지 않길 바랍니다. 뭇 생명을 지키는 농사, 사람을 살리는 농사, 기쁨과 보람이 넘치는 농사를 지으시기 바랍니다.

역경은 유혹을 동반할 것입니다. 그러나 동기들끼리 자주 만나 격려하고 지지하면서 이겨 낼 수 있을 것입니다. 광주 · 전남귀농학교는 다른 귀농학교가 부러워하는 잘 결속된 동문회가 있잖아요. 같은 길 가시는 좋은 길동무가 되시기를 바랍니다.

감사합니다.

〈광주전남 귀농학교 자료집〉 2015년

동북아시아 농민들

중국에서 귀국한 지 1달여가 지났지만 여전히 기억이 새롭다. 선명한 기억 중 하나는 20-30대 젊은이들이다. 200여 명 참석자 중 대부분은 젊은이들이었다. 발표도 진행도 기획도 젊은이들이 다수를 이루던 장면들이 유독 인상적이었던 것은 우리에게 없는 모습이어서일 것이다.

젊음. 그렇다. 평균연령이 60이 넘는 한국 참가자들에게 부러운 점이 아닐 수 없다. 이들을 보니, 30여 년 전 젊은 열정으로 아스팔트를 달구던 함성이 절로 떠올랐다. 집회장과 거리시위에는 나를 포함해 늘 20대 애송이만 바글거리다 보니 돈이 있나 경험이 있나, 아는 사람이 있나 정보가 있나, 만날 러시아 혁명사와 일본에서 번역한 정치경제학 원서들이나 읽으면서, 또 주체사상 관련 글 등에서 외워 온 것들로 토론을 벌였다.

이때 폴란드의 라흐 바웬사가 이끌던 솔리다리티(자유노조연대)에서 레닌그라드 조선소 파업을 하는 보도를 봤는데, 거기에서는 수염이 덥수룩한 노친네들이 데모를 하지 않는가. 하염없이 부러워하던 그때 기억이 생생하다.

이 젊은이들이 경제와 군사 부문에서 무섭게 질주하는 중국을 생태와 생명평화, 농업과 농촌으로 이끌어 주기를 바라는 마음이 일었다. 본대회 3박 4일과 전체 일정 6박 7일 내내 같은 마음이었다. 중국이 어떤 선택을 하느냐가 한국뿐 아니라 지구 역사에 큰 변수가 될 수 있어서다.

중국의 귀농과 자연학교(대안학교)운동

이 글의 제목은 '농민 대회'이지만 이번 대회의 정식 이름은 '동아시아 지구 시민촌 2016 in 상하이'였다. 상하이에서 열리는 지구 시민촌 대회는 이번이 3회째다. 글 제목을 '농민 대회'라고 한 것은 농업과 농촌, 농민의 가치가 전면에 내세워졌기 때문이고, 한국에서는 농민들이 갔기 때문이다. 행사도 다 농촌에서 진행되었다.

이 대회를 어디에서 협찬한 것인지를 보면 대회 성격을 알 수 있는데, 인민대학지속발전고등연구원 · 서남대학향촌건설학원 · 쿤샨시건설투자발전회사 · 베이징량슈밍 센터 · 쿤샨유에펑따오 유기농장/전국농민종자네트워크 등이 협찬했다.

량슈밍 센터는 농촌을 강조한 중국의 저명한 유학자인 량슈밍을 기리는 기관이다. '향촌'의 개념은 우리나라의 귀농, 마을 만들기, 지속 가능한 농촌 등으로 이해해도 될 것이다. 서남대학은 인민대학이나 복주임업대학 등과 함께 『백년의 급진』 저자인 원톄쥔 사단의 두뇌 집단이다.

원톄쥔(溫鐵軍, 65)은 중국 런민(人民)대 교수이며 '농업 및 농촌발전대학' 학장이다. 중국 경제개혁회 사무차장과 중국 거시경제연구재단 사무차장, 제임스 엔 농촌재건기관 대표로도 활동한다. 향촌운동의 주창자이며, 농업·농촌·농민이라는 3농 개념을 정립했다. 중국의 대안문명운동은 원톄쥔의 영향이 크다.

그의 저작을 읽다 보면 북한 농업의 붕괴에 대한 재미있는 진단을 발견하게 된다. 우리의 농업을 들여다보는 지침이 될 수 있다는 생각이 든다. 한마디로 농업의 과도한 기계화와 산업화를 경계하라는 지적이다. 북한 농업의 붕괴가 거기에 있다는 것이다.

심지어 원톄쥔은 탈북자들을 '탈북 농자'라고 불러야 한다고까지 한다. 좀 색다른 주장이지만 그는 이 책에서 탈북자의 대량 발생 원인을, 농촌의 과도한 기계화와 집단화로 농촌인구가 대부분 도시로 빠져나왔는데, 그들을 다시 농촌으로 돌려보내니 적응할 수 없어 탈북하게 된다고 진단한다.

소련의 해체로 에너지 공급이 중단되자 북한의 모든 산업 시설이 멈추게 되어 농촌의 농기계도 멈춰 서게 되었다. 남한보다 훨씬 기계화되었던 북한 농촌의 농기계가 멈춰 서 버리니, 도시로 나왔던 인민들이 다시 농촌으로 돌아왔지만 오로지 삽과 호미로 농사를 지어야 할 형편이었다는 것이다. 농사는 영업 또는 경영의 관점으로 봐서는 안 된다는 것이 이 책의 요지다. 농사가 지역의 문화와 역사를 지키는 매개이자 삶의 보루라고 누차 강조한다.

이번 행사를 제대로 이해하는 것은 어쩌면 원톄쥔을 이해하는 것에서 출발할 수 있다. 원톄쥔은, 지금 중국이 겪고 있는 문제는 글로벌 시장에서의 산업자본·상업자본·금융자본 과잉이 저개발국·개발도상국·농업·농촌에 그 부담을 전가하기 때문에 발생한다고 설명한다.

그는 중국 정부와 민간이 동아시아 사회에 공통적으로 유지되던 소농 위주의 순환적 농법을 벗어나 농업의 규모화·관행화·산업화로 일로매진(一路邁進)한다면, 일본과 한국이 겪었던 농촌의 해체와 농업의 몰락을 경험하게 될 것이라고 예언한다. 이런 진단은 중국 향촌운동의 출발점이기도 하다. 이를 해결하기 위한 유일한 대안은 사회생태농업이라고 주장한다.

이들 기관과 인사들이 후원을 한 행사였으니 짐작이 될 것이다. 성격이 차이는 나겠지만 이번 행사에 모인 사람들은 우리나라로 치면 농업·생명·귀농·생협 관련 시민 단체와 운동가들로 이해하면 될 것이다.

대회를 알리는 홍보물에 소개된 대회 주제도 '다원공생(多元共生)-지속 가능한 사회를 이루어 가는 아시아 시민들이 모이는 터!'였고, 유기농 먹거리 · 자연농법 · 슬로푸드 · 지속농업(퍼머컬처. 친환경적 삶의 공간, 생태원리를 따라 만들어진 생활원리) · 자연(대안)교육 · 적정기술 · 자연에너지 · 생협 · 녹색관광(그린투어리즘) 등을 다루었다.

생태적인 삶에 관련되는 주제를 다루는 강연과 워크숍들도 함께 진행되었다. 음악회와 연극, 놀이와 캠프파이어도 했다. 그러나 전체 행사는 일관되게 앞에서 말한 주제로 모아졌다. 현대 문명의 문제점을 발견하고 지속 가능한 사회로 이어 갈 삶의 길을 찾는 것이었다. 신토불이와 천인합일(天人合一)을 크게 내세웠다.

이런 주제들이 중국에서 크게 관심 받아 활발하게 논의된다는 것이 반갑고 놀라웠다. 자연재배농업과 유기농업은 우리의 중국산 농산물에 대한 고정관념과 큰 차이를 보인다. 우리는 중국산 농산물은 저렴하며 쓰레기만도 못한 오염된 부실 농산물이라고 생각해 왔다. 그러나 여기 모인 사람들은 유기농사와 자연학교를 매우 중요하게 실천하는 사람들이었다.

이런 현상은 중국의 개방실용주의 정책으로 자본주의가 급속하게 진행됨에 따라 경제가 성장하고 소득이 늘어났지만 필연적으로 발생하는 자본주의적 모순들과 맞닥뜨리게 된 것의 반영이 아닐까 싶다. 사회적으로 예민한 촉수를 가진 사람들이 위기를 일찍 간파하고 새로운 출구를 찾아 나선 모습이라 할 것이다.

한국, 중국, 일본, 대만 그리고 북한

대규모 행사가 대부분 그렇듯이 오전 9시에 개막된 첫날에는 기조강연과 패널 토론이 있었고 오후에는 주제별로 조를 나누어서 토론이 진행되었다. 기조강연은 개최국인 중국에서 맡았고, 패널 토론은 한·중·일·대만 4개국이 나누어 맡았다. 한국은 내가 발제를 했는데 미리 제출한 발표문의 주제는 '소농과 영적 성숙'이었다.

몇 번 발표 요청을 거절하다가 부득불 맡게 되었는데 이전에 치러진 두 차례의 행사 내용을 돌아보면서 이렇게 주제를 잡았다. '소농'은 가족농 개념이므로 친근하겠지만 '영적 성숙'이라는 주제는 조심스러운 주제였다. 그렇지만 대부분의 분야별 논의와 토론이 유사한 맥락일 것이라고 생각했고, 대안적 삶을 통해서 궁극적으로 지향해야 할 방향이라는 점에서 이렇게 정했다.

왜 소농의 삶을 추구해야 하는가를 문명사적 차원에서 제시하고 나름대로 소농의 신성성에 대해 피력했다. 결론은 소농적 실천으로 영적 성숙을 도모하자는 것이었다. 한글과 간자체 한문으로 프리젠테이션을 했고 동포 통역가의 도움을 받았다. 내 발표에 적극적인 반응을 보이는 몇몇 분들은 일본과 대만에서 온 분들이었다. 아무래

쿤산지역의 자연재배 농장을 둘러보고 있다.

도 중국의 경우 영성이나 수련을 농사와 접목해서 생각하는 것이 주 관심사가 되기에는 시간이 더 걸리지 않을까 싶었다.

전체 기조 발제는 베이징대학 보전생물학 교수인 뤼쥐에(呂植)가 자연보호와 다원적 가치에 대해 학교에서의 활동 사례를 중심으로 했고, 일본 패널로 참여한 '가토 다이고'는 대만에서 온 '리 워어핑'과 함께 생태집짓기와 농촌의 전통문화에 대해 발표했다.

나는 발표 중에 갑자기 북한이 떠올랐다. 대회에 모인 사람들은 엄격히 말하면 동아시아라기보다는 동북아시아라 하는 게 맞겠고 여기에 북한이 빠질 이유가 없었다. 북한이 참석하지 못한 사정을 미루어 짐작 못 할 바는 아니지만 동북아시아 시민 권역에서 빼놔서는 안 될 것 같았다. 아무리 현실이 그렇다 하더라도 우리의 머릿속에서조차 동북아시아 범주에서 북한을 빼고 생각해서는 안 된다. 그런 점을 지적하고 분단의 아픔과 동포에 대한 애틋함을 전하면서 "한국은 하나다(Korea is One)"라고 말하자 참석자들이 박수를 쳤고 한국에서 온 사람들은 눈시울을 붉혔다는 얘기를 나중에 들었다.

3박 4일 일정 동안 저녁에는 각종 문화예술 발표와 집단 놀이가 있었고, 낮에는 작은 모임별 발표와 실습 및 어울림이 있었다. 처음 이틀은 상하이의 서남부에 있는 칭푸(青浦)에서, 뒤로 이틀은 상하이 서북부의 쿤산(昆山)에서 지냈다. 한국 일행들은 발표 내용과 담당자를 미리 정해서 갔지만 현지에서 흥이 올라 더 활발히 참여하였다.

귀농운동본부 상임대표 출신인 정용수 님은 현재 교장으로 있는 소농학교의 운영과 교육 내용을 발표했고, 에코생협 이사장이었던 안병덕 님은 생협운동과 먹을거리에 대해 발표했다.

둘째 날의 오전과 오후는 주제별 좌판(?)이 벌어지는 날이었는데 참석자들은 이 좌판 저 좌판을 돌아다니면서 자유롭게 끼어들 수 있었다. 통역은 한국말을 잘하는 중국인과 북한 출신의 재중 동포, 그리고 영어뿐 아니라 일어와 중국어에도 능숙한 김유익 님이 맡았다.

어떨 때는 재일동포이자 이 대회 사무국의 일원인 조미수 님이 일어 통역을 맡고, 김유익 님과 재중 동포들이 중국어 통역을 맡아서 한국 일행들이 많이 참여하는 좌판을 부지런히 찾아다니기도 했다.

공동체 마을인 선애빌의 '선애학교' 교장 등 오랫동안 대안학교 경험이 있는 김재형 님은 자연(대안)학교를 발표하고 집담회를 이끌었다. 이분들은 1회 때부터 참여한 분들이고 3회 때부터 나를 중심으로 10여 명의 한국인들이 더 참여하게 되었다.

그런데 3차 대회에 처음 참석하는 한국인이 또 있었다. 아시아평화시민네트워크의 대표인 이대수 님, 사단법인 러브릿지 상임이사인 이선희 님, 아시안프라이드 협동조합 왕치 님이었다. 다들 한 · 중 · 일을 오가며 민간 교류를 하는 분들이다.

교류의 밤

칭푸의 아침은 태극권으로 시작되었다. 유속이 느린 동네 운하(하천)를 가운데 두고 마을이 형성되었는데, 숙소 안마당에서 새벽 태극권으로 하루를 열었다. 고개를 옆으로 돌리면 동네 운하가 보였다.

이틀째 되는 아침이었다. 새벽 태극권 시간에 보니 늙은 할머니와 손주가 배에 같이 타서 긴 장대를 노 삼아 저으며 운하를 타고 내려가는 것이었다. 통발을 걷으러 가는 중이라 했다. 탁해서 강바닥이 보이지 않는 그곳에서 물고기를 잡는 모양이었다. 배가 다시 올라올 때 어린 손자에게 가지고 있던 과자랑 오징어 등을 주니 그 애는 얼씨구나 하고 받아먹었다.

가장 흥이 나는 순서는 저녁 시간의 교류회였다. 어느 모임에서건 저녁 시간에는 친목 위주의 작은 축제가 마련되는데 4개국에서 모인 사람들이 서로 말이 통하지 않아 어색한 웃음으로 대답을 대신하는 일이 속출하였지만, 그 정도의 불통은 견딜 만했다. 말이 안 통한다는 것이 도리어 상대에 대한 경청과 배려로 나타나곤 했다. 말이 많아서 탈이 생기는 경우는 많아도 말이 없어서(안 통해서) 생겨나는 탈은 약간의 답답함 외에 없었다.

교류회에서는 각국의 장기 자랑들이 쏟아져 나왔다. 일본에서 온 춤꾼 한 분은 몸 연기가 탁월했다. 분장도 전문적으로 해서 춤과 연기로 이야기를 만들어 나갔다. 초로의 일본인 부부는 현악기와 타악기를 함께 연주하는 솜씨를 보이기도 했다.

한국인 참가자 중에서는 대학 때 연극반 활동을 했다는 안병덕 님이 병신춤을 추었는데, 아주 오래전 공옥진 님 춤이 연상될 정도로 완벽했다. 병신춤은 사회적 약자의 호소 같기도 하고 숨겨진 내면의 위악을 드러내는 것 같기도 해서 감흥이 컸다.

거창에서 온 한대수 님의 노래도 일품이었다. '선구자'를 불렀다. 노래에 앞서 간단한 인사말을 했는데 내가 일본 사람들을 흘깃흘깃 훔쳐보며 조마조마할 정도로 항일 독립 투쟁의 무대로서의 중국땅을 강조해서 언급했다. 한대수 님은 "교류라는 것이 무조건 좋다 좋다 하는 게 아닐진대 제가 처음 와 본 중국은 조선 민족에게 항일 투쟁의 본거지로 기억되고 있다는 사실을 숨기지 않겠다."고 입을 떼었던 것이다. 더구나 노래가 '선구자'다 보니 한국 일행들은 다 따라불렀는데 조총 한 자루 어깨에 메고 삭풍이 부는 만주 벌판에 서 있는 기분이 들었다. 무장 독립운동가의 간단한 일화를 덧붙인 그의 말은 중국어와 일본어로 동시통역이 되었는데, 일본에서 온 음악가 한 분이 말을 받았다.

그는 나도 아는 사람이었다. 일본군의 대학살을 사죄하는 프로그램으로 상하이에서 난징까지 걸었던 사람이고, 『나비문명』의 저자 마사키 다카시와 함께 한국에도 온 적이 있는 분으로서, 몇 년 전에 워크나인이라는 단체와 함께 와서 일본의 평화헌법 9조를 지키는 걷기를 했던 사람이다.

그는 다시 한번 일본 제국주의 시절의 만행과 침략이 잘못이었음을 분명히 했다. 이 행사에 와서 며칠 같이 지내다 보니 마사키 다카시는 참으로 지혜롭고 원숙해 보였다. 한국에서 강연을 들은 적도 있었는데 중국에서 며칠 함께 지내면서 훨씬 친숙해졌다.

쿤산에서의 저녁 교류회도 인상적이었다. 슬로푸드와 씨앗 나누기 행사가 함께 진행되던 마을에서 음악회가 열렸다. 어색한 화려함과 매끄럽지 못한 스탭들, 급조한 네온사인, 시골의 무대는 정말 시골스러워서 좋았다. 이 행사에 초등학생들을 데리고 온 선생님도 있었고 마을의 늙은 주민들도 참석했는데 우리나라 시골처럼 그 마을도 늙은이들만 농토를 지키고 있었다.

음악회는 처음에는 정해진 출연자 중심으로 노래나 연주를 제법 할 수 있는 사람이 무대에 서더니, 차츰 흥이 돋워지자 자발적인 출연자들이 생겨났고 사회자도 나라별로 자유롭게 무대에 오를 것을 권하게 되었다.

북한도 함께하는 동아시아 농민 대회를 꿈꾸다

춤과 노래를 좋아하는 한국인의 디엔에이가 발동했다. 몇 차례나 삼삼오오 무대에 오르다가 나중에는 한국인 모두가 무대에 올라가서 '님을 위한 행진곡'을 불렀다. 출국 직전에 5·18기념식에서도 제창을 하지 못했던 그 노래를 우리는 남의 나라에 가서 맘껏 부를 수 있었다. 이 노래를 부르니까 대만에서 온 젊은이가 무대에 튀어 올라와서 대만어로 노래를 같이 불렀다. 이른바 노란우산혁명 때 참여해서 그 노래를 불렀다는 것이다.

'님을 위한 행진곡'은 만국의 공용 합창곡이 된 셈이다. 뜻있는 사람들이 정부를 향해서 개혁과 변화를 촉구하는 노래로 자리를 잡은 느낌이었다.

그곳 쿤산에는 특이하게 관리되는 과수원이 있었다. 풀을 제거하지 않고 함께 가꾸는 초생재배는 내게도 익숙한 것이었지만 과수원에서 재배되는 수종이 여럿인 것은 경이로웠다. 딸기·블루베리·배 등의 과수나무가 일정한 규칙에 따라 번갈아 심어져 있었다.

마지막 날에 소감을 발표했는데 다들 흡족해했다. 내년에 열리는 4차 대회 때는 좀 더 많은 사람들이 참여하도록 하자는 것과, 우리나라에서도 젊은 친구들이 참여할 수 있도록 어른들이 여비라도 보태주자는 얘기도 나왔다. 4차 대회가 중국에서 열릴지 아니면 일본에서 열릴지 모르지만 올 9월쯤에 일찍 한국 측 준비위를 만들어서 미리 정보도 나누고 주제에 따른 학습도 하자는 약속도 했다.

중국에 남아서 자연학교 활동을 하기로 한 김재형 님은 동북아시아의 지도를 거꾸로 뒤집어 보여주었는데 신기하게도 큰 연못을 공유한 형상이 되었다. 한·중·일이 연못을 끼고 다정하게 둘러앉은 모습이었다.

동북아시아에서의 갖가지 분쟁과 대립은 역사가 깊다. 미국이라는 존재가 이를 더 악화시키고 있다. 해를 거듭할수록 이 대회가 동북아의 평화 기운을 키워 가길 바란다. 그중에서도 한국의 역할이 참 긴요할 때다. 그동안 문인이나 교사들은 동아시아 담론을 키워 왔고 실천해 왔다. 먹을거리를 책임지는 농민들이 한 축을 담당해도 좋겠다는 생각을 한다. 특히 북한 농민과 교류할 수 있는 장이 된다면 더없이 좋을 것이다.

〈귀농통문〉 2016년 여름호

자연농법과 한울살림

강의 주제와 관련해서 용어부터 살펴보겠습니다. 그냥 '농사'라고 하면 될 것을 왜 굳이 '자연농법'이라고 했으며, '한울' 뒤에는 왜 '살림'을 붙였을까요? 강의 주제를 정하면서 단어 하나하나를 두 시간 강의의 압축이 되도록 해야 했습니다. 또한 그렇게 부름으로 해서 현실을 규정하는 힘으로 작용할 것이라 여겼습니다.

이미 우리의 현실은 '농사'라고만 했을 때 제대로 전달되지 않는 왜곡이 있다는 것입니다. 그래서 '자연농법'이라고 한 것입니다. 아울러 '살림'이 있음으로 해서 '한울'의 정체된 의미가 생명성을 부여받는다고 봤습니다. '생활정치'라고 했을 때 우리의 정치가 이미 서민의 생활을 떠나 명분과 이권에 치우쳤다는 판단을 깔고 있는 것과 같은 말입니다.

'살림'은 두 가지 의미가 있습니다. 가정의 쓰임이를 지혜롭게 하는 슬기를 말하는 것이 첫째요, 죽음의 반대로서의 의미가 둘째입니다. 여기서는 한울님을 모시고 한울님으로서의 체통과 위신과 권위와 품위를 지니고 더욱 활기찬 생활을 엮어 간다는 뜻으로 썼습니다. 모시는 것이 이미 그러한 뜻을 지니겠으나 이를 한층 강조하기 위함입니다.

그렇다면 농사에서 한울살림은 어떤 것일까요? 농사를 '자연농법'이라고 표기한 이유는 무엇일까요? 농사·농민·농업·농촌은 우리에게 무슨 의미가 있을까요? 정녕 농업은 여전히 유효한 업종인지요? 공경하지 않아도 될 사람이 어디 있으며 공경하지 않아도 될 사물 또한 어디 있겠습니까. 업종 역시 공경하지 않아야 할 업종이 어디 있겠습니까. 그러나 농사 얘기 하면서 한울살림을 말하는 특별하고 다급한 사정이 있습니다. 먼저, 천도교경전에 언급되고 있는 농사, 농부, 곡식에 대해 살펴보기로 하겠습니다.

첫째, 농산물(곡식)의 정의입니다.

곡식은 오행의 으뜸가는 기운이며, 천지에서 나는 젖이다.(해월신사, 천지부모)

먹어야 삽니다. 우리가 먹는 것은 죄다 땅에서 난 것들입니다. 햄버거나 빵도 결국 땅에서 난 것입니다. 해월신사님은 곡식을 오행의 으뜸가는 기운이라고 했습니다. 여기서 곡식이라 함은 쌀·보리·

조·기장·콩의 오곡만을 말하는 것은 아닙니다. 농사지어 나는 모든 먹을거리를 일컫는 말입니다. 채소 같은 엽채류나 당근·무 같은 근채류는 물론 토마토·딸기 같은 과채류도 다 포함하는 말입니다.

세상 만물은 오행으로 말미암아 존재하는데 곡식은 그 오행 중에서 으뜸이라 했으니 곡식의 위상이 어느 정도인지 알 수 있습니다. 계속해서 곡식을 어머니 젖에 비유하여 천지에서 나는 젖이라고까지 했습니다.

둘째, 실천의 비유입니다.

아무리 좋은 논밭이 있어도 종자를 뿌리지 않으면 곡식이 나지 않는다.(해월신사, 삼경)

삼경에 나오는 이 내용은 한울을 공경하는 원리를 설명하면서 비유를 든 것입니다. 한울을 공경하는 것은 사람을 공경하는 것을 통해서만 비로소 성사되는 것이라 하면서, 사람을 공경하지 않으면서 하늘을 공경한다고 하는 것은 농사의 이치만 익히고 땅에 씨를 뿌리지 않는 농부와 같다고 했습니다.

기도하거나 공부하는 것도 실천이지만 여기서는 손과 발을 움직여 몸으로 하는 일(노동)을 말하는 것 같습니다.

셋째, 철을 알아야 합니다.

농사할 때를 어기지 않으면 풍년을 맞이하고 먹는 것을 때맞추어 적절
히 하면 흉년과 환란을 방비할 수 있다.(의암성사, 삼전론)

도전(道戰), 재전(財戰), 언전(言戰)의 삼전 중 재전에 나오는 말입니
다. 철을 모르거나 철을 놓치면 한 해 농사는 끝이라고 할 수 있습니
다. 때 맞춰 할 일을 놓치지 않고 해야 됩니다. 농사에서 절기 또는
때와 관련된 격언들이 많습니다. '철부지'라는 말도 철을 모르는 사
람이라는 뜻입니다.

우리는 먹고 입고 자고 하는 모든 일을 철 따라 해야 함에도 불구
하고 철을 거스르는 경우가 많습니다. 여름에 목을 졸라 넥타이를
매고, 겨울에 반팔을 입거나 수박이나 딸기를 먹는다면 이는 철을 거
스르는 것입니다. 하늘을 거스르는 것입니다. 치명적인 자연재난과
기상이변이 그냥 생기는 것이 아닙니다.

수운대신사님의 『동경대전』 중 시문(詩文)에도 나오지만 하루 지
나면 한 송이 꽃이 피고 이틀 지나면 두 송이 피고, 삼백예순 날 지나
도 겨우 삼백예순 송이 꽃이 피다가 한 몸 꽃으로 피어나면 그때 온
집안이 봄이 된다고 했습니다. 대전환의 이치입니다. 때가 있다는
것입니다. 농사일에 가장 합당한 비유입니다.

넷째, 가꾸기입니다.

종자를 심지 않는 자 누가 곡식을 얻을 수 있겠는가?(해월신사, 양천주)

곡식을 잘 가꾼다는 것은 첫째가 정성입니다. 아무리 좋은 거름을
주고 날씨와 물 공급이 좋았다 해도 농부의 정성이 부족하면 말짱 헛
것이 됩니다. 오죽하면 우리의 선조들이 곡식은 농부의 발자국 소리
를 듣고 자란다고 했겠습니까.

한울을 모셨다 해도 거기서 그치는 것이 아니라 잘 가꾸는 '양천
주'를 곡식 가꾸기에 비유한 것은 너무도 적절해 보입니다. 양천주
도 성미나 시일식 등의 오관을 잘 지키는 데서부터, 한울사람으로서
수도와 생활실천 등을 잘해야 하듯이, 씨앗을 심기만 해서는 안 되고
잘 자라도록 가꾸어야 한다는 것입니다.

농사도 사실은 기도가 농사일의 출발점이라 할 수 있습니다. 기도
가 없는 농사는 잘 가꾸는 농사라고 할 수 없을 것입니다.

이 말씀은 해월신사님의 「독공(篤工)」에서도 되풀이됩니다. 밭을
한 이랑씩 매듯이 차근차근하게 공부하라고 하십니다. 「성경신」에
서도 농부의 비유가 나옵니다. 힘써 열심히 일하면 먹는 것과 입는
것이 풍족할 것이라 했습니다.

농사의 본래 본성

당시만 해도 농사라는 말 앞에 다른 단어를 달지 않고 얘기해도 되는 때였습니다. 때를 잘 맞추고 말로만 농사짓지 말고 손발로 지으면 되는 것이었습니다. 입으로 농사짓는 사람을 불교에서는 설경자(舌耕子)라 부르기도 합니다.

그때처럼 농사가 본성을 잃기 전에는 차근차근 정성을 기울여 나가면 되는 것이었습니다. 요즘 농사는 농사로서의 본성을 다 잃었다고 보면 됩니다. 그래서 자연농법이라는 말도 나오게 된 것입니다.

농사는 크게 농사짓는 과정, 유통 과정, 먹는 과정으로 나눌 수 있습니다. 농사는 먹는 것이 최종 목적이고 마지막 과정입니다. 그야말로 먹기 위해 하는 것이 농사입니다. 아쉽게도 요즘 농부들 태반은 자기가 먹기 위해서가 아니라 팔기 위해 농사를 짓습니다.

농사의 각 과정에는 또 작은 구성 요소와 단계가 있습니다만 하나하나씩 한울님 모시는 농사가 어떠해야 하는지 살펴보겠습니다.

식물공장의 등장, 그 논리와 미래

식물공장이나 빌딩농업, 또는 해외농지 확보를 통해 기상이변과 식량안보에 대처하자는 논의는 황당하기 그지없습니다. 식물공장,

즉 빌딩농업을 살펴보겠습니다. 발상의 출발점은 좁은 땅에서 날씨도 변덕이 심하고 사람 손으로 하는 농사는 허술해서 작물 영양 공급과 시간의 적확성이 떨어진다는 것입니다.

빌딩에서 농사를 짓는다는 것은 아이티(IT:정보기술)와 인공조명으로 농사를 짓는다는 얘기입니다. 식물공장 발상은 농사를 오로지 경제 논리로만 바라보는 것이지 농사의 여러 면에서의 값어치들을 잘 모르고 하는 소리입니다. 아니면 뻔히 알면서도 다른 꿍꿍이가 있는 것이 아닌지 의심하게 됩니다. 초대형 슈퍼마켓에 대기업들이 뛰어들어 골목 상점들을 다 망하게 하는 것처럼, 농사를 첨단 전자 기기와 화학합성물로 짓겠다는 것은 대기업들이 농사도 가로맡아 배를 불릴 속셈이라고 생각됩니다. 농사는 망하건 흥하건 빌딩농장의 온갖 설비와 장치와 재료들은 대기업의 배를 불리게 되어 있습니다. 대단한 기만일 가능성이 높습니다.

지금(2010년 10월 기준)은 농식품부 제1차관으로 자리를 옮긴 농업진흥청 전 청장인 김재수 님과, 그와 자리를 맞바꾼 전 농식품부 제1차관이자 지금은 농진청장이 된 삼성경제연구소 출신의 민승규 님이 상당히 의욕을 보이던 것이 빌딩농장이고 해외농지고 세계적인 농업유통회사였습니다.

민승규 청장이 부임한 농진청이 이달 말(2010.10)에 빌딩농장을 준공한다고 합니다. 수원에 있는 국립농업과학원에 지하 1층, 지상 3

어린 여학생들이 자연을 익히고 조화로운 관계를 맺어가는 치유의 시간을 갖고 있다. 자연생태 농장은 치유의 공간이 되기도 한다.

층짜리 빌딩농장을 짓는다는 것입니다. 이 빌딩농장에는 농부의 진실된 땀이나 정성 대신에 여러 기계·전자·화학·금속·아이티 기술이 집약되어 있을 것입니다. 별빛과 구름과 비와 천둥이 곡식과 채소를 키운다는 사실은 깡그리 무시될 것입니다.

이산화탄소를 줄이고 생태계를 순환시키며 우리 전통과 문화를 이어 주는 땅 농사 대신에 빌딩농장을 한다면 온갖 첨단 기계와 화학합성물들이 이산화탄소를 더 만들어 내서 그토록 걱정하는 기상 악화를 촉진하게 됩니다. 당연히 대자본이 농사를 짓는 것이지 전통 개념의 농민은 없습니다.

농민과 땅 농사 없는 농촌은 있을 수가 없습니다. 도시민들의 60%

이상이 노년의 삶을 설계하는 그런 시골은 더 이상 존재할 수도 없는 것입니다.

지금의 농사도 이미 위험 단계

이미 우리의 주류 농업은 곡식공장, 채소공장이라고 불릴 만큼 농사의 본래 모습을 다 잃었다고 할 수 있습니다. 농지는 위험 수준까지 줄어들었고, 맨 땅을 구경조차 하기 힘들 정도로 비닐집과 비닐덮개로 뒤덮여 있습니다. 농토는 심하게 사막화되고 있으며, 각종 병해충과 자연재해에 대한 자기 방어력을 상실했습니다. 이른바 과학영농(=돈벌이 농사) 때문입니다. 지하수 난방 기법까지 동원되어 지하수를 마구 퍼 올려 비닐하우스 겨울 난방을 하다 보니 지하수는 고갈될 대로 고갈되어 관정을 파는 깊이는 자꾸만 깊어집니다.

이런 농사는 땅을 살아 있는 생명으로 보지 않고 영양과 물과 온도만 맞춰 주면 얼마든지 돈을 뽑아 주는 기계처럼 대하는 돈장사들이나 하는 짓입니다. 그래서 농민이라는 말 대신에 농업경영인이라는 말을 더 좋아합니다. 관공서에서 하는 말을 유심히 들어 보세요. 농민이라고 하지 않고 농업인이라고 합니다.

지자체마다 1억 벌이 농가가 몇 호다, 5천만 원 수입 농가가 몇 가구다 하며 호들갑을 떨고 있습니다.

지난(2010) 5월, 미국에서 발행되는 학술지 『플로스 원(PLos One)』에는 상대평가에서 한국이 지구환경을 가장 많이 파괴하는 제2위의 나라라고 소개되었습니다. 자동차보다 농축산업이 오염 물질을 더 많이 발생시킨다는 보고서가 국제농업기구에서 발표되기도 했습니다. 농경지에 투입된 영양분에서 반출되지 않고 잔류되는 양을 말하는 우리나라의 영양지수는 질소지수가 단위면적(1ha)당 231kg으로 오이시디(OECD) 평균 73kg의 세 배가 넘습니다. 인산지수는 더 높습니다. 120만 농가가 모두 1억 소득을 올린다면 대한민국의 자연환경은 그날로 파멸입니다.

땅 농사와 비닐집 농사는 같은 유기농이라 해도 영양과 미네랄에서 큰 차이를 보입니다. 빌딩농장은 말해 무엇하겠습니까. 도시의 소비자들이 어떤 선택을 해야 하는지가 이 부분에서 극명하게 드러납니다. 뭘 먹을 것이냐? 이 문제는 좀 더 살펴보겠습니다.

갈수록 악화되는 기후: 농사가 농사를 망친다

지구온난화와 관련해서 여러 말들이 있습니다만 그 뒤에는 바로 인간이 있습니다. 인간의 문명이 그렇게 만들고 있습니다. 모든 나라, 모든 지방정부, 모든 사람들이 주술 걸린 광신도처럼 발전, 발전, 성장, 성장 하면서 주문을 외다 보니 그렇게 된 것입니다.

다른 대책이 있을 수 없습니다. 생활을 전폭적으로 바꾸는 수밖에 없습니다. 지구온난화의 주범인 이산화탄소, 프레온, 메탄가스, 이산화질소 등등은 모두 우리의 경제활동 과정에서 배출되는 것입니다. 한마디로 석유화학 에너지에 지나치게 의존하는 데서 시작되는 것입니다. 그 결과는 지구 온실효과로 나타났습니다.

미국은 아직도 온실가스를 줄이자는 교토의정서에 서명을 하지 않고 있습니다. 인도와 중국 인민들이 모두 다 한국 사람처럼 먹고 마시고 버리고 자동차 굴리고 하면 딱 5년이면 지구가 끝장난다는 주장도 있습니다. 한국은 세계에서 온실가스 배출량이 몇 위일까요? 9위입니다. 경제력 12위에 가스 배출은 9위. 우리는 때로 북한이나 동남아시아 사람들의 가난과 비천을 조롱하고 동정합니다. 우리의 방종과 화려함 뒤에서, 그분들의 고통스런 삶이 이 지구를 이나마 지탱하고 있다고 생각 안 하시나요?

그런데 의외로 농업, 그중에서도 축산업이 자동차보다 더 환경오염의 주역을 담당하고 있습니다. 가축이라고 부를 때가 좋은 시절이었습니다. 집짐승 말입니다. 요즘은 짐승 키운다고 안 하고 '축산업' 한다고 합니다. 그러나 요즘의 축산업은 가혹한 동물 학대가 일상화된 시스템으로, 공장이나 다를 바 없습니다. 돈벌이가 더 된다면 축산업은 앞에 '생태' 자를 붙여 '생태축산' 어쩌고저쩌고할 것입니다.

돈벌이가 가장 큰 목표고, 가치고, 신이고, 절대명령이므로 돈이 되면 생태축산 아니라 '소 돼지 모심 축산'도 등장할 것입니다. 요즘 마트에 나오는 쌀 이름들 보세요. 한방쌀, 나비쌀, 반딧불이쌀…. 자본주의 시장은 사람들을 참 뻔뻔하게 만듭니다. 과장이 지나쳐 거의 사기 수준에 이르러 있습니다. '휴대폰 공짜'라는 데 들어가 보세요. '무료 쿠폰'이라는 인터넷 화면을 클릭해 보세요. 사기 치는 것을 서로서로 공공연히 인정하고 있는 실정입니다.

모두 다 이상 기온을 유발하는 것입니다. 지나친 자원의 탕진과 순환되지 않는 세상살이가 이상 기온 유발의 주범입니다.

이런 상황에서도 G20 정상회의를 위시한 대형 국제정상회의들이 구호와 주제들만 거창할 뿐, 온실가스 감축 의무 이행에는 상호 비방하고 핑계만 대며 구속력 있는 합의를 이루지 못합니다. 2009년 11월의 코펜하겐 정상회의 결과가 그 좋은 본보기입니다. 그 자리에 참석하여 식사하고 사진 찍는 것이 그들의 주된 일입니다.

1992년 리우 정상회의에서 선진국들은 서기 2000년까지 탄소 배출량을 1990년 수준으로 줄이겠다고 약속했고, 1997년 교토회담에서는 2010년까지 온실가스 배출량을 1990년 수준 대비 평균 5.2% 감축하기로 결의했지만, 결과는 완전한 실패였습니다. 2009년 기준 지구촌의 온실가스 배출량은 오히려 41%나 늘어났습니다. 단군 이래 국가적 최대 행사라고 하는 이번(2010) 11월의 G20 서울 정상회의는 또 무슨 허망한 결의를 이끌어 낼지 알 수 없습니다.

한국 농업 진단

우리 농업이 처한 현실을 전혀 다른 각도에서 짚어 보고자 합니다. 현실을 다르게 이해하면 대응도 다를 수밖에 없습니다.

첫째, 식량 부족 문제입니다. 우리나라의 식량 부족 상황은 자동차 리콜만큼도 심각하게 거론되지 않습니다. 자본과 그에 포박된 정치권력의 음모가 개입되어 있는 것으로 짐작됩니다. 우리나라의 식량 자급도는 더 이상 언급하지 않겠습니다. 국제 곡물가가 지속적으로 상승 곡선을 그리고 있는 것은 심각한 위기와 전조입니다.

식량이 부족하면 어떻게 해야 하나요? 당연히 증산에 힘쓰고 농지를 훼손하지 않으며 농민을 지지해야 합니다. 그러나 정반대의 길로 가고 있습니다. 심지어 농사를 못 짓게 하고 있습니다. 논에 나무 심고 꽃 심는 게 다반사입니다. 이유는 단 하나뿐입니다. 소득 작물이기 때문입니다. 식량은 없어도 돈만 벌 수 있으면 된다는 논리입니다. 위험하기 짝이 없습니다.

요즘은 논에 나락을 심지 못하게 하려고 난리법석을 떱니다. 벼를 안 심고 놀리거나 다른 작물을 심으면 1정보당 300만 원을 준다는 것입니다. 쌀이 남아돈다는 것이지요. 미곡처리장에 쌓인 벼가 지금 150만 톤에 육박하고 있습니다. 그런데 지금이 또 벼 수확철입니다.

그런데 말입니다. 사정이 이러한데도 우리나라가 쌀을 수입하고 있다는 사실을 아시는지요? 올해 쌀 33만 톤을 수입하였습니다. 도하개발아젠다(DDA) 때문입니다. 참 웃지 못할 희극입니다. 이북 사람들은 굶어 죽고 있는데 그 쌀을 사료로 쓰겠다는 정책을 발표하기도 했습니다. 정말 웃기는 일이지요.

둘째, 토질 악화 문제입니다. 어떤 농경제학자도 농업 대책으로 농지의 토질 개선을 주요하게 강조하지 않습니다. 영양분 공급은 과학이 해결해 줄 것으로 믿기 때문일 것입니다. 농지의 사막화는 심각합니다. 토질의 악화는 과투입 농법이 빚어낸 재앙입니다. 비료와 농약 때문입니다.

비료와 농약은 돈벌이 농사의 첨병이기 때문에 올해부터 적용한다는 맞춤형 비료제도를 실시해도 농지의 사막화는 개선되기 어려울 것입니다. 화학비료나 합성농약을 지나치게 많이 쓰던 것도 내다 팔기 위한 농사, 즉 돈벌이 농사 때문이었는데, 여전히 돈벌이를 위해 농약과 비료를 덜 쓰겠다는 것이기 때문에 기저가 변한 것이라고 할 수 없습니다.

토양 오염이 어느 정도인지는 역시 오이시디(OECD) 자료를 인용하는 것이 공신력이 있겠습니다. 우리나라는 단위면적당 311kg의 비료를 씁니다. 영국 다음가는 2위입니다. 집약형 농업을 하는 우리나라는 외국의 조방형 농업과 비교하면 단연 으뜸이라 하겠습니다.

《한겨레신문》 2월 25일자(2010) 15면에는 인도와 중국의 '화학비료 역습'을 크게 보도하고 있습니다. 지력이 고갈되어 비료를 줘도 거름을 줘도 더 이상 소출이 늘지 않는다는 보도입니다. 한마디로 땅이 지쳐 나가떨어진 것입니다. 우리나라도 예외는 아닙니다. 녹색 혁명이라 일컬어지는 화학비료 사용에 의한 생산량 증가는 그 한계치가 30~40년이라고 합니다.

우리나라가 지금 그 임계치에 닿아 있습니다. 서울 근교의 비닐하우스들, 이른바 근교농업들이 모두 그렇습니다. 그 비싼 땅에 농사를 지으니 1년에 최고 9부작까지 하고 있습니다. 하늘 기운이 가득한 비 한 방울 떨어지지 않는 그 비닐하우스 땅에서 뽑아내는 채소들을 우리가 먹고 있습니다.

셋째, 생태계 교란 농업 문제입니다. 농업의 다원적 가치 중에 환경보전 기능이 가장 손꼽히던 때가 있었는데, 어느새 농업이 가장 환경 파괴적인 산업이 되어 버렸다는 지적이 있습니다. 우리나라의 주류 농업을 일컫는 말입니다. 지하수나 공기나 토양, 하천이 초토화된다고 해도 과언이 아닙니다.

완전하게 순환이 이루어지는 자연 생태계와 달리, 고투입으로 인해 농업 생태계의 순환 고리가 차단된 지 오래입니다. 생태계를 복원하지 않고는 인류의 생존 자체가 위협받는다는 것을 최근의 여러 재난들이 일깨워 주고 있습니다. 고투입 농법에 의한 결과입니다.

각종 괴질, 온난화, 기근, 에너지 파동, 물 부족 등은 생태계가 자기 순환을 봉쇄당하면서 발생하는 현상으로 지적되고 있습니다. 인문 사회의 여러 참담한 악재들도 천리를 거스르며 사는 역천의 삶에서 비롯되었다고 할 수 있습니다.

최근에 '동물복지'라는 말이 등장하여 윤리적 축산이 국제무역과도 연계되는 현실입니다. 한국의 주류 축산은 동물 학대에 해당되는 것으로 보입니다. 암수의 정상적인 교미 자체도 차단하고 있는 현실은 애처롭다 못해 가혹합니다. 야만이 따로 없습니다. 곧 인간의 미래가 그렇게 되지 않을까 우려될 정도입니다.

우성 정자만 채취되고 열성의 남자는 씨가 마르는 그런 때가 올까봐 걱정입니다. 요즘 대리모가 아니라 대리부가 성행한다고 하는데 왠지 심상치가 않습니다.

40년 전에 비해 우리는 고기를 약 100배나 더 먹고 있습니다. 평균 수명이 늘었다고는 하지만 온갖 성인병에 몸은 약과 병원의 돈벌이 대상이 되어 있습니다. 과도한 육식으로 사람의 몸은 내성을 잃고 각종 질병에 신음하고 있습니다.

요즘 '동물복지'라는 말은 익숙합니다. 이제 오래지 않아 '식물복지'라는 말이 등장할 것입니다. 한겨울 우리 식탁에 오르는 딸기는 가혹 행위를 당했다고 보면 됩니다. 곶감도 그렇습니다. 요즘 곶감은 대개 유황가스 세례를 받고서 발그레해지고 말랑말랑해진 것들입니다. 둘 다 상온에 이삼일만 놔두면 새까맣게 썩어 들어갑니다.

과도한 화공약품들이 사용되는 농업은 오래 갈 수가 없습니다.

넷째, 돈벌이 농사와 석유 농사 문제입니다. 대안의 삶과 인간적인 생활이 보장되는 사회를 지향하는 사람들 사이에 장원경제 시스템에 대한 관심이 새로이 대두되고 있습니다. 신토불이니 지산지소(그 땅에서 얻은 것을 그 땅에서 먹기)니 지역화폐니 하는 신개념의 가치들 속에는 중세의 장원경제 시스템이 녹아 있다고 보는 것입니다. 인간의 기본권과 자유권의 암흑기라 불리는 이때의 장원공동체는 스스로 먹을 것 이외에는 재배하지 않았습니다. 남는 것은 외부와 교환했습니다.

지금 농사는 자기가 먹을 것을 재배하는 게 아니라, 돈이 되는 것을 재배합니다. 지자체에서 대폭 지원해 주는 것을 주 작목으로 선택합니다. 돈이 된다면 뭐든지 합니다. 농사가 이렇다 보니 거의 투기 수준입니다. 증시 객장에서만 투기가 있는 게 아니라 농촌 들녘이 투기장이 되고 있습니다.

한창 주가가 올라가고 있는 친환경 농산물에 스며든 상업 논리는 허위 인증서와 불량 식품을 남발하는 실정입니다.

석유농사라고 하면 농기계를 떠올릴 것입니다. 농기계만이 아닙니다. 석유화학제품 모두를 일컫는 말입니다. 농산물 생산비 100원 중 75원이 석유라는 통계가 있습니다. 천 원짜리 사과를 먹는다면 750원어치 석유를 먹는 셈입니다. 농약, 농기계, 농자재, 비닐집, 물류 운송, 창고 보관 등 모든 부문에서 석유화학 요소들이 즐비합니다. 석유 정점 이야기가 심각한 때에 대수롭게 여길 문제가 아닙니다.

석유가 끊어지거나 값이 급등하면 우리 농업은 그 순간 스톱된다고 보면 됩니다.

다섯째, 종자와 유통의 문제입니다. 종자와 관련된 농사속담들이 많습니다. '귀신 씻나락 까먹는 소리'라는 말이 있습니다. 한마디로 말도 안 되는 소리를 할 때 그렇게 비유합니다. '굶어 죽어도 씻나락은 손대지 않는다.'는 말도 있습니다. '아무리 밭이 좋아도 씨가 좋아야 열매가 좋지.'라는 말도 있습니다.

'될 나무는 떡잎부터 알아본다.'고 합니다. 그 말은 씨앗 이야기이기도 합니다. 그런데 요즘 나오는 모든 농산물의 종자는 국산이 아니며 또한 농약에 범벅이 되어 유통됩니다. 몬산토 같은 초국적기업이 세계 종자시장을 휩쓸고 있습니다. 종자의 독점은 아주 무서운 결과를 초래합니다. 전 세계 종자의 60% 정도를 거대 독점 종자회사가 거머쥐고 있습니다.

잠시 에프티에이(FTA) 예를 들겠습니다. 최근에 한국과 유럽연합 에프티에이 보도가 나오기도 했는데, 몇 년 전 인도에서는 한 농부가 자기 밭에서 난 곡식 씨앗을 다음 해에 뿌렸다가 몬산토로부터 고소당해서 변상한 적이 있습니다. 미국에서는 슈퍼 콩을 재배하는 몬산

천도교 대학생단이 3박 4일 동안 농사체험을 하러 왔다. 농사체험이라 하지만 새로운 문명의 흐름을 익히는 과정이었다. 자연과 대화하는 시간이었다.

토 종자 콩 옆 밭에서 농사짓던 농부가 자기 콩으로 파종했다가 피소 되기도 했습니다. 독점의 가공할 만한 위협입니다(제가 에프티에이라 고 쓰고 괄호 안에 영어를 쓰는 것은 우리글에 대한 '한울살림'이라고 보기 때 문입니다. 삶의 모든 영역에서 '한울살림'은 확장되어야 할 것입니다.).

종자 가격이 비싸지거나 종자 이상으로 폐농이 속출한다는 정도 가 아닙니다. 생태계가 파괴됩니다. 개량된 종자만 심고 터박이 종 자는 안 심게 되니 종 다양성이 훼손됩니다(토종 종자란 말 대신에 터박이 종자라는 말은 천도교 도상록 선생이 가르쳐 주셨습니다.).

지금 벌들이 떼죽음을 하고 있습니다. '낭충봉아부패병'이라고 부릅니다. 이를 종자 문제와 연관 지어 생각하는 사람들이 많습니다. 종자 독점이 야기하는 문제는 미국이 필리핀 현지에서 운영하는 종자개량 회사 IRRI(국제미작연구소)와도 관련이 있습니다.

미국의 생물학자 레이첼 카슨(Rachel Carson)이 일찍이 『침묵의 봄』이라는 책을 출간한 때가 1962년도입니다. 경고는 일찍 나왔지만 지구촌 인류는 이를 예방하는 데 실패했습니다.

한울살림 농사

첫째, 땅과 사람을 해치지 않는 농사 - 제철 농사, 제철 음식으로 가야 합니다. 땅에 의지해 사는 농부가 땅을 해친다는 것은 자기모순입니다. 상한 땅에서는 상한 농산물이 나옵니다. 자연순환농법의 농사가 되어야 하는 이유입니다. 음식에 대한 불신과 공포는 학교급식을 우리 유기 농산물을 사용해서 직영 급식으로 시행해야 한다는 시민운동으로 전개되고 있습니다. 오염된 농사 때문입니다.

생명이 되는 밥상을 차리는 농사여야 할 것입니다. 그러기 위해서는 제철 농사를 빼놓을 수 없습니다. 동물과 식물을 학대해서 만드는 음식은 온전할 수가 없습니다. 천둥과 비바람이 꽃 한 송이를 피웠다는 시인의 언술에는 자연 이치에 대한 진실이 담겨 있습니다.

거름도 공장식 거름이 아니라 가축을 기르며 직접 만들어야 옳습니다. 그것이 온전한 순환농업이 되는 길입니다. 집짐승은 돈벌이 대상만이 아니라 한 식구가 되는 것입니다. 그럴 때 사람의 심성도 비로소 사람 모습을 띨 것이기 때문입니다. 걸핏하면 수백만 마리의 생명체들을 생매장으로 살육하는 축산은 인성까지 파괴하는 법입니다. 공공 매체에서 마치 방역 대책의 완벽성을 과시라도 하듯이 생매장 당하는 가금류와 돼지의 비명을 생중계하는 야만도 사라져야 할 것입니다. 사람보다 식물이나 동물, 자연을 더 우대하는 거냐는 비난은 더 이상 논란의 가치도 없습니다.

둘째, 가족농의 복원입니다. 가족농은 대형 기계에 의존하는 농사가 아닙니다. 당연히 수규모의 자작농을 말합니다. '규모의 농사'는 불가피하게 기계가 동원되고 농약이 살포되며 화학비료에 의존하게 됩니다. 소농이 자연 생태계를 보존하는 데 더 크게 기여합니다. 자연재해 회피율도 높습니다. 가족농은 불가피하게 협업과 두레를 필요로 하여, 파괴된 농촌 공동체를 복원하는 지렛대가 됩니다.

옆집 숟가락 개수도 헤아린다는 말은 옛말이 되어 버린 지 오래입니다. 옆집 식구가 멀리 출타했는지, 손님이 오는지 가는지 알기도 어려운 게 요즘 농촌 현실입니다. 기계가 농사를 짓고 자동차가 마당까지 들어가 버리기 때문입니다.

농촌 공동체의 붕괴는 농촌 문화와 전통, 풍속을 파괴했으며 도시의 소비문화를 농가의 안방까지 불러들였습니다. 소농을 중시하는 것은 환경 생태의 측면만이 아니라 사람 사는 마을을 만들어 가는 인문 사회의 가치도 높습니다. 대형 기계가 일을 하고 문화와 놀이는 수입하는 오늘의 농촌 모습은 극복 대상입니다.

셋째, 터박이(토종) 종자와 탈석유농업입니다. 이른바 다비성작물은 병해충에 약합니다. 다수확품종 역시 그렇습니다. 비료 주고 농약을 치는 것은 더 많이 수확해서 돈을 더 벌기 위한 것입니다. 품종 개량의 방향은 오로지 다수확과 내병성입니다. 다른 종류끼리 유전자조작을 하는 지엠오(GMO)라는 최근의 실정은 매우 위험합니다. 그 징후들이 드러나고 있습니다. 육종을 하더라도 자연의 순리에 어긋나지 않게 해야 합니다. 최고의 육종가는 농부입니다. 농부가 농사를 통해 자연환경과 기후변화에 조응하는 육종을 해내는 것입니다. 당연히 소농을 말하는 것입니다.

터박이 종자가 다수확이 아니라는 점은 병해충 피해가 없다는 말과 같습니다. 경제성도 결코 뒤떨어지지 않는다는 것이 농사를 하는 농부들의 일관된 경험입니다. 대형 농기계에 의존하지 않고 가족농을 하기 위해서도 터박이 종자 농사가 제격일 것입니다.

석유화학농법에서 벗어나는 것과도 연결됩니다. 최근에 미국의 어느 식당은 '150마일식당'이라는 이름을 내걸었다고 합니다. 이 식당에서 쓰는 식자재는 최대 200킬로미터(150마일) 이내에서 공급된 것이라는 표시라고 합니다. 우리의 생활이 석유에 예속되어 있지 않나 성찰하는 상징성이 있다고 생각합니다.

넷째, 영농조합이 아니라 협동조합입니다. 소득 향상이 아니라 삶의 연대가 축이 되는 협동조합이 농촌의 삶을 향상시킬 것입니다. 기존의 농업협동조합이 진정 농민들의 협동체로 탈바꿈된다면 경제 사업이냐 신용사업이냐 하는 다람쥐 쳇바퀴 도는 것 같은 논쟁에서 벗어날 것입니다. 생산 부문, 상조 부문, 유통 부문에서 협동조합이나 계가 다양하게 건설되어 농업이 경영의 대상이라기보다 삶의 공동체가 되게 하는 것이 중요합니다. 자립과 자급의 영역을 삶의 여러 부문으로 확대하고 공동체끼리 교환하는 관계 구축이 농촌의 새로운 지평을 열 것입니다.

마지막으로 도시민들이 뭘 어떻게 먹고, 터박이 종자, 무비닐, 탈석유농업을 힘겹게 하고 있는 진실된 농부들을 어떻게 지지하고 연대해야 하는지 함께 토론해 보는 것이 좋겠습니다.

감사합니다.

〈천도교 시천주농부학교 강의자료집〉 2016년 4월

잘 먹는다는 게 뭘까

    초대받은 모임에서 식사를 마치고 입맛을 다시면서 "잘 먹었다."고 하면 으레 배불리 먹었다는 말이다. 1970년대 이전, 하루 세 끼 때우는 것이 하루 일과일 때는 그럴 수 있겠다. 장정 하루 일당이 쌀 한 되였으니(졸저 『옛 농사이야기』, 43쪽) 알 만하다. 그래서인지 꼭꼭 오래 씹으라는 얘기를 어릴 때부터 들었지만, 허겁지겁 먹는 습관은 잘 고쳐지지 않았다. 먹을거리가 있으면 일단 배 속에 넣어야 내 것이 된다는 뼛속 깊은 습관은 배가 고파 국밥을 먹을 때는 더하다.

    습관이 바뀐 것은 '담마코리아'에서 하는 위파사나 수련에 가서였다. 알다시피 위파사나는 석가모니 시절부터 행했던 것으로 몸과 마음을 깊이 관찰하여 바른 지혜에 이르는 명상 수행법이다.

    이곳의 아침은 간편식이고 저녁은 차 한 잔이다. 점심에만 제대로 된 밥상과 마주한다. 반갑기 짝이 없는 밥상이지만 소리를 안 내고 먹으려다 보니 천천히 먹게 된다. 11박 12일 동안 진행되는 수행의 전 기간이 묵언수행이라 말을 하지 않는 것은 물론이요, 발소리나 숨

소리도 조심한다. 50까지 세면서 먹으면 입안에 있는 음식을 생생하게 느낄 수 있다. 왼쪽 어금니에서 오른쪽으로 음식이 이동하는 것도 알아챈다. 완전히 삼킬 때까지 숟가락을 아예 밥상 위에 놓고 서두르지 않는다. 흔히 밥과 반찬을 교대로 쉬지 않고 집어넣으면서 사정없이 씹는 평소의 식사법과 다르다. 잘 먹는 첫 번째 길이다.

두 번째 길은 음식에 대한 감사다. 25년여 전, 야마기시 공동체에 가서 했던 감사 기도가 인상적이어서 한동안은 그렇게 했다. 종교인들이 뻔한 언설을 건성으로 하는 그런 감사가 아니다. 밥상 위에 있는 음식 하나하나와 눈을 맞추며 인사를 나누는 것이다.

어디서 왔고 어떻게 컸으며 누가 다듬고 요리했는지를 꼼꼼하게 되새기며 감사를 드린다. 이러다 보면 시간이 제법 걸린다. 실제 야마기시 공동체에서는 음식과 인사 나누는 시간이 오래 걸려서 배에서 꼬르륵 소리가 나기도 했다. 이렇게 먹으면 잘 먹는 것이다.

틱낫한 스님이 우리나라에 오셔서 천안에서 걷기 명상을 3일 동안 지도하실 때 익혔던 감사 기도도 좋았다. 게송이 아주 인상적이다. 밥을 다 먹고 나서 하는 게송은 이렇다.

"밥그릇이 비었네. 허기가 사라졌네. 그리고 맹세하네, 모든 생명에게 이로움을 주기로."

문장을 바꿔도 좋다. 모든 생명에게 이로움을 준다는 부분을 자신에게 맞게 구체적으로 표현하면 더 좋다. 감사식이 깊어지면 어떤 음식을 먹든 탈이 나지 않는다고 하지만, 그런 모험을 하고 싶지는 않다. 음식이 내 몸 안에서만 탈을 일으키지 않는다고 다는 아니다. 그 농산물이 생산되는 과정이 건강해야 농부와 농토가 건강한 법이니 유기 농산물 밥상에 감사를 지극하게 하면 금상첨화가 아니겠는가.

그렇다. 그래서 세 번째 잘 먹는 것은 좋은 음식을 먹는 것이다. 땅과 공기와 물과 농부를 상하게 하면서 생산되는 농산물이 많다. 유기 농작물을 식탁에 올려야 한다. 이 외에도 잘 먹는다는 것은 요리 과정을 최소화하고 가급적 생으로 먹는 것이다. 불에 가열하면 많이 먹고 빨리 먹을 수 있지만 생으로 먹으면 그 반대다. 저절로 오래 씹게 되어 침도 많이 나오고 절대 과식을 하는 법이 없다.

요즘 사람들은 뭘 못 먹어서 탈이 나기보다 안 먹어야 될 것을 먹어가지고 탈이 난다. 튀기거나 굽거나 삶거나 찌지 않는 생채식을 하면 잘 먹는 게 된다. 헬렌 니어링이 쓴 『소박한 밥상』은 요리책이라기보다 음식에 대한 명상서라고 할 수 있다. 이 책 외에도 작고하신 장두석 선생의 『사람을 살리는 생채식』에 그 원리가 잘 설명되어 있다. 책에 쓰인 대로 현미를 싹을 틔워 생으로 먹기도 했는데 시쿰한 냄새는 나지만 한참 씹다 보면 달큼하고 고소한 맛이 나서 먹을 만하다. 감자도 생으로 먹어 보면 뜻하지 않은 진귀한 맛과 만나게 된다. 솔잎도 그렇다. 생식은 영양 가치보다 기운을 먹는 셈이다.

〈한살림 소식지〉 2017년 9월

고속도로 공짜 뒷담화

지난 추석 때 일이다. 군내버스를 타고 우리 마을로 가는 중이었는데 버스 기사에게 고맙기도 하고 미안하기도 해서 말을 걸었다. 추석 때 부모 형제도 만나고 고향 오는 친구들도 봐야 할 텐데 운전하시려면 애로가 많으시겠다고 했더니 무료해하던 기사가 내 말을 받아 주었다. 이렇게 대화를 시작해서, 짧은 시간에 의미 있는 얘기를 많이 주고받았다. 명절에 일을 해야 하는 '운전'이라는 특수 직종 종사자와 나같이 차가 없이 자전거와 대중교통만 이용하는 주민이어서 가능한 대화였다고 생각된다. 일종의 대중교통 정책 이야기다.

이때 나누었던 얘기에 평소의 내 생각을 덧붙이면 아래와 같다.

먼저 명절 연휴에 고속도로 통행료를 면제해 주는 문제다. 명절 연휴 때 고속도로 통행료를 무료로 하니 고속도로 차량 정체가 더 극심해진다. 차를 자주, 장거리로 운행하는 사람에게 혜택이 커서 차 가진 사람 중심의 정책이 되고 만다. 나처럼 생태적·환경적 동기로 불편을 감수하고 차를 없앴거나 다른 이유로 대중교통을 이용하는 사람들을 전혀 고려하지 않은 교통 지원 정책이다.

개선책이라면, 명절 연휴 기간에 고속도로 통행료 혜택 횟수를 2회 정도로 제한하고 통행료도 무료로 하기보다는 50% 할인 정도로 하면 어떨까 싶다. 고속도로 나들목에 전산 시설이 잘 되어 있어서 기술적인 문제는 없다고 본다. 나머지 50%의 재정은 대중교통 이용자들에게 돌려야 한다. 그 돈으로 명절 연휴의 대중교통 요금을 횟수 제한 없이 50% 정도 일괄 할인을 하면 어떨까. 이렇게 하면 국가 교통 재정을 개인 자가용 이용자와 대중교통 이용자에게 균분하는 것이 되며, 대중교통 활성화에도 도움이 되지 않을까 싶다. 고속도로의 과도한 정체 현상도 일부나마 개선될 것이다.

두 번째는 명절에 일해야 하는 대중교통 종사자들의 수고를 보상해 주는 것이다. 야근 수당과 초과근로 수당처럼 명절 대중교통 종사자에게도 추가로 보상을 해 줄 필요가 있다고 본다. 고속도로 통행료 할인 폭이나 대중교통 요금 할인 폭을 줄여서라도 말이다.

몇 년 전 중국에 한 달여 머물 때의 일이다. 마침 5월 1일 노동절이 끼어 있었는데 인터넷 포털사이트에는 한국에서 벌어지는 노동자들의 시위와 경찰의 폭력 진압 기사가 올라온 반면, 중국에서는 관공서 주관으로 노동절 축하 행사가 폭죽까지 터뜨리며 벌어지고 있었다. 또한 모든 고속도로 통행료가 공짜였다. 주말 연휴도 공짜, 명절도 공짜, 노동절 3일 연휴 내내 공짜였다. 지하철 기본요금도 아주 저렴

했다. 노동 대중들 중심의 교통정책이었다.

이때 떠올렸던 명절 고속도로 통행료 면제 정책이 올해 우리나라에서 처음으로 시행된 것은 환영할 만한 일이나 합리적으로 개선되어야 할 여지는 있다. 대중교통 지원책은 상대적 교통 취약 지역인 농촌에 더 집중될 필요가 있다.

우선 농촌 지역 버스의 환승제 실시다. 일부 농촌에 시행되는 '군내 단일요금제'는 도시의 환승제와 비교하면 혜택도 적고 비효율적이다. 그마저도 20분 이내에 갈아타야 군내 단일요금제 혜택을 보는데, 군내버스의 배차 간격이 20분 이내인 경우가 거의 없다. 환승제뿐 아니라 도시 노인들의 전철 무료 이용도 농촌 노인들에게는 부러울 뿐이다. 농촌 지역은 교통수단 자체가 버스 외에는 제한적으로 운행되는 '1,000원 택시'가 있을 뿐이다. 우등고속과 일반고속의 배차 비율도 현재의 평균 6:1에서 더 늘릴 필요가 있다. 어떤 노선은 하루 13회 운행에 일반고속이 단 한 대뿐인 경우도 있으니 결국은 대중교통 요금을 편법으로 인상한 것으로 볼 수 있다.

명절 때나 국가 공휴일에 쉬기는커녕 더 바삐 일해야 하는 대중교통 운행자들에게 합당한 보상이 주어지고, 농촌 지역에도 혜택이 균등히 돌아가는 교통정책이 하루빨리 시행되기를 바란다. 도시와 농촌의 격차 해소는 삶의 모든 면에서 추구해야 한다.

〈경남도민일보〉 2017년 10월

참 스승의 길을 간 김인봉 교장선생님

2010년 8월 7일 토요일 오후 7시에 전북대병원 장례식장에서 '참교사 고 김인봉 선생님 추모의 밤' 행사가 있었습니다. 저는 강릉수도원에서 천도교 동학 수련을 하던 중 5일째 되는 날 부음을 받고 바로 장례식장으로 가서 장례일까지 3일 동안을 김인봉 선생님과 함께했습니다. 저는 장례대책위원회 지도위원으로 장례 전 과정의 진행에 참여했습니다. 아래는 그때 제가 했던 추모사입니다. 추모사와 함께 그와의 만남과 추억을 되새겨 봅니다.

*   *   *

김인봉 선생님 죄송합니다

저렇게 김인봉 선생님 환하게 웃으시며 내려다보고 있는데 추모사 한다는 게 싫습니다. 선생님 복직되시는 날 복직 축하잔치 하고 싶은데, 선생님 징계 철회되는 날 축사 하고 싶은데, 추모사 한다는 게 정말 싫습니다.

생전에 선생님을 자주 뵙지 못했던 게 아쉽습니다. 김인봉 선생님과는 전화 통화 길게 하는 정도 시간이면 갈 수 있는 아주 가까운 데 살면서, 선생님 계시는 장수중학교 교장실에 자주 찾아뵙지 못해 아쉽습니다. 김인봉 선생님 일찍 만나지 못해 아쉽습니다. 다들 전교협이다 전교조다 하여 10년 20년 전에 만나 함께 지냈는데, 너무 늦게 만나 아쉽습니다. 모든 게 아쉽습니다.

어젯밤 장례식장에 늦게까지 남아 있는 여성분들이 있어 물어봤습니다. 지금으로부터 21년 전 1989년 진안여고 3학년 학생들이었습니다. 김인봉 선생님 첫 해직 될 때 국어를 배우던 여학생들 여덟 명인가가 새벽까지 빈소를 지키고 있었습니다. 그들보다 나이가 훨씬 많은 저는 너무도 늦게 선생님을 만났고, 다시는 만나지 못한다는 게 억울합니다. 이렇게 만든 교육부가, 교육청이 원망스럽습니다.

그리고 죄송합니다, 김인봉 선생님 가슴에 암 덩어리를 키우고 계셨는데 알아채지 못해 죄송합니다. 선생님은 늘 괜찮다고 하셨습니다. 정말 괜찮은 줄 알았습니다. 2차 일제고사 때 체험 학습을 또 허락 하시겠다기에 걱정된다고 했더니 괜찮다고 하실 때도, 교육청 징계위원회에 출석하시면서 괜찮다고 하실 때도. 정직 3개월 당한 상태에서 다시 겹 징계를 당할 때도 괜찮다고 하셨습니다. 그래서 늘 괜찮은 분인 줄 알았습니다.

참 대단하다느니, 저런 사람 없다느니, 보통 사람은 흉내 낼 수 없

전북대병원 장례식장의 김인봉 선생님 영정 사진

다느니, 이런 번지르르한 말 한마디로 선생님은 괜찮은 사람인 줄 알고 그냥 넘어가서 너무 죄송합니다.

이런 추모식. 내일이면 하게 될 영결식. 이런 절차가 싫습니다. 선생님 떠나보내는 이런 행사가 너무 싫습니다.

오늘. 편지를 썼습니다. 『티벳 사자의 서』에 나오는 안내문으로 쓴 편지입니다. 돌아가신 선생님께 해 드리는 제 몫이려니 하고 썼습니다. 들어 주세요.

김인봉 선생님. 사랑하는 김인봉 선생님.

오늘은 선생님 먼 길 떠나는 두 번째 날입니다. 순수한 형태의 물

원소가 밝고 눈부신 흰색으로 선생님 눈앞에 나타나는 날입니다. 이 빛은 똑바로 바라볼 수 없을 정도로 눈부시고 투명합니다. 살아 있을 때의 분노와 저항의 힘 때문에 눈부신 흰색 빛을 보고 놀라 달아나려 할 것입니다. 선생님, 그 빛은 대지혜의 빛이며 자비의 빛입니다. 달아나지 말고 그 빛 속으로 걸어 들어가십시오. 그 빛과 하나 되셔야 합니다. 그러면 붓다의 경지에 이르게 됩니다.

김인봉 선생님 사랑합니다.

김인봉 선생님은 우리 대신 죽었습니다. 선생님은 우리에게 목숨을 주고 가셨습니다. 사랑합니다. 선생님.

선생님께서 끝내 죽음으로 말할 수밖에 없었던 말씀. 그것에 귀기울이고 음미해 보겠습니다. 이제 편히 쉬소서. 남겨진 우리의 몫을 찾아 나아가려 합니다. 이제 선생님 모든 걸 털고 먼 길 훨훨 가볍게 가옵소서.

2010년 8월 7일, 선생님과 같은 고장에 사는 장수군 주민 전회식

* * *

선생님이 오늘도 그립다

어김없이 올해도 그분의 추도식이 열렸고 나는 다른 어떤 일정보다 소중하게 여겨 깨끗한 옷을 골라 입고 참석했다. 벌써 4주기다. 그해 여름. 나는 강릉에 있는 어느 수도원에서 수련 중이었다. 부음

먼저 가신 고 김인봉 선생님에 대한 그리움과 사랑은 곁에 계신 '살아 있는 김인봉 선생님들'에게로 돌려야 마땅하고 고인도 그걸 좋아하실 테지만 그렇게 잘 되질 않는다. 스스로를 버리고 공의를 택하신 선생님이 오늘도 그립다.

을 듣고 바로 짐을 싸서 수도원을 나섰다. 수련 일정을 이틀 남기고 급히 떠나는 마당에 조용히 나오려고 수도원장님께만 말씀드린다는 게 공개되어 버렸고, 내막을 알게 된 수련생들은 그 자리에서 조의금을 모아 주었다. 보도를 통해 일제고사 논란과 김인봉 선생님이 중징계를 당한 뒤 투병 중인 것을 이미 알고 있었던 것이다.

4주기 추모식이 유난히 착잡했던 것은 김인봉 선생님이 몸담았던 전교조가 올해 들어서 법적 지위를 빼앗겼기 때문이다. 나는 농담삼아 "전국 교직원 '법외' 노동조합 선생님들 반갑다."고 '법외'를 강조하며 인사했다. 가벼운 농담으로 추도식의 무거운 분위기를 바꾸고자 했지만 가신분에 대한 그리움과 오늘까지 이어지는 교육 현실은 결코 가벼울 수 없다.

김인봉 선생님의 장수중학교는 교장실이 없었다. 공모제로 교장에 부임한 선생님은 교장실을 없애고 '교육 사랑방'이라 이름 지었다. 처음 학교를 찾아갔다가 교장실을 찾느라 이리저리 헤매던 기억이 난다. 아픔이다.

선생님이 손수 타 주시던 현미차도 아픔으로 되살아난다. 빼빼 말라 가시던 병상 위에서 선생님이 지어 주시던 힘없는 웃음도 4년이란 세월 넘어 마음 한구석에 아픔으로 남아 있다. 나는 기억한다. 선생님의 징계위원회가 열리던 날의 전라북도 도교육청 기자실을. 2009년 1월 15일이었다. 중징계인 정직 3개월이 떨어졌다. 그리고 선생님은 다음 해 8월에 돌아가셨다. 교장직에 복직되었다가 다시 해직되면서 법적 다툼은 지루하게 계속되었는데 그 다툼은 선생님의 목숨을 앗아간 뒤에야 멈추었다. 정부도 교과부도 법도 참으로 잔인했다. 수능시험 치는 날에도 예외를 인정하던 교과부가 그깟 일제고사 때 학생이 신청한 가정학습을 허락했다는 이유로 학교 교장을 중징계 하고 법정까지 끌고 간 것은 표적 징계며 결국 타살이었다 해도 지나치지 않다. 대부분은 그렇게 믿고 있다.

선생님은 그랬다. 일제고사로 아이들을 줄 세우지 않겠다는 교육자로서의 신념과 아이 사랑에 자신의 목숨을 걸었고 끝내 숨졌다. 2차 일제고사가 치러지던 2008년 12월 23일은 전국에서 단 한 곳. 장수중학교만 일제고사를 치르지 않았다. 1차 일제고사가 있던 그해 7월 이후 워낙 논란이 거셌고 교과부의 교사 징계 행위에 비판이 일자 교과부는 2차 일제고사는 교장의 자율에 맡긴다고 발표했다.

자율에 맡긴다고 했음에도 불구하고 1차 일제고사 때 일제고사를 안 치른 5개교 중 장수중학교를 제외하고는 다들 일제고사를 치렀다. 지레 겁을 먹은 것이다. 김인봉 선생님은 달랐다. 이미 1차 일제고사 문제로 징계위에 회부되어 있는 상태였다. 그런 상태에서 홀로 일제고사를 거부했다. 섶을 지고 불 속으로 들어가는 격이었다. 가중처벌의 위험이 있다는 걸 알면서도 피하지 않고 그 길을 가신 것이다. 참으로 외롭고 힘든 결단이었음을 이제야 본다.

먼저 가신 고 김인봉 선생님에 대한 그리움과 사랑은 곁에 계신 '살아 있는 김인봉 선생님들'에게로 돌려야 마땅하고 고인도 그걸 좋아하실 테지만 그렇게 잘 되질 않는다. 스스로를 버리고 공의를 택하신 선생님이 오늘도 그립다.

* * *

"저는 다른 답변을 찾을 수 없었습니다"

김인봉 선생님이 징계 받던 날이 기억납니다. 2009년 1월 15일이었습니다. 정직 3개월의 중징계였습니다. 전날 밤, 전라북도교육청 앞에 마련돼 있는 천막에서 지내고 징계위원회 심의가 끝날 때까지 현장을 지키다가 돌아오는 길에 이 사실을 알게 되었습니다.

　도교육청 기자회견장에 있었던 나는 징계위원회(위원장 김찬기 전 북도 부교육감)가 앞으로 10일 후에 징계 내용을 결정 · 통보한다는 발표를 믿고 집으로 돌아오는 차 속에서 서울 사는 친구의 문자를 받고 중징계 사실을 알았습니다. 인터넷이라는 게 이렇게 때로는 엄동설한에 사건 현장에서 사건의 진행을 지켜본 사람을 까막눈으로 만들고, 따뜻한 방 안에서 컴퓨터를 들여다보는 사람을 천리안으로 만들기도 한다는 생각을 했습니다.

　정직 3개월의 중징계는 유난히 추웠던 그날 이른 아침, 출근시간에 맞춰 몸 벽보와 팻말을 들고 시위를 했던 우리가 콩나물 국밥집에서 아침을 먹으며 설왕설래 했던 징계 수위의 여러 정치적 고려와 변수들이 쓸모없는 입방아에 지나지 않았음을 말해줬습니다. 부교육감을 위원장으로 교육청의 실장, 국장, 과장, 장학사 등 10명의 내부 인사들로 구성되는 징계위원회에서 이렇게 중징계가 나오리라고 예측했던 사람은 많지 않았습니다. 이유는 여러 가지가 있었지만 가장 우세한 것은 '무리'라는 것이었습니다. 일제고사 날 체험학습을 신청한 학생들의 학부모에게 전화를 걸어 일일이 사실관계를 확인한 뒤 초중등교육법 48조에 나와 있는 학교장의 적법한 권한으로 이를 승인한 것이 징계 대상이 될 수 있냐는 것이었습니다.

　당시에 김인봉 교장이 징계위원회 심문을 마치고 기자들이 모여 있는 방으로 내려왔을 때는 신문과 방송 기자들이 스무 명 넘게 모여 있었습니다. 질문은 주로 징계위의 분위기나 징계 수위에 대한 예측, 그리고 앞으로의 대응 방침에 대한 것이었습니다.

김인봉 선생은 세 가지로 요약해서 답변을 했습니다. 첫째는 교육자로서 일제고사를 반대한다는 점을 분명히 했습니다. 학생의 창의성과 교육의 자율성을 죽이며 농촌교육을 파탄 낸다는 점을 들었습니다.

둘째는 이번 사건이 알려진 것과는 달리 교장의 권한을 자의적으로 남용하여 일제고사를 거부한 것은 아니었다는 점을 강조했습니다. 61명의 장수중학교 3학년 학생 중 54명이 시험을 봤다는 사실을 들어 그렇게 말했습니다. 학교장이 일제고사를 거부했다면 단 한 사람도 시험을 치를 수 없었을 것 아니냐는 것입니다. 특히 작년 10월 당시에 가정통신문이나 기타의 방법으로 일제고사를 안 봐도 된다는 식의 부추김이나 권유조차 한 사실이 없다는 점을 소개했습니다.

셋째로는 앞으로도 일제고사를 보거나 안 볼 수 있는 학생의 권한을 침해할 생각이 없다고 했습니다. 그것은 학생과 학부모의 학습권에 속하는 부분이라는 설명이었습니다.

기자들은 정직 이상의 중징계가 떨어졌을 때 어떻게 대응할 것이냐고 물었습니다. 나도 질문을 했던 기억이 납니다. '징계위에 회부된 상태에서 작년 12월 23일에 있었던 두 번째 일제고사 때 이를 학교 차원에서 안 보기로 결정하는 것이 부담스럽지 않았냐'라고 물었던 것 같습니다.

기자 질문에는 징계 수위에 관계없이 징계의 부당성과 싸우겠다고 말하고 내 질문에는 "솔직히 무척 부담스러웠다"고 했습니다. 그러나 "학교 운영위원회에서 민주적 의사결정 과정을 거쳐 정했기에 존중했다"고 말했습니다.

내가 두 번째 질문을 했는데 그것은 김 교장의 발언들이 너무 안타까워서 한 질문이었습니다. "징계위원들이 '새 학기 때도 일제고사가 연이어 있는데 앞으로 어쩔 것이냐'고 물었다고 하셨는데 왜 그리 고지식하게 '본다 안 본다 말할 수 없습니다. 여전히 학교 구성원들의 민주적인 의사수렴 과정을 거쳐 결정하겠다'고 했냐"고 물은 것입니다.

좀 정치적인 감각을 발휘해서 "최근 일련의 사태들을 잘 되짚어 보면서 지혜롭게 잘 대응 하겠습니다"라고만 답변을 해도 훨씬 부드럽지 않았겠냐는 내 식의 걱정에서 그렇게 질문을 했는데 김 교장은 한참 웃더니 짧게 답변했습니다.

"저는 다른 답변을 찾을 수 없었습니다."

*　　　*　　　*

첫 만남

제가 김인봉 선생님을 처음 만난 것은 특별한 자리였습니다. 그래서 그를 운명적으로 좋아할 수밖에 없었다고 하겠습니다. 장수군 농민회 단합대회에 중학교 현직 교장선생님 자격으로 참석한 것입니다. 시골 중학교 대부분의 학부모가 농민이라는 점을 감안하더라고 분명 평범한 일은 아닙니다.

김인봉이라는 이름 석 자를 듣고 대뜸 일제하 의열단에서 활약한 김두봉을 떠올렸습니다. 그는 일제시대 전설적인 조직운동가 이재유 선생과 함께 제가 제일 존경하는 분입니다. 김인봉 선생은 외모도 김두봉을 닮았습니다. 그러던 차에 제 책 『똥꽃』이 출간된 직후, 장수중학교로 불러 전교생과 학부모를 모셔놓은 자리에서 강연하게 했습니다. 저의 첫 외부 강연이었습니다. 장수군 귀농인연대 결성식에 와서 축사도 해 주셨고 두 번째 책 『엄마하고 나하고』의 출판기념 잔치에서 격려사도 해 주셨습니다.

관계의 결정적인 기폭점은 일제고사 사건이라 하겠습니다. 보수 정권에서 현직 교장선생님이 일제고사를 거부하는 결단을 한다는 것은 낙타가 바늘귀로 들어가는 것과도 같이 힘든 일입니다. 전교조 교사일 때하고 한 학교의 교장일 때는 다른 것입니다. 일제의 지식인과 숱한 운동권 인사들이 친일과 독재정권 부역 변절시비에 휩싸

『똥꽃』에 이은 『엄마하고 나하고』 출판기념식에 와서 축사 중인 고 김인봉 교장(사진 오른쪽)과 필자

이는 것이 다 그런 이치입니다.

직함에 따른 권력의 기득권 의식이라는 것이 있는데 김인봉 선생은 그것을 돌파한 것입니다. 일제고사를 거부한 직후에 저는 김인봉 교장선생님에게 전화를 걸어서 자청해서 십자가를 지셨다고 했더니 별거 아니라면서 크게 웃던 기억이 납니다.

무슨 일이 닥치든 껄껄 웃기만 하던 그가 쓰러졌고 끝내 우리 곁을 떠났습니다. 2010년 5월 장염으로 알고 치료를 받다가 조직검사에서 간암으로 진단되어 급히 전북대병원에 입원할 당시만 해도 주변 사람들 아무도 이를 알지 못했습니다. 거듭된 징계사태를 겪은 지 1년이 안 되어 쓰러진 사실을 가족과 문규현 신부 외에는 알지 못했다고 합니다.

지난 6월 21일 설사도 멈추고 병세가 호전되어 병원에서 퇴원했는데, 집에서 건강식품과 가벼운 산책 등으로 가족들과 함께 나날이 희망을 키워 가다가 20여 일 만인 7월 10일 갑자기 혼수상태에 빠져 다시 응급실에 옮겨졌습니다. 7월 12일. 의식이 돌아온 김 교장이 가족에게 '사람들이 그립다'고 하여 그때부터 병세가 주변에 알려지고 지인들이 문병을 가게 되었습니다. 필자도 비보를 받고 21일부터 3일 동안 계속 문병을 갔습니다.

발 마사지도 해 드리고 잠언집과 경전을 읽어 드리면서 세상 만물과 화해하고 평온한 시간을 가지실 수 있도록 정성을 기울였으나, 때로는 나를 못 알아보고 상황에 맞지 않은 말씀을 하실 때도 있었습니다. 병상에서 내 손을 쥐고는 "장수에 오면 학교에 꼭 와."라고 했습니다. 내가 장수에 나갈 때면 가끔 교장실에 들러 차나 식사를 같이 했던 때를 기억하는구나 싶어 반갑기도 했으나 곧 중환자실로 실려 가곤 했습니다. 가족들과는 교장선생님이 퇴원하시면 원불교에서 운영하는 만덕산 쉼터를 내가 잘 아니 그곳에 선생님을 모시고 가자고 약속이 되었지만 기약도 없이 선생님은 먼 길을 떠나가셨습니다. 2010년 8월 6일 새벽 6시 55분.

이상 2009년~2014년까지 〈불교신문〉, 〈오마이뉴스〉 등에 썼던 글들을 묶었습니다.

소농을 혁명이라 부르는 이유

'소농-혁명'에 딴죽을 걸며

혁명이란 말은 역사적 시효가 지나 버려서 쓰는 사람이 없기도 하지만, 반대로 개나 소나 마구잡이로 갖다 붙여도 되는 단어가 되었다. 본래의 효용을 잃어버린 과거의 단어가 되었다는 것이다.

교육혁명, 몸의 혁명, 의식혁명, 산업혁명, 밥상혁명, 독서혁명, 자기혁명, 에너지혁명, 읽기혁명, 집중력혁명, 지역혁명···. 스마트폰을 놓고 책을 읽는 것 자체가 혁명이라서일까? 이런 혁명들은 모두다 책 이름이다. 그런데 '소농혁명'이라. '혁명' 이야기 전에 '소농' 이야기부터 해야겠다. 70~80년대에는 모임에 가면 늘 자기소개 시간에 "가난한 소농의 아들로 태어나···"라고 시작하는 모습을 볼 수 있었다. 소농의 자식이 아니면 낄 수도 없는 분위기가 연출되었다. 소농 자식만 사람이고 나머지는 반동(?)이라도 되는 듯이.

요즘으로 치면, 언론에 나오는 귀농자들이 "···서울의 일류대를 나오고···" 또는 "잘 나가는 대기업에 다니다가···"를 한결같이 읊어대는 것과 비슷하다 하겠다. 일류 대학이나 대기업 출신이 아니면 귀농의 감동이 줄어들기라도 하는 듯 말이다.

유엔은 1970년부터 매년 세계가 함께 공감해야 할 주제를 정하여 기념해 왔는데 2014년을 '가족농의 해'로 정했다. 2011년에 열린 제66차 총회에서다. 우리나라에서는 가족농을 소농과 혼용하기도 한다. 가족농이 되었건 소농이 되었건 이 말은 쓰는 시대와 나라에 따라 이해가 크게 달라 보인다. 작년 11월에 호주와 뉴질랜드로 농업 연수를 갔을 때 전형적인 가족농을 하는 페닌슐라 유기 농장이라는 곳을 방문했다. 농장 주인인 44세의 웨인 쉴드와 얘기를 하는 중에 그가 이곳 외에 다른 곳에도 농장을 하나 더 갖고 있다고 하기에, 트럭을 타고 20~30분 가면 되려니 했다가 350킬로미터나 떨어져 있는 곳이라 비행기 타고 간다는 말을 듣고 입을 딱 벌린 적이 있다.(졸저, 『소농은 혁명이다』, 281쪽)

소농에 대한 이해는 사람에 따라서도 다르지 않을까 싶다. 당장 우리나라에서도 논 3만 평에 밭 2천 평 농사를 짓는 사람 보고 "와~ 대농이네!"라고 하면 당사자는 대개 아니라고 손사래를 칠 것이다.

논 3만 평 농사를 지어 봐야 벌이가 빤하기 때문이고, 대형 농기계로 일을 하니까 별로 힘든 줄 모르기 때문이다. 그러면 몇 평 정도가 우리나라 실정에 소농이라고 부를 만한 규모가 될까? 미안하지만 이런 질문 자체가 잘못됐다고 본다.

다시 유엔으로 가서 개념을 살펴보자. 가족농 또는 소농이 무엇인지 윤곽이 보일 것이다.

"가족농과 소규모 농업의 인지도를 높이고 특히 농촌 지역에서 지속 가능한 개발을 도모하는 것이 목표."

유엔이 '가족농의 해'를 지정하면서 밝힌 취지다. 이 취지문은 가족농을 말하면서 별도로 소규모 농업을 말하고 있다. 다시 말해서 가족농은 규모만을 얘기하는 게 아니라는 것이다. 취지문의 뒷부분에 가면 더욱 분명해진다.

"식량안보와 영양 개선, 생활 여건 향상, 빈곤·기아 문제 완화, 환경과 생물 다양성 보호, 지역 경제 유지 등에 기여하도록 한다."

생태 질서와 종 다양성

매우 중요한 지적이라고 본다. 정확한 이해를 위해서는 뒤집어 보면 된다. 첫째, 기존의 대규모 기업농은 먼저, 식량안보 문제에 아주 취약하다는 이야기다. 이 문제는 수입국과 수출국을 구분하지 않는 지적이라고 생각한다. 대규모 기업농은 가장 성장이 빠르고 가장 수확률이 좋은 종자를 심을 것이고, 여러 화학농자재와 초대형 농기구를 쓸 것이다. 그만큼 위험도가 높다는 것이다. 왜 위험도가 높다는 것일까?

무엇 하나라도 까딱 잘못하면 거대 규모 농사가 망가지는 것이다. 외부 환경 변수건 내부 요인이건 상당한 위험부담을 안고 짓는 농사라 식량안보에 취약하다는 지적을 받는다. 그래서 우리나라 돈벌이 농사하는 농민들도 거의 투기농업, 카지노농업에 가까운 심리를 갖고 있다. "3~4년 꼬라박아도 한 번만 대박 나면 돼."라는 말을 공공연히 한다.

둘째, 대농 또는 기업농은 영양 문제도 안고 있다는 것이고 (농민들의) 생활 여건도 열악하다는 말이다. 그러니까 유엔은 가족농(소농)을 통한 영양 개선, 생활 여건 향상을 강조하는 것이다. 사실 규모 있는 기업농 농산물의 영양가와 음식으로서의 값어치는 거의 쓰레기 수준이라 보면 될 것이다. 가공을 거쳐 양념 투성이로 밥상에 오르는 실정이니까 하는 말이다. 그런 농민들은 외형이야 번지르르할지 모르나 일종의 현대판 농업 노예라 해도 과언이 아니다. 작물 선택도, 파종 시기도, 농사 면적도 사실 다 자본이 주도하는 시장 변수에 따른 외부 요인으로 결정한다. 그러니 종이라고 하는 것이다. 속내를 들여다보면 대농의 생활 여건도 말이 아닌 것이다.

취지문이 지적하는 하나하나가 오늘날의 시민 건강과 농민 현실을 적나라하게 까발리고 있다.

'가족농의 해' 취지문은 빈곤과 기아 문제가 초국적 농업 기업과 유통, 가공 기업 때문이라고 우회적으로 지적하고 있다. 뒷부분에 언급된 "종의 다양성과 지역 경제 유지 등에 기여한다"는 지적을 보면 소농(가족농)의 중요함에 대한 기대가 묻어난다.

이제 소농이 뭔지 개념이 잡힐 것이다. 절대 농사 규모를 중심으로 판단하는 것이 아닌 것이다. 지역의 사회적 경제에 참여하면서, 가족의 몸 노동에 크게 의지하는 농사를 짓고, 생태 질서와 종 다양성을 해치지 않는 농사가 소농인 것이다.

그러자면 자연히 큰 규모의 농사로는 불가능할 것이다. 생태 질서와 종 다양성을 해치지 않는 농기계가 어떤 수준이어야 하는지는 작물과 지역에 따라 따져 볼 수 있다고 본다.

도시인도 소농으로 살 수 있다

'식량안보와 영양 개선, 생활 여건 향상, 빈곤·기아 문제 완화, 환경과 생물 다양성 보호, 지역 경제 유지 등에 기여하도록' 하는 것은 꼭 농부에게만 해당되는 말이 아니다. 인스턴트 음식을 안 먹는 것이라든가 육식을 끊고 채식을 하는 것도 여기에 해당된다.

그래서 유엔이 정한 '가족농의 해' 취지문에 합당한 삶을 소규모 농사를 짓는 농부에 한정하지 않고 '소농적 삶'을 사는 사람들로 확장할 수 있는 것이다.

7월 2일(2016), 농업진흥청 앞에서 열린 대규모 유전자조작식품

대규모 유전자조작식품(GMO) 반대집회 참석자들의 반 이상이 도시의 이용자들이었다. 생협 소속 조합원이 대부분이었다. 그들도 소농의 삶을 사는 사람들이라 할 것이다. 지엠오 식품은 식품 적격성도 문제려니와 생명 다양성 파괴와 환경오염의 주범이기 때문이다.

(GMO) 반대집회 참석자들의 반 이상이 도시의 이용자들이었다. 생협 소속 조합원이 대부분이었다. 그들도 소농의 삶을 사는 사람들이라 할 것이다. 지엠오 식품은 식품 적격성도 문제려니와 생명 다양성 파괴와 환경오염의 주범이기 때문이다. 해충 저항성 콩과 제초제 저항성 옥수수를 만들어 내면서 위대한 발명이라도 되듯이 선전하지만, 사실은 더 지독한 살충제와 제초제를 마구 뿌리게 했다. 지엠오가 신체 건강에 위해하냐 여부를 가지고만 왈가왈부하는 것은 지엠오 논쟁의 핵심이 아니다. 지엠오는 농부들을 임대농노예(소작노예)로 전락시켜 빈곤에 빠지게 한다. 아르헨티나가 전형적인 사례다.

지역 경제에 기여하기는커녕 초국적 대자본의 이익에 충실한 것이 지엠오라서 지엠오에 반대하는 도시인들은 소농의 지지자라고 할 수 있다.

자 그러면 재미 삼아 퀴즈 하나 풀어 보자. 소농적 삶을 사는 사람 알아맞히기다. 소주와 막걸리, 연어회를 좋아하는 사람이 있다고 하자. 이 사람은 소농적 삶을 사는 사람일까 아닐까? 질문이 생뚱맞을 것이다. 한 번도 연결 지어서 생각해 보지 않았을 수도 있다. 소주나 막걸리는 단순한 술 취향인데 무슨 소농적 삶 운운하느냐고 말이다.

어떤 밥상 앞에 앉는가도 소농의 기준

이상한 질문은 상식에 벗어나는 쪽이 해답에 가깝다. 그래야 질문으로서 존재감이 있다. 소주와 막걸리, 연어회를 좋아하는 사람은 소농인이 아니다. 결과적으로 초국적 식품 회사와 국제 교역, 유전자조작식품을 지지하기에 그렇다. 설탕의 200배 당도를 지닌 합성 감미료 아스파탐을 즐기는 사람이기에 반소농적 삶을 사는 사람이라 할 것이다. 이러다가는 막걸리나 소주 한 잔도 마음놓고 못 마시란 말이냐고 반발심이 생길 수 있다. 우리 식탁에 반소농적인 생명 파괴 음식이 하도 범람하는지라 이런 일이 벌어진다. 아스파탐을 안 먹기로 작정했다면 '페닐알라닌 함유'가 무슨 말인지 알아야 한다.

갑자기 페닐알라닌이 왜 튀어나올까? 아스파탐이 들었다는 것을 이렇게 표기한다. 이용자를 헷갈리게 하는 전형적인 수법이다. 페닐알라닌이 국민적 상식이 되는 때가 되면 '둘신'이나 '시클라메이트'라는 말로 이용자들을 또 헷갈리게 할지도 모른다.

합성 착색제나 합성 감미료 등 모든 합성 식품들은 생물체를 매개로 하지 않고 무기물에서 순수하게 물리화학적으로 만든 인위적 식품이라 자연 생태계를 혼란에 빠뜨리므로 소농적 범주에 들 수 없다. 소농은 이제 사회인문적 개념인 것이다.

내가 『소농은 혁명이다』(2017, 모시는사람들)에 실린 '소농, 이것이 진짜 혁명이다'라는 글을 쓴 때가 2012년 6월이다. 장장 200자 원고지 75매나 되는 논문 수준의 분량이었는데, 이 글이 처음 실린 『녹색평론』 125호(2012년 7-8월호)가 발매되자 여기저기서 강의를 요청했다. 대표적인 것이 노동당 농업위원회와 한살림 조합원의 요청이었다.

당시 나는 녹색당 당적을 갖고 있었는데, 노동당에는 이전의 진보신당에서 활동하던 옛 동지들이 많이 있었다. 소농에 대한 가벼운 토론이 진행되었는데, 소농은 삶의 방식이자 철학이라는 점에 동의했다. 도시와 농촌을 구분하지 않고 '소농적 삶'을 적용할 수 있다는 주장에도 많은 사람들이 동의했다. 혁명이라는 단어가 굴러다니는 폐지만큼도 취급되지 않던 때에 이 글에서 굳이 혁명이라는 단어를 쓴 것은 생활 전환을 강조하는 것이었다. 건강 서적으로 김철 선생의『몸의 혁명』이 나와 있었고, 데이비드 호킨스의『의식혁명』도 출간된 때다. 혁명은 더 이상 피 냄새를 풍기는 것이 아니었다.『교육혁명』,『몸의 혁명』,『의식혁명』,『산업혁명』,『밥상혁명』,『독서혁명』,『자기혁명』,『에너지혁명』은 다 일상의 전복을 요구하는 책들이다.

체제나 제왕이 혁명의 대상이 아니라 일상의 삶이 혁명의 대상이 되어 버린 것은, 총칼의 지배에서 이데올로기의 지배·자본의 지배·시장의 포로로 넘어와 전일화되었다는 말이다. 그래서 '소농은 혁명'이라고 부르짖는 것이다.

퀴즈 하나 더

깡시골 농협에 부속 매장이 있는데, 상호가 '파머스마켓'이다. 농민들의 협동조합 신용사업기관인 은행의 공식 명칭이 'NH농협은행'이다. 이것들은 소농적 언어일까 아닐까? 둘 다 '아니오'이다. 물론 내 기준이다. 그렇다면 수수께끼라 하지 않고 퀴즈라고 썼는데 이건 어떨까? 전국에 무슨 무슨 '센터'가 범람하는데 '원(院)'이나 '중심'이라 하지 않는 것은 어떻게 봐야 하는가? 원보다도 중심보다도 센터가 훨씬 친숙하게 들리고 의미 전달도 빠르다면 우리는 뼛속까지 반소농적 삶으로 오염되었다고 해야 할 것이다.

길거리 주유소 간판에서 '엘피지'라는 간판은 눈을 씻고 찾아봐도 안 보이고 'LPG'만 들어서 있다는 것은 온 나라의 얼과 혼이 망가졌다는 증거라고 주장하면 무리일까? 그래서 혁명인 것이다. 우리의 일상은 혁명적 전환을 시도해야 할 정도로 중증의 병을 앓고 있다. 그래서 농민이건 도시민이건 남자이건 여자이건 노인이건 어린이이건 다 '소농 혁명'에 나서야 한다고 역설하는 것이다.

소농 해서 먹고살 수 있나

어디서건 모임에서 농사짓는다고 소개를 하면 곧바로 난처한 질문을 받게 된다. "무슨 농사 짓느냐?"는 질문이다. 참 난처하다. 애써 대답을 하면 또 더 난처한 질문에 직면하게 된다. "평당 소득이 얼마나 되나요?"라는 질문이다.

우리 집에 오는 사람들이 내가 지은 집을 보면서 하는 질문도 비슷할 때가 있다. "이런 집 지으려면 평당 얼마나 들어요?"라는. 정말 난처한 질문이다. 아니, 속된 말로 무식한 질문이다.

옛날에는 뭐 하냐는 질문에 농사짓는다고 하면 끝이었다. 농사짓는 사람은 먹을 것 다 심는다. 무슨 농사 하는지는 물을 필요가 없다. 팔기 위해 농사짓는 게 아니라 먹기 위해 농사를 짓기 때문이다. 그게 기본이고 먹고 남는 것을 팔아서 다른 생필품을 산다.

과일은 집 뜰에도 심고 밭 가에도 심어 먹었다. 그러다가 언젠가

부터 농사가 파는 것을 목적으로 작목을 선택하고 지역을 선택하는 '경영 대상'이 되었다. 농업의 산업화, 농장의 공장화가 된 것이다.

그래서일까 소농은 곧 골병이라는 말이 있다. 농기계도 안 쓴다, 비닐멀칭도 안 한다, 거름도 안 넣는다면서 맨몸으로 농사를 지으려다 보니 몸이 망가진다는 것이다. 그 말은 다른 말로 하자면 먹고살기 힘들다는 얘기다. 소농 해서는. 그런데 소농만이 아니라 이 세상은 웬만해서는 먹고살기 힘들게 누군가가 조종하고 있다는 생각을해 본 적은 없는가. 아무리 기술이 발전하고 명목소득이 높아져도 만날 아등바등 온 식구가 새벽부터 밖에 나가 돈을 벌어야 하는 현실이 좀 수상하다고 생각해 본 적은 없는가 말이다.

유기농과 자연농이 뜬다고 하니 대형 농산물 매장에 유기농 매대가 생겼다. 얼마 지나지 않아서 유기 인증제가 생겨나고 유기농 인증기관이 우후죽순처럼 생겼다. 아울러 부정·엉터리·가짜 유기농 인증 제품들이 뉴스에 나오고 고발 사태가 일어났다. 우리의 일상이 돈벌이가 최고의 목표가 되었기에 이런 일들이 끊이지 않는다.

소농은 삶의 선택이고 지구를 가꾸는 정원사

소농은 농사 방법만도 아니요 새로운 고수익 모델도 아니다. 삶의 선택이고 삶의 전환이다. 벌어먹고 사는 문제도 새로운 시선으로 접근하는 것이 진정한 소농이라 하겠다. 시장에 의존하지 않는 삶, 내게 필요한 재화는 내 손으로 장만하는 삶, 자긍심과 자존감을 회복하는 삶. 이런 삶이 소농의 삶이다.

2011년 8월에 나온 어느 여성지에 재미있는 실험 결과가 소개된 적이 있다. 자연재배와 유기재배, 일반 화학농사로 지은 당근과 오이, 무 세 개씩을 가지고 부패 실험을 한 기사다. 이와 유사한 자료와 실험이 참 많다. 그래서 그 차이가 널리 알려져 있기도 하다. 일반 화학재배 농산물은 바로 썩어서 악취를 풍기지만 자연재배 농산물은 천천히 시들어 갈 뿐이라는 결과치 말이다.

놀라운 것은 4년이 지났는데도 자연재배 무는 형태를 유지하고 있었다는 내용이다. 그 힘이 어디에 있을까? 아주 간단하다. 자연을 속이지 않고 자연의 흐름대로 농사를 지었기 때문이다. 자연을 속이지 않았다는 것은 자기 자신에게 정직했다는 말도 된다.

현대인은 정신과 몸과 마음이 고도 비만상태다

그 고도비만 상태를 전제로 '먹고 사는' 문제에 접근하면 해답이 없다. 부풀어 터질 때까지 팽창하는 것이 헛된 욕망의 속성이기 때문이다. 애들 공부나, 집이나, 통장 현금이나, 전자통신 기기나, 음식이나, 자동차 이런 것들이 과시하기 위한 욕망의 그물에 걸려들었다면 만족이 있을 수 없다. 욕망을 채우는 접근이 아니라 욕망을 버리거나 제어하는 접근이 소농의 삶이다.

최근에 생협에 자연농산물 매대가 생기고 있고, 유기농과 자연 소농 재배를 구별하는 움직임이 번지고 있다. 참 고무적인 일이다. 예로부터 가장 못난 농부는 풀만 좋은 일 시키는 농부고, 그다음 보통의 농부는 농작물만 키워대는 농부고, 가장 훌륭한 농부는 땅을 살리는 농부라고 했다. 세상도 살고 작물도 살고 자기도 사는 선택이다. 기껏 땅을 살려 놨더니 땅주인이 돌려 달라는 경우가 있다. 자기 땅 없이 남의 땅 빌려서 농사짓는 사람의 애환 서린 하소연이다. 그러나 참농부는 어떤 경우에도 땅을 살리는 일을 포기하지 않는다.

흙을 살리는 농사 과정에서 이미 농부 자신의 몸과 영혼이 건강하게 되고 있음을 알기 때문이고, 덤으로 경제 문제도 잘 풀린다는 것을 알기 때문이다. 잘 만들어 놓은 땅을 주인에게 돌려주게 되는 게 아까워서 함부로 농사짓는 일은 없다. 자동차 보험료가 아까워서 일 년에 가벼운 교통사고 한두 번 나기를 바라는 바보가 아니니까.

한국형 소농으로 살자면?

경남 산청에 가면 '담쟁이 인문학'이라는 모임이 있다. 여기 강의를 갔다가 중학생으로부터 맹랑한 질문을 받았다. 이웃에 소농을 하자고 권하려면 어떤 걸 제시할 수 있느냐는 것이었다. 졸저 『소농은 혁명이다』가 출간되고 나서 여기저기서 강의를 요청해 와서 참석자들과 질의응답 시간을 여러 번 가져 봤지만, 중학생으로부터 이런 질문을 받으리라고는 예상하지 못했다.

나랑 동갑내기 시인인 서정홍 님이 동네 아이들과 어울려서 책도 읽고 시도 쓰면서 시작된 모임이라 아이들이 중심이라는 얘기를 듣기는 했다. 실제 가 보니 어른보다 아이들이 많았고, 어른들은 아이들 손에 이끌려 나오기 시작했다는 말이 실감났다. 집에서 기른 옥수수를 쪄 오거나 감자를 삶아 와서 참석자 50여 명이 넉넉하게 간식을 하는 모습도 이채로웠지만, 아이들이 축가도 부르고 기타 연주도 하고 빔 프로젝트 조작도 다 하는 모습이 아주 인상적이었다. 인문학은 삶 속에서 영글고 어릴 때부터 생활로 익히는 것임을 웅변하는 풍경이었다.

다시, 소농 해서 먹고살 수 있나

중학생의 질문에는 현실적인 문제가 담겨 있다. 옆에 사는 이웃 농부에게 소농을 권하려면 소농의 개념이나 소농의 중요성을 설명하는 것만으로는 부족하다. 먹고살 만한지를 얘기해야 한다.

사실, 소농 아니라 뭐를 해도 요즘 농촌은 먹고살기 힘들다고 아우성이다. 쌓아 놓은 돈이 있지 않고서는 취미로 농사짓는 게 아닌데 먹고사는 걸 걱정 안 할 수도 없다. 쌀값이 24년 전과 똑같다.

그런데 한번 차분히 자신에게 물어볼 필요는 있다. 먹고살려면 얼마나 벌어야 하는가. 그만큼 벌면 나는 행복할 것인가. 꼭 그렇게 벌고 쓰고 살아야 하는가. 내가 쓰는 돈이 다 나를 살리는 지출인가, 나를 도리어 지치게 하는 지출인가. 내 돈벌이는 생태윤리적으로 당당한가. 전 세계인들이 그렇게 벌고 그렇게 써도 괜찮은가 등등.

우리 농업은 두 갈래의 다른 길을 가리라 본다. 하나는 대자본이 침투하여 자연과 인간의 손길을 점차 차단해 가면서 완전한 통제가 이뤄지는 공장식 농사다. 주류 농업은 이 길을 갈 것이다.

다른 하나는 자연의 운행과 흐름에 농사를 최대한 접목하고 삶 자체를 자연스럽게 만들어 가는 자연농사다. 농업의 독특한 기능이 환경보전적 기능을 중시하는 방향으로 가는 것이다. 물질 중심의 기준을 인간 중심, 행복 중심으로 바꾸는 농사인 소농은 주류가 되지는 않겠으나 그 맥이 끊어지지도 않을 것이다.

〈녹색당 농업먹거리 특강〉 2015년 6월

'소농'을 '혁명'이라 부르게 된 현실

소농의 혁명성 얘기를 하기 전에 먼저 '특이점' 이야기를 하고자한다. 특이점의 개념이 한 가지는 아니다. 최근에 자주 쓰이는 의미에서는 인공지능의 발달 정도를 말하는 것이지만, 이보다 폭넓게 이해하는 게 좋다고 본다. 현대 농업의 여러 현상들은 특이점과 떼어놓고 말할 수 없다.

특이점을 이해한다는 것은 인생관은 물론 삶을 대하는 안목이 전면적으로 바뀐다는 것을 의미한다. 이미 특이점 현상은 시작되었고가속도가 붙었다고 할 것이다. 새로운 인간 윤리가 등장하고 있으며로봇 윤리까지 다루어진다. '전혀 새로운 문명'이 시작되는 것이다.

농업도 예외일 수 없다. 거대한 문명의 흐름에 농업인들 예외가될 수 있겠는가. 6차 산업이라는 말이 등장한 지 오래고, '스마트 팜'이나 '강소농' 등의 개념은 농업이 타 산업과 융합을 시도하는 징후들이면서 농업의 본래 영역이 무너지는 현실을 반영하는 것이다. 농촌 인심이 예전과 다르고 농촌 문화, 특히 소비문화가 도시의 축소판이 되어 있는 것은 우연한 일이 아니다.

대형 농기계와 대형화된 농업 시설은 인간 노동력을 대체한 지 오래다. 농촌과 농장은 인간을 '걷어 내고' 고농축 화학농자재와 기계 시스템이 장악했다. 최근에는 드론이 농촌 들녘의 하늘도 장악했다.

'전혀 새로운 문명'의 시작이라는 것은 이런 세상을 말하는 건 아니다. 로봇이 인간을 대체하고 지능마저 인간을 능가하는 시대를 말하고자 하는 게 아니라, 그 이면을 보고 농업, 특히 소농을 말하고자 하는 것이다. 소농이 열어 가는 새로운 문명 말이다.

소농 반대는 대농일까?

그냥 열심히 하라는 대로 농사를 지었는데 어느 날 범법자가 되었고 신용불량자가 되어 파산을 했다.

수천만 원짜리 농기계가 창고에 들어찼고 연소득도 억대를 넘었다. 네덜란드에서 쇠파이프까지 수입하여 현지의 고급 기술자를 불러 첨단 유리온실을 수십억을 들여 만들었다.

겨울에도 딸기와 토마토가 대량으로 생산되었고, 외국인 노동자를 고용했다. 과수를 하다가 묘목 장사도 하고, 소를 키우느라 부모 밥상은 못 차려 드려도 하루 두 번씩 소 사료 주는 시간은 엄수했다. 농한기도 없이 일했고, 비가 오나 눈이 오나 적정 온도를 유지한 농장에서 일할 수밖에 없었다. 유리온실 짓는 데 돈이 많이 들어간 것이 아까워서 겨울에도 시설을 놀릴 수 없었고, 난방 연료비가 아까워서도 일을 했다.

자신이 '외국인근로자의 고용 등에 관한 법률'을 위반했다는 것을 안 것은 농장에서 일을 하던 캄보디아 사람이 불법 체류자라는 것을 안 것과 같은 때다. 이런저런 사정 따질 겨를도 없이 일손 모자라는 하우스에 소개받은 외국인을 투입(!)했을 뿐이다.

소를 키워 농기계 대출금을 갚고 사과 농사를 지어 유리온실을 만들었는데, 소 값 폭락으로 논과 밭이 경매에 넘어가 버렸다. 소 값이 폭락하던 때에 사과 농사도 망쳤다. 신용불량자가 되는 것이 한순간이었다. 이런 사례가 종종 있다.

크게 욕심 부리지 않고 소박하게 살고 경쟁하지 않으면서 자연을 즐기며 살겠노라고 귀농을 했다가, 문득 자신이 '농업경영인'이 되어 있음을 발견하는 것은 낯선 일이 아니다. 자본에 포획된 농촌과 농업은 적극적으로 저항하지 않고 꾸준히 자신을 되돌아보지 않으면 물결에 떠밀리는 조각배처럼 한 사람의 농부를 그냥 그 자리에 놔두지 않는다. 아니, 저항해야 하는지도 모를 때가 많다. 저항의 대상이 안 보이기도 한다. 소농이 혁명이라는 역설은 여기서 시작된다. 꿈속에서라도 벗어나기를 염원하던 소농 신세. 그 소농이 혁명이 되는 시대가 온 것이다.

소농의 반대는 대농이 아니다. 농촌의 누구도 스스로를 대농이라고 부르는 사람이 없다. 세계화된 관점으로 본다면 한국 땅에는 대농이 존재할 수 없다. 나는 경영농이 소농의 반대 개념이라고 본다. 상품 생산을 목적으로 하는 경영농과 달리 소농은 필요한 농사를 짓는다. 자신이 시장에 예속되지 않게 필요재를 만드는 농부다. 먹을 거리든 입을 거리든 배울 거리든, 살 집이든 몸 돌보는 일이든…. 이 같은 자립농·자급농이 소농의 첫 번째 개념이다. '혁명'이 아니고서는 불가능에 가까운 삶의 설정이다.

농업의 사회적 역할 실현

상품경제 사회에서 소생산자를 소농과 비교할 수 있을 것이다. 소규모의 생산수단을 가지고 소규모 가내 경영을 하는 생산자는 시설 규모나 자본 규모도 작고 생산물도 대량 규격품이 아니다. 소농이 그렇다. 농작물이 규격화되지 않고 동질성도 없으나 상품으로 생산되는 게 아니므로 문제 될 게 없다.

대신, 농부와 이를 사 먹는 이용자가 긴밀히 소통하기 때문에 지리적 심리적 거리감이 없다. 상품 이외의 다른 수단을 통해 친밀성을 유지하여 농산물은 고유의 가치를 인정받는다. 이것이 소농의 두 번째 개념이다. 이를 달리 표현하자면, 공동체적 삶이 소농의 전제가 되는 것이다. 세계 식품 체제에서 자발적으로 이탈한 단위가 소농적 삶이다.

세 번째 개념은 농사의 사회환경적 의미를 소농에 적용하는 것이다. 농부이자 문명비평가인 웬델 베리는 '시장에 내다 팔 작물을 생산하는 것만이 아니라, 작물을 생산하는 동안에 해당 장소의 건강과 쓸모를 책임감 있게 지키는 것'까지도 농부의 역할이라 했다.

이와 유사한 선언이 1958년에 설립된 로마협정이 제안한 공동농업정책(CAP, Common Agricultural Policy)에 담겨 있다. 시에이피는 농산물의 최소 가격 보장과 함께 안전하고 적절한 가격의 농산물 공급을 중요하게 내세웠다. 농업의 문화유산 보호를 제창하면서 비중 있게 '환경에 기여하는 방향으로의 농지 운영'을 꼽았다. 스마트 팜이나 시설재배는 농업의 다원적 가치 실현은 고사하고 도리어 환경 부담을 가중시킨다. 현대 농업의 반환경적 행태를 보면 이 선언이 선견지명이 있었다고 해야 할까.

농사의 사회적 기능에서 에너지 인간, 에너지 인권, 에너지 농사 등 에너지 문제를 빼 놓을 수 없다. 농사 에너지 규모가 생활 에너지 규모를 넘어선 지 오래다. 소농은 저에너지 농사, 무동력 농사, 탈석유농사다. 지구온난화를 촉진하는 축산도 소농은 배척한다. 육식과 건강과 환경을 연결 지어 자신의 밥상을 성찰하는 농부가 소농이다.

다시 정리하자면, 소농의 첫째는 생산양식의 문제이고, 둘째는 나

제2부 농부, 더불어 살다
191

눔의 방식이며, 셋째는 사회적 기능에 대한 얘기다.

위기 문명의 피양처이자 위기의 자신으로부터의 탈출

어느 탁월한 의료인은 '성인병'을 일컬어 '생활습관병'이라 불렀다. 어른들의 전유물인 듯했던 비만과 고혈압과 고지혈증이 초등학생에게도 나타나는 것을 보고 용어를 바로잡은 것이다. 현대인은 모두 문명병을 앓고 있다. 각종 스트레스성 정신질환 말이다. 그것은 삶이 자연과 멀어진 거리에 비례한다고 생각한다. 우리는 어쩌면 자연과 작별하고 침몰하는 물질문명이라는 난파선 위에서 잔치판을 벌이며 취해 있다고나 할까.

자연에 가깝다는 것은 우리 인간이 그만큼 신성성을 간직하고 있는 것이라고 봐도 되겠다. 그러므로 자연에 다가가 자연 속에서 자연의 일부로 산다는 것은 그만큼 신성성을 회복하는 것이라고 봐도 되겠다. 소농이 그렇다. 자신을 속이지 않고 자연과 이웃을 착취하지 않는 삶이다. 위기의 자신에서 탈출하여 진정한 자기를 만들어 가는 도정이다.

자연현상을 변덕스런 혼란으로 생각한 인간은 자연을 하나하나 차단해 나가면서 인간의 완벽한 통제 아래 두고자 했고 이를 농사에 적용한 것이 각종 첨단 농법들이다. 이러한 첨단 농법은 자연현상을 더 교란시켜서 기후변화를 가속시켰는데, 이것은 소통이 아니라 불통의 확대 악순환이다.

커즈와일은 그의 저서 『특이점이 온다』(2005)를 통해 2045년이면 인공지능이 모든 인간의 지능을 합친 것보다 강력해질 것이라고 했다. 인공지능이 만들어 낸 연구 결과를 인간이 이해하지 못하게 되어 인간이 인공지능을 통제할 수 없는 지점이 올 수도 있는데, 그 지점이 바로 특이점이라 했다. 1,000달러짜리 컴퓨터가 오늘날 인류의 모든 지혜를 합친 것보다 10억 배 더 강력해질 것이라고 예견했다.

경영자로 등극(?)했던 시골 농부가 파산을 해도 꿈쩍도 않고 잘 사는 사람들이 있다. 관련 농업 분야에 일하는 공무원들이다. 시설농업 업자들이다. 정부에서 월급을 주고 시설비 지원을 하기 때문에 그들은 농민이 파산해도 끄떡없이 산다. 이들을 부러워할 일이 아니다. 지속 가능하지 않기 때문이다. 온전한 삶이 아니기 때문이다.

우리의 농업은 두 갈래의 길로 나뉘어 갈 것으로 보인다. 과학기술의 발전을 한 갈래로 한다면, 다른 갈래는 생태 가치와 자연순환적 삶을 지향해 가는 것이다. 후자인 소농적 삶이야말로 위기 문명의 피양처가 될 것이다. 그렇게 진행되는 흐름은 주류를 형성하진 못하겠지만 공동체 마을 구조를 가지면서 신농업 문명사회를 열어 갈 것으로 보인다.

〈귀농통문〉 2017년 여름호

동학으로 새로 짜는 모심의 삶

마음의 거처

어떠한 종교적 교의가 되었건 그것은 삶을 통하여 구체화된다. 기독교에서 하나님도 독생자 예수를 통하여 세상 구원의 가교를 놓았고 십자가에 못 박힘으로 구원을 완성한다.

어떤 신념 체계가 삶으로 구체화되는 과정에서 풍향을 좌우하는 가장 큰 가늠자는 마음이다. 마음을 어떻게 먹느냐에 따라 세상이 달라진다. 마음먹기에 따라 존재의 실상이 달라지는 것인데 이때 마음이라 하는 실체에 대해서는 이해가 사뭇 다양하다.

그때그때의 느낌이나 감정의 굴곡을 마음이라고도 한다. 대응되는 상대의 태도나 상태에 따라 이 마음이 좌우되고 때로는 옛 기억에 종속되기도 한다. "마음이 상했다."고 할 때가 이럴 때다. 이때의 마음은 상하기도 하고 위축되기도 하며 고양되기도 한다. 같은 상황이라 해도 마음은 딴판이 되기도 한다.

마음이 상할 때는 대개 기대치에서 벗어난 결과가 나왔을 때인데 기대치를 상회하는 결과라고 해서 안심할 수는 없다. 마음이 부리는 변덕이 요란하기 때문이다. 과자 다섯 개를 갖고 싶었지만 다른 동무들이 다 일곱 개나 열 개씩을 갖는 걸 보면 다섯 개를 거머쥐고도 마음이 상한다. 기분(氣分)이라고 할 수 있다. 기(氣)가 상화에 따라 여러 갈래로 나누어[分]지는 것이다. 마음이 아프다고 할 때도 기분이 여러 갈래로 나뉘다 보니 안정성을 잃은 상태가 된다.

예로부터 전해져 오는 말이 있다. "생각대로 살지 않으면 사는 대로 생각하게 된다."는 말이다. 마음먹은 대로 살지 않으면 사는 대로 마음이 쏠린다는 말이다. 현실은 마음이 생각을 이끌기도 하고 생각이 마음을 이끌기도 하지만 마음을 생각과 동일시하는 태도다.

'마음을 잘 써 보라.'거나 '마음을 가다듬는다.'는 것이 다 생각을 두고 하는 말이다. 생각과 마음은 동일체로서 머물기도 하고 나뉘기도 한다. 생각이 많아지면 마음도 산란된다. 때로는 다양한 생각이 마음을 추스르게 하기도 한다.

성정

한 인격체를 평가할 때 마음이 좋니 나쁘니 하기도 하는데 '기분'에 따라 변화하지만 더 지속력 있는 상태를 말하는 것으로 인간성을 가리키는 말과 같이 쓰이기도 한다. '마음이 나쁜 사람'은 순간의 환경 조건에 따라 평가하는 것이 아니라 사람과 이해관계를 맺는 태도나 자세를 두고 일컫는 말이다. 눈앞의 사회적 비참보다 자신의 안일만을 추구한다든가, 사익을 위해 타자의 고통을 가볍게 여기는 사람들이 이런 말을 듣게 된다.

'인간성이 못돼먹었다.'고 할 때 '마음이 나쁜 사람'이라고 한다. 성정은 잘 바뀌지 않는다. 한평생을 갖고 가기도 한다.

효제온공(孝悌溫恭), 그리고 시부모(侍父母)

수심에서 효도하라는 것이 그 방법의 첫째였다. 화악산수도원을 나와서 건성건성 읽게 된 경전의 모든 구절들이 나를 향해 있었다. 닦을 수(修)만 수 자인 줄 알고 있었는데 지킬 수(守)가 등장하여 깜짝 놀랐다. 정말 의외였다. 닦고 자시고 할 것 없이 이미 한울을 모셨으니 잘 지키라는 이 말은 가히 혁명적인 선언이었다.

그런데 수심정기의 구체적인 방법의 첫째가 효도라니 내 어찌 놀랍고 반갑지 않았겠는가. 이때부터 모심[侍]도 새로운 눈으로 보게 되었다. 김용휘 선생의 『우리 학문으로서의 동학』에서 모심의 세 줄기는 내유신령, 외유기화, 각지불이(內有神靈, 外有氣化, 各知不移)임을 보았다. 모신다는 것이 제대로 보였다.

박맹수 선생이 설립·운영하던 〈모심과 살림연구소〉의 '모심'과 '살림'에 새삼 눈이 갔다. 생명평화운동에 참여하면서 도법 스님과 사단법인 생명평화결사 홍보위원장을 맡고 있을 때였는데 '생명'에 비해서 '살림'이 적극적인 실천 의지를 담지하고 있음을 보게 되었다. '평화'보다 '모심'이 평화의 구체적 실현 방도임을 자각한 것과 마찬가지였다. 나는 이때부터 생명운동은 살림운동으로, 평화운동은 모심운동으로 도약해야 한다고 역설했다. 그동안의 민중운동이 자유를 넘어 평등으로, 민족과 민주를 넘어 생명과 평화에 도달했다면, 이제는 살림과 모심의 운동이 후천개벽의 열쇳말이 되고 있음을 본능적으로 알게 되었다.

모신다는 말이 그동안에는 상대를 불편 없이 잘 보살피는 것으로 통용되었다. 나를 희생하거나 억누르는 것은 감내해야 하는 것이고 때로는 주종 관계를 연상시키는 것이었다. "이분 잘 모셔라."고 할 때 절대 대등한 관계가 될 수 없다. 모심을 받는 사람과 모시는 사람이 분리된다. 한쪽은 수모도 감내해야 하고 다른 한쪽은 패악을 저지르기도 한다. 21자 주문을 한 자 한 자 풀이하신 수운대신사님은 모시는 것이야말로 내유신령, 외유기화, 일세지인 각지불이라고 했다. 모심의 혁명적 풀이라고 여겼다.

'내가 네가 되는 것'이 모시는 것이다. 대상도 주체도 없다. 본래 하나였음을 완성하는 것, 이것이 모시는 것이다. 분리되어 있었음을 깨닫고 혼연히 하나가 되는 것, 하나 되었음을 함부로 흩트리지 않는 것이 진정 제대로 된 모시는 삶이다.

저절로 나온다. 효도가 무엇인지가 저절로 나온다. 우리는 부처님의 『부모은중경』이나 공자의 『효경』에서 말하는 효도와는 전혀 다른 말을 천도교에서 듣게 된다. '부모님을 양쪽 어깨에 한 분씩 짊어지고 어깨뼈가 드러나도록 수미산을 수백 번씩 수천 번을 오르내리면서 유람을 시켜 드려도 갚지 못하는 부모님의 은혜'가 더 이상 아닌 것이다. 그냥 내 안에 모시는 것이다. 부모님을 온전히 내 속에 모셔서 내가 곧 부모의 마음, 부모의 못 쓰는 수족, 어눌한 말투 이 모든 것을 내 것으로 하는 것이 부모를 모시는 것이 된다.

얼마나 놀라운 일인가. 후천개벽은 이렇게 온다. 산이 무너지고 하늘이 내려앉은 것이 후천개벽이 아니다. 이미 시작된 후천개벽은 우리 삶을 뒤흔들고 있다. 귀먹고 눈멀어 몰랐을 뿐이다.

아뢰다: 심고(心告)

모든 성현들은 말한다. 듣기만 해서는 안 된다. 말하기만 해서는 안 된다. 글만 읽어서도 안 된다. 행하라. 모든 성현들은 행하라고 한다. 그러나 그게 만만치가 않다. 행하라는 말이 기억될 뿐 행하지 않는 자신을 발견하고 낙담한다. 이게 현실이다. 수운대신사는 닦으라고 했다. 묵묵히 닦는 사람은 얼핏 보기에 헛된 것 같지만 속이 차 있다고 했다. 반대의 경우도 말했다. 닦지 않고 듣기만 하는 사람은 뭔가 있는 듯 보이지만 헛되다고 했다.

그렇다면? 어떻게 해야 닦게 될까? 야수와도 같은 자본주의의 끝자락에서 돈벌이에 나선 영성 자(字)를 붙인 많은 수련 프로그램들에는 화려한 방편들이 즐비하다. 구구셈 외듯 하는 수련 방편들도 등장한다. 도식화된 상품들이다. 그렇게 통속화된 방편들이 내 삶 속에서 새롭게 재구성될 때 비로소 '닦음'이 시작된다 하겠다.

"오데 가노?"

어머니의 이 한마디. "오데 가노?"라는 한마디에 내 헛심고(心告)가 그 앙상한 실체를 드러냈다.

이후로 어머니 시야를 벗어날 때는 늘 알려 드렸다. 청수봉전을 하면서는 그토록 잘하는 심고를 곁에 계신 가족에게는 못한다면 말이 안 된다. 더구나 몸을 제대로 쓰지 못하고 아들이 안 보이면 당장 밥상에 숟가락 하나 놓아 줄 사람 없는 어머니인지라 아들이 어디 가면 걱정이다. 걱정 정도가 아니라 생존에 대한 공포일 수가 있다. 이런 사람에게 심고하지 않으면 안 된다.

심고는 시일이나 기도 때 하는 의례가 아니다. 내가 한울님을 늘 선포하는 행위다. 나를 당당하게 만천하에 한 점 부끄럼 없이 드러내는 행위다. 입속말로 하기보다는 소리 내어 하는 것이 좋다.

"어머니. 논에 물 보러 갈게요."

심고는 또 다른 커다란 혁명적 뜻을 지닌다.

내 삶을 내 의지로 이끈다는 것이다. 틈입하는 이물질에 휘둘리는 것이 아니라 내 뜻대로 산다는 것이다. 삶의 주체가 되는 지름길이 바로 심고다. "부엌에 가서 군불 땔게요."라고 한 나는 내가 선언한 대로 아궁이에 군불을 땐다. 그 순간 나는 내 삶의 온전한 주인이다. 내가 하기로 마음먹은 대로 산 것이다.

'지금 여기'에는 건성이고 마음은 허랑한 방황을 계속하는 경우가 얼마나 많은가. 심고 과정을 거치면서 자신의 뜻은 더욱 가지런해진다. 생각은 이물질이 제거되어 정갈하다. 내 심고에 관련되는 다른 존재들이 평화롭다. 나를 잘 보이게 드러내는 것이 심고이므로 나를 보는 사람들은 의심이 없다. 불안이 없다. 평화가 바로 이것이다.

"언제 올끼고?"

꼬박꼬박 심고를 잘하게 된 나에게 때가 되어 어머니는 심고를 더욱 심화시키는 과제를 주셨다. 서당에 갔다 오겠다고 하자 내게 물으신 것이다.

"그라믄 언제쯤나 올끼고?"

그렇구나. 가기만 하고 오는 시간은 고무줄이었구나. 기다리는 어머니 마음이 걱정과 염려, 불안으로 채워지는 것이 내 고무줄 시간 때문이었구나.

이때부터 나는 거의 육하원칙에 맞춰 심고를 하기 시작했다.

"논에 물 보러 갈 낀데요. 호박이 열렸는지 한번 보고 논두렁 풀도 길었으면 좀 베고요. 열두 시쯤에 돌아올게요."

심고는 최대한 자세히 하는 것이 좋다. 새로운 시도를 하는 경우에는 더욱 그렇다. 아주 구체적으로 심고를 하면 빈틈없이 알찬 삶을 살게 된다. 억지로 구체화할 필요는 없을 것이다. 불투명하거나 분명하지 않으면 실제 그대로 심고하면 된다.

"… 열두 시쯤 올라가는데요 자시 모르겠어요. 가 봐야 알것어요."

"그럼 그럼. 가 봐야 알지. 농사꾼이 들에 나가믄 한 가지 일만 하게 되나. 발에 걸리적거리는 게 다 일거린데."

내 심고가 실속 있는 발전을 거듭할수록 어머니의 가르침이 선연해졌다. 천도교 어떤 선배도 그런 가르침을 준 적이 없었다. 심고가 왜 오관에 안 들어갔는지 유감스러울 정도였다. 주문, 청수, 시일, 성미, 기도에 심고도 넣어서 육관으로 하면 안 될까? 기도와 심고는 다르기 때문이다.

주워 담지 못하는 것이 말이다. 괜히 육하원칙까지 찾아 가며 심고했다가 감당할 수 없게 되면 어떡할 거냐고 걱정할 필요는 없다. 무리한 심고는 저절로 안 하게 된다. 무위이화(無爲而化)가 된다.

말부터 했다가 나중에 못하게 되면 어떡할 거냐는 걱정은 할 필요가 없다. 미리 말했다가 저지당하면 어쩔 거냐고 할 필요도 없다. 어머니에게 심고를 하면 어머니는 귀를 잡수셔서 잘 알아듣지 못하시는데도 뭐든 "오냐 오냐." 하신다.

어딜 가든 너를 믿는다는 신호다. 네가 나를 버리고 떠나는 것이 아님을 믿는다는 표시다. 네 일이 아무리 많고 바빠도 나를 돌보러 곧 돌아올 거라는 믿음을 어머니는 그냥 "오냐 오냐."로 표현하시는 것이다. 단 한 번도 안 된다고 하면서 저지한 적이 없다. 정 걱정스런 일이면 "조심해라."는 말로 허락을 대신하신다.

구두를 닦고 새 옷을 갈아입은 스무 살 딸이 "오늘 남자친구 만나서 시외로 데이트 가는데요, 저녁은 밖에서 먹을 것 같고요, 어쩌면 오늘 밤 못 들어올지도 몰라요."라고 심고를 했다고 하자.

대뜸 "안 돼!"라고 할 부모는 없다. 심고는 자신뿐 아니라 상대까지 시천주 하는 과정이기에 그렇다.

"왜? 안 들어오면 어디서 자는데?" 하고 묻게 된다.

그러면 딸의 대답은 저녁 늦게 학교 언니 생일파티에 남자친구랑 같이 가는데 거기서 자게 될 것 같다는 대답을 할 것이고 부모는 그 말을 듣고 안도하게 된다. 이런 원리다. 심고의 신비스런 원리다.

큰절하기: 향아배례(向我拜禮)

몇 시간 이상 걸리는 외출 때는 어머니께 늘 큰절을 드리게 되었다. 심고에 약간의 격식을 갖추게 된 것인데 "찌랄하고로 만날 봄시로 절은 무신 절이고?" 하시지만 어머니는 기분이 좋다. 절을 받을 때는 늘 일어나 앉으신다. 누운 사람에게 절을 하는 것은 죽은 사람 외에는 하지 않는 법이다(이것도 어머니에게서 배워 알게 되었다.).

사실은 나를 향해 절을 하는 것이다. 어머니한울님 잘 모시라고. 어머니한울님 모시느라 지치거나 다치지 말라고 나를 격려하는 절이다. 나아가서 네가 한울이라고 나한테 일러 주는 절이다.

어느 지혜로운 사람이 일러 주었다. "절을 드린다."는 "저를 드린다."가 어원이라고 했다. 그렇다면 한울님 모시는 예도로서 절이 그만이지 않은가.

우리 집에 오는 외부 손님들에게도 절을 하시라고 했더니 다들 잘하신다. 첨보는 낯선 손님일망정 두 손 모아 절을 하는 담에야 어머니도 옷매무새를 가지런히 하고 손을 짚고 같이 고개를 숙이는 식의 맞절을 하시게 된다. 풀어헤치고 너저분하게 지내기 쉬운 치매 노인 생활에 청량제가 된다.

언젠가 김지하 선생은 강의에서 향아설위(向我設位)를 한울인 나 자신을 향해 제상을 차리는 것이라면서 위패가 있는 벽 쪽에 둔 밥그릇을 절하는 내 쪽으로 옮겨 놓는 것이라고 하셨다. 이것은 향아설위에 대한 오독이다.

향아설위는 제상은 늘 하던 대로 차리되 모든 조상의 이어짐이 내게로 와 맺혀 있음을 알고 조상에게 제를 지내는 것이 곧 나 자신에게 제상을 차린다는 것임을 동일시하라는 가르침이다.

제자가 해월 신사께 물었다. 제상을 차리다가 음식이 떨어져 주워 먹어 버렸다면 제상을 다시 차려야 하느냐고.

해월 신사께서는 그러지 않아도 된다고 했다. 조상이 곧 나라고 하신 것이다. 향아설위를 설명하는 과정에서 나온 말이다.

내가 하는 향아배례도 같은 이치다. 어머니에게 절을 하는 것이 아니라 사실은 나인 어머니, 어머니인 나에게 절을 하는 것이다. 절을 해서 얻는 이득은 더 있다. 어머니가 절값이라고 지갑을 여는 때가 있다. 손님들이나 내가 채워 드린 지갑이지만 자식에게 용돈 건네는 노인네나 용돈 얻게 되는 쉰 넘은 아들이나 즐겁기는 마찬가지다.

활짝 웃기

본래 본성을 지키고 기운을 가지런히 하는 것은 공손하고 따뜻한 마음으로 주변을 공경하며 섬기는 것이라고 했다. 이렇게 하는 것은 시천주 하기 위해서이다. 천도교 도인들의 모든 신앙 행위는 시천주를 위함이라고 할 수 있다.

해월 신사께서는 중요한 지적을 했다. 늘 기쁘고 즐거워야 된다고 했다. "마음이 기쁘고 즐겁지 않다면 하늘인들 감응할쏘냐[心不喜樂 天不感應]. 마음이 기쁘고 즐거우면 하늘이 감응한다[心常喜樂 天常感應]."고 했다.

공손한 태도도, 온화한 미소도 다 내가 즐겁고 기뻐야 한다. 진심에서 우러나와서 상대와 공감을 이뤄야 가능한 일이다. 속으로는 괴롭지만 겉으로만 꾸며 짓는 웃음과 친절은 하늘이 감응하지 않는다.

어머니가 짜증을 내도, 한탄을 해도 나는 활짝 웃는다. 그렇다고 해서 상대의 감정을 소홀히 한다는 느낌을 줘서는 안 된다. 상대의 기분을 충분히 이해하고 위로하면서도 활짝 웃을 수 있다.

"성을 안 내는 기 고마워. 늘 웃는 얼굴이 보기 좋아."

어머니가 손님들이나 친지 가족들에게 나를 칭찬하시는 말이다.

"여자도 들에서 일하고 어둑해서 집이락꼬 와서는 정지에 들어갈락카믄 썽이 나는 법인데 우리 아들은 썽낼 줄을 몰라."

"늘 웃는 게 기특해서 내가 죽어서도 너를 도와줄끼다. 뭣이라도 너를 거들라줄끼다."

돈 안 드는 내 웃음 하나로 나 자신도 어두운 기운에 빠져들지 않아 좋고, 어머니도 나쁜 기분이 더 깊어지지 않고 훌쩍 빠져나와서 좋다. 칭찬까지 들으니 좋고, 누군가를 원망하고 미워하는 것보다 칭찬하는 것이 칭찬을 받는 사람도 그렇거니와 칭찬을 하는 사람도 더 큰 공덕을 쌓는 게 된다. 우리 어머니 공덕 쌓게 해 드리니 겹으로 좋은 일이다.

웃음은 슬며시 웃을 때와 활짝 웃을 때가 다르다. 상대방이 언짢아할 때는 슬며시 웃으면 안 된다. 온통 활짝 웃으면서 분위기를 확실하게 압도하는 기운을 발산하는 것이 좋다.

주로 옛날 고된 기억이나 꿈속에서 기분을 상해 오신 어머니도 내지속성 있는 웃음 앞에서 아침 이슬처럼 슬금슬금 상한 기분을 교체하신다. 짜증과 분노는 돌이켜보면 모두 어처구니없는 어리석음의 발로다. 웃음은 이것을 발견하게 해 준다.

여쭙다

아는 길도 물어 가라는 옛 속담을 단지 매사에 신중하라는 격언으로만 새기지 않는 게 좋다. 아는 길도 묻다 보면 이웃과 사귀게 된다. 아는 것을 물어 주는 사람이 있으면 참 고마운 일이다. 상대로 하여금 나에게 고마운 마음을 갖게 하는 신비한 사교법이 '아는 것도 묻는 것'이다. 돌다리도 두드리고 건넌다는 말도 같은 취지다.

아뢴다는 차원의 '심고'를 한 차원 높이는 것이 질문형 어법이다. 여쭙는 것이다. 아는 것도 물어보면 내 지식이 견고해진다.

긴가민가 싶은 것이 있다고 하자. 주변 두세 사람에게 물어보면 정확한 해답이 나온다. 누구에게 드러내고 물을 수 없는 개인적인 사항이라고 하자. 그래도 물어보라. 누구에게? 한울님에게 물어보라. 마음속으로 내 한울님에게 진지하게 물어보라. 두세 번을 넘기지 않고 해답이 나온다. 한울님도 답이 없을 때가 있다. 가만히 귀기울이고 "답이 없다."는 대답을 잘 들어야 한다.

답은 있어야만 한다고 고집 부려서는 안 된다. 여쭙는 사람은 답 없음에 당황할 일이 아니다.

어머니에게 늘 여쭙는다. 마늘 까는 것도 여쭙고 청국장 띄우는 것도 여쭙는다. 콩을 삶을 때 얼마나 물에 불려야 하는지도 묻는다. 귀찮을 정도로 묻는다. 어머니는 신이 나신다. 그것도 모르냐며 나를 타박까지 해 가며 신바람이 나신다. 가만히 누워 지내기 쉬운 치매 할머니가 그러다 보면 손수 일거리를 삼아 집안일도 하게 된다. 마늘도 찧고 가죽자반도 만든다. 수제비도 만들고 떡국도 끓인다.

단정적인 선언식 발언보다 묻는 말투가 좋다. 사람 사이를 잘 맺어 주는 화법이다. 지시하듯 말하지 않고 의견을 듣는 식으로 말하는 것이다. 온화하다는 것이 이런 것을 두고 하는 말일 것이다. 부드러운 미소가 말에 스민다면 묻는 말이 될 것이다.

여러 공동체가 있지만 같이 나눠 일하고 같이 나눠 먹는 밥상 공동체가 가장 든든한 공동체다. 밥상을 같이하지 않는 이념의 공동체, 사상의 공동체는 허공에 매단 풍선이다.

여쭙는 것은 밥상 공동체로 접근하는 입구가 된다.

"예."

어머니가 하시는 말씀에 뭐든 "예." 한다.

어머니의 요구는 기상천외(?)한 경우가 많다. 한여름에 두릅 꺾으러 가자고도 하시고 한밤중에 보따리 싸 가지고 집을 나서기도 한다. 이럴 때는 '가볍게 여기기'를 하지만 기본적으로 "예." 한다.

'가볍게 여기기'는 어머니의 엉뚱한 요구를 심각하게 받아들여 사태를 악화시키지 않는다는 것이고, "예." 한다는 것은 어머니의 요구 속에는 뭔가 내가 알지 못할 뿐 깊은 사연과 의미가 담겨 있다는 것을 인정하는 것이다.

이것은 20여 년 전 야마시기 공동체에서 수련을 할 때 충격 속에서 배운 삶의 이치기도 하다. 주제가 "예, 하고 합니다."라는 것이었다. 최근에 '예스맨'이라는 책도 나오고 영화까지 나온 것으로 안다. 무비판적인 줏대 없는 인간형으로서의 '예스맨'이 아니라 뭐든 긍정적으로 보고 정성을 기울인다는 취지다.

어머니한울님 말씀에 나는 무조건 "예." 하고, 어머니는 길어야 30분이 되지 않아서 요구를 접으신다. 무조건 휠체어에 앉혀서 가자는 대로 가다 보면 당신께서 스스로 상황을 읽고 선회하시는 것이다.

사물여천(事物如天)

쌀뜨물을 따로 담아 국 끓일 때 넣거나 미생물 발효액을 넣어 미생물제제를 만들어 쓴다. 계곡물을 끌어 내려서 만든 동네 간이상수도라 물값을 안 내지만 설거지통에 물을 받아 사용한다. 수도꼭지를 틀어 놓고 설거지하는 법이 없다.

음식물 남은 찌꺼기는 닭장으로 가고 다시 거름이 되어 밭으로 간다. 드럼통을 잘라 만든 소각장에는 비닐 한 조각이 안 들어가게 한다. 어머니 잘 드시는 두유 빨대마저 따로 모아 분리수거를 한다.

돈 주고 산 쓰레기봉투에 쓰레기를 넣어 마을 종점에 요일에 맞춰 갖다 두면 동네 할머니들이 슬그머니 일러 준다. 삶의 지혜를 일러 준다. 안 볼 때 태워 버리라고 왜 비싼 돈 주고 쓰레기봉투를 사냐고.

어머니가 쓰시는 밥주발은 찬장에 따로 둔다. 아무리 설거지가 많아 쌓을 데가 없어도 어머니 밥주발 위에는 절대 아무것도 얹지 않는다. 어머니 수저도 따로 둔다. 섞이지 않게 하고 밥을 풀 때나 국을 뜰 때도 먼저 살짝 담아 그릇을 따뜻하게 데운 다음에 음식을 담는다. 물론 가장 먼저 담는다.

어머니 소중하다고 다른 것을 소홀히 하면 다른 것들이 어찌 어머니를 소중히 여기겠는가. 사인여천(事人如天)에서 사물여천(事物如天)으로 나가야 하겠다. 그래야 진정한 사인여천이 이뤄질 것이다. 모든 사람 대하기를 한울님 대하듯 하라고 했는데 사람보다 수가 훨씬 많은 사물들이 사람 대하기를 한울님처럼 안 하고 물건 다루듯 해 버리면 말짱 도루묵 아닌가. 그렇다면 만물의 영장이라는 사람들이 먼저 세상 모든 사물 대하기를 한울님 대하듯 하는 것이 순서 아니겠는가.

마음의 행로

산길은 포클레인이 낸다. 마음길이 있다면 그 길을 내는 힘은 수련에 있다. 수련. 근원 자리에 가 닿게 하는 길이다. 근원 자리에 가 닿게 하는 마음길은 사람마다 제각기 다를 것이다. 그것은 수련에 이르는 과정과 수련의 체험이 사람마다 제각기 다른 것과 같은 이치다. 그러나 이르는 곳은 하나다. 한울을 모시는 것이다. 천도교 교리를 잘 알고 그렇게 살아감으로 해서 한울님을 모시게 된다. 흔히 있을 수 있는 일이다. 이럴 수도 있겠다. 잘 살아 보니 그것이 한울님 모시는 일이었고 그것이 천도교 교리였을 수도 있다. 이렇듯 마음길이 나 있는 경우는 여럿이다. 오직 수심정기 하고 시천주 할 따름이다.

〈천도교 종학대학원 특강〉 2009년

제3부

농부,
세상 속으로 가다

촛불광장에 서서

　꼬박꼬박 촛불집회에 참석했다. 주말마다 열리는 촛불집회를 서울에서 두 번 참석했고 지방에서 세 번 참석했다. 단체 소속으로도 참석했고 몇몇 지인들끼리도 참석했다. 내가 느끼는 몇 가지는 언론에서 주요하게 보도하는 것들과 좀 다른 것 같다.

　첫째는 광장에서 광대무변한 연대감을 느끼게 되고 단일 유기체로서 움직인다는 것이다. 광장에 서면 모든 사람들이 형제 같고 친구 같다. 끈끈한 연대감이라 할 수 있다. 나를 열게 되고 열린 내가 열린 타자와 하나가 된다. 구호가 같아서가 아니다. 광장의 기본 속성이 아닐까 싶다. 광장은 민주주의의 본원적 형태다.

　거대한 촛불의 파도타기. 차례대로 함성 지르기. 자유발언대. 모두가 모두에게 친절하고 상냥하며 겸손하다. 경기장이나 대회장에 가도 그렇지 않던가. 광장의 문화, 광장의 정치, 광장 의식이 새삼 소중해 보인다.

　둘째는 비폭력에 대한 이해이다. 촛불집회에 100만 명이나 모였는데도 비폭력 평화 집회였다고 언론은 주요하게 보도한다. 연행자가 0명이었다고도 하면서 그것을 크게 들춘다. 이런 보도를 보면 알게 모르게 전에 있었던 폭력 시위가 마치 시위대의 잘못인 양 치부하는 꼴이 된다.

지난주에는 230만 명이나 모였는데도 역시 유리창 하나 깨지지 않았고 경찰과 주먹다짐 한 번 없었다. 왜 매번 평화시위가 되고 있을까. 이유는 오직 하나다. 경찰의 시위 방해가 없었기 때문이다.

지금껏 일어난 모든 집회 시위 현장에서의 물리적 충돌은 시민의 당연한 권리를 경찰이 위력적으로 위협하고 자극한 데 있다고 해야 옳다. 백남기 농부님을 끝내 죽게 한 작년 11월의 광화문 시위의 불상사는 불법적인 경찰 차벽이 시위대를 가두어 둔 데서 벌어졌다.

지금은 경찰이 막아서고자 하지만 가처분신청을 받은 법원이 번번이 청와대 인근까지 행진을 허용하니 충돌이 없는 것이다. 다른 말로 하자면 지금껏 합법적 공간을 경찰이 가로막았던 것이다. 그동안에 있었던 폭력적 충돌은 시위대와 경찰 간에 벌어졌다. 경찰이 집회와 시위를 방해하지 않는 이상 시위대가 공격하려야 대상이 없는 꼴이니 충돌이 일어날 일이 없는 것이다.

사실 알게 모르게 우리는 집회와 시위를 뭔가 불만 있는 사람들이 대항하고 저항하는 것으로 이해하는 경향이 있다. 틀린 말은 아니나 그런 인식 속에는 정권에 도전하고 불만이 많은 사람으로 치부하는 생각이 깔려 있다. '데모꾼'이라는 말 속에 부정적 인식이 담겨 있지 않은가. 집회와 시위는 투표를 하거나 선거에 나갈 수 있는 것처럼 지극히 자연스러운 권리 행사일 뿐이다.

셋째는 대중이 박근혜의 퇴진뿐 아니라 더 큰 민주주의를 바라고 있다는 점이다. 나는 현장에서 새로운 주장이나 눈에 띄는 현수막이 있으면 꼼꼼히 챙겨 왔다. 거리에서 머리띠를 두르고 뭔가 부르짖는다는 것은 비록 그것이 소수일지라도 상당한 수준으로 적체된 사회적 과제라고 봐야 한다는 입장이다. 웬만해서는 스스로 해결하려고 하지 거리로 안 나가기 때문이다. 물론 예외적으로 관변단체의 시위처럼 동원된 관제 데모는 제외하고 말이다.

내가 집회 시위 현장에 서서 듣고 보고 느낄 수 있었던 것은 우리 사회에서 소외되고 억압받는 사람들의 진면목이다. 이런 외침을 종합하면 아주 큰 민주주의가 요구된다는 사실을 확인한다. 얼마나 광범위하게 민주주의가 훼손되고 있는지를 알게 된다는 말이다.

예술인들 · 복지원 생활자들 · 농부 · 학생 · 노인 · 청소년 · 비정규직들 · 하청업체 노동자들 · 언론인들 · 교사들 · 기술자들 · 공무원 등 계층과 지역을 가리지 않고 고통을 호소하는 것은, 사회 이면에 민주화되지 못한 사회 · 경제 · 기회 · 복지 등이 있다는 것을 말하는 것이다. 좀 더 나눠서 얘기를 해 보자.

우리나라 대의정치는 국민 의사를 제대로 반영하지 못하는 시스템으로 되어 있다. 이런 현상의 이면에는 현재의 선거제도나 정당법, 정치자금법 등이 국민들을 제대로 대변하지 못하는 구조가 깔려 있다. 완전 비례대표제와 국민소환제, 국민발안을 강화하거나 민관 협치를 더욱 원활히 하는 것 등이 필요하다. 직장의 노사평의회제 또는 노동조합 권한 강화 등도 필요하다. 그래야 재벌 비리, 정경유착, 각종 비자금과 최순실 국정농단 같은 게 사라진다.

또한 사회적 특권이 사라지고 검경 등 사정 기관의 정의로운 운용이 요구된다. 최순실의 딸 정유라의 부정 입학과 부정 학점 등 부의 대물림이나 경제적 불균등을 해소할 특단의 대책이 나와야 한다.

소득상한제를 두거나 불로소득에 대해 강화된 과세제도, 최저임금 상향 조정과 나아가 국민기본소득제의 추진, 농업과 농촌에 대한 정책의 전환 등이 포함되어야 한다.

넷째는 권력에 대한 비판과 견제, 권력의 분산과 해체가 필요하다는 것이다. 사실, 대한민국 정부가 수립되고 나서 모든 대통령들이 불행해졌다. 당장, 박근혜가 불행한 대통령이 되어 있다. 그런 모습을 보고 대권 주자 중에 대권 의지를 접는 사람이 단 한 사람도 없다는 것은 참 기이한 현상이라고 봐야 한다. 권력의 속성이 국정농단이나 4대강의 대형 환경재앙과 대형 개발 비리의 근거지라는 사실을 간과하고 있기 때문이다.

권력은 스스로가 망가질 때까지 자신을 강화해 가려는 속성이 있

거대한 촛불의 파도타기. 차례대로 함성 지르기. 자유발언대. 모두가 모두에게 친절하고 상냥
하며 겸손하다. 경기장이나 대회장에 가도 그렇지 않던가. 광장의 문화, 광장의 정치, 광장 의
식이 새삼 소중해 보인다.

다. 모든 한국의 대통령이 자신과 가족의 일원이 불행해진 것은 바
로 그 때문이다. 박근혜의 아버지 박정희가 비참한 종말을 맞은 것
은 그만큼 절대화된 권력이 절대 부패한다는 반증이다. 국가나 권력
은 기본 성격상 폭력적이고 일방적이라 많은 사람들의 피눈물을 요
구한다. 그래서 각종 통제와 비판이 무제한 허용되어야 한다. 촛불
은 권력의 교체나 권력 행사 시스템의 변화만 고려할 게 아니라 권력
의 분산, 권력의 해체에 관심을 가져야 할 것이다.

다섯째는 고난의 역사 끝에 오는 빛이라는 것이다. 문득 생각해 봤다. 이런 촛불광장이 어떻게 불쑥 다가왔을까? 100만 명, 230만 명이 모이는 광장 말이다. 견고하게 보이던, 그래서 막말 수준의 박근혜 발언들에 야당도 기를 못 펴고 애꿎은 당사자 국민들이 거리에서 소위 개고생하는 것이 영원할 듯했는데 말이다.

흔히 10월 24일 제이티비시(jtbc)의 특종 보도, 최순실 태블릿피시 폭로 때문이라고 말한다. 9월 20일부터 시작된 한겨레의 최순실 시리즈 보도 때문이라고도 하고, 티브이조선의 특종 때문이라고도 한다. 그러면 다시 묻게 된다. 그런 비리 특종 보도가 공개될 수 있는 원동력은 무엇이었을까? 시비 논란이 있을 수 없다. 우선은 박근혜 정부의 썩은 국정이고, 그다음은 수십 년 피 흘리며 거리에서 싸워온 정의로운 사람들의 희생이다.

지금도 실형 5년을 선고받고 감옥 안에 있는 한상균 민주노총 위원장이 있다. 죄목이 뭔지 아는가? 교통 방해, 집시법 위반, 공무 집행 방해, 공용 문건 손상 등이다. 집회 시위를 하면 누구나 걸려들 수 있는 그런 죄목들이다. 코에 걸면 코걸이 귀에 걸면 귀걸이다. 그 당시 경찰 차벽만 없었으면 전혀 발생하지 않았을 죄목이다. 아니, 죄목이랄 것도 없다. 이렇게 따지면 집회나 시위 자체가 불가능하다. 이렇게 따지면 누구 말마따나 박근혜는 500년 아니라 5,000년을 감옥살이해도 모자랄 판이다.

사후에도 사과 한마디, 책임자 징계 하나 없이 죽어 간 백남기 농부도 있다. 317일을 고 백남기 사건의 진상 규명을 위해 서울대병원 앞 대학로 길거리에서 거리 잠을 잔 텐트촌이 떠오른다.

혹시 유심히 보셨는가? 서울시청 광장과 대한문 앞과 광화문 근처 옥상을 말이다. 옥탑 농성자가 없다. 쌍용자동차 굴뚝 농성을 필두로 수백 일, 또는 천 여일을 옥상과 굴뚝에서 부르짖던 절규들이 촛불이 켜지고 뭔가 언로가 만들어지고 하니까 일상으로 돌아와서 일상 속에서 자기 주장을 평화적으로 제기하고 있지 않은가. 이들의 희생과 용기 있는 외침이 오늘의 촛불광장 일등공신이라 하겠다.

여섯째는 인간 의식 차원의 성숙이 필요하다는 점이다. 촛불집회가 지금은 정권을 향해 지적하고 규탄하고 요구하고 훈육하는 식이지만 이를 넘어서는 과제를 봐야 한다. 지금은 박근혜 퇴진만 요구하면 너나없이 과오가 면탈되는 식이다. 박근혜와 최순실의 어이없는 전횡과 나눠먹기와 부정 비리를 보고 나무라다 보면 은연중에 자기 자신은 완벽해서 심판자의 위치에 있는 것 같은 착각에 빠질 수 있다. 자신을 돌아볼 기회를 차단당한다.

국회의 최순실 청문회 때 불려 나온 재벌 총수들 앞에서 쫄아든 국회의원들이 보이지 않던가? 재벌들 손바닥 위에서 움직이는 정치인들이 재벌들을 조질 수가 있을까?

일반 시민들도 마찬가지다. 우리 속의 최순실, 우리 속의 특권 의식과 연줄 의식을 시퍼렇게 눈 부릅뜨고 제거해 나가지 않으면, 우리

스스로도 부지불식간에 우리 자신의 권력과 특권을 강화해 갈 수 있다. 특권과 권력을 비판하면서 말이다.

지연, 학연, 혈연 등 각종 연줄과 끼리끼리 문화가 누구에게나 있으면서 또 다른 최순실 사태를 배태하고 있을 수 있다. 정치경제 시스템은 물론 사회문화적 차원의 전환이 요구되는 이유다. 사람이 바뀌어야 한다.

이 점에서 바로 '광장에 선 종교'의 역할이 필요해 보인다. 천도교도 촛불광장에 서고 있다. 아직은 개별 단체 차원이고 연대단체의 일원으로 서고 있다. 한걸음 더 나아가 '촛불 승리 100일 수련회' 또는 '나라의 민주주의와 특권 해소를 위한 100일 수련회' 등을 집단적으로 해도 좋겠다. 천도교 종학대학원에서 이럴 때 '찾아가는 시천주 강좌'의 주제를 '촛불이 한울이다'라든가 '신 폐정개혁 12조 선언' 같은 것으로 하면 어떨까 싶다.

『신인간』 2016년 11월

동학농민군과 세월호 참사

지난 1일(2014.9) 저녁에 보신각 앞에서 승려와 목사와 신부와 교무(원불교)가 모였다. 성직자라는 제도가 없는 동학의 후에 천도교에서는 '한울연대'의 평신도들이 참여했다. 세월호 진상 규명을 위한 5대 종단 연합기도회 자리였다.

수많은 시민들의 절규와 비통이 서울시청과 광화문을 군중들로 메우기 시작한 지 4달 반이 지난 때다. 그동안 자식 잃은 부모들이 십자가를 메고 전국을 걸었고, 청와대로 3보1배를 했고, 단식도 했다.

120년 전, 갑오년 3월의 동학농민군 전면 봉기는 마른하늘의 날벼락 같은 게 아니었다. 전해인 1893년 11월에 전봉준은 동학교도 40명과 함께 고부 군수에게 악랄한 수탈을 중단할 것을 요구하다 옥에 갇혔고, 12월에는 60여 명을 대동하고 전주 감영을 찾아가 탄원을 하다 쫓겨났다.

그래서 다음해인 1894년 1월 10일, 군민 수천 명을 이끌고 고부 군아를 점령하여 양곡을 풀고 만석보를 허물었으며, 말목장터로 가서는 투쟁 지휘소인 '장두청(將頭廳)'을 세웠다. 이마저도 그 전의 누적된 하소연과 울분이 터져 나온 것이다.

1892년부터 공주에서, 삼례에서, 보은에서, 원평에서, 광화문에서 같은 얘기를 수도 없이 반복했다. 수운 최제우의 억울한 죽음의 한을 풀어 달라, 백성을 수탈하지 말라, 왜놈과 양놈을 물리치라고.

세월호 참사의 희생자들을 나는 5년 전 엄동설한의 2009년 1월 20일 용산 재개발 망루에 올랐다가 불에 타 죽은 영령들과 다른 사람으로 보지 않는다. 쌍용자동차 파업이 무자비하게 진압되고 목숨을 끊은 해고자 24명과 다른 사람들로 보지 않는다. 그래서다. 지금 광화문에 모인 사람들, 청와대 앞에서 노숙 중인 유족들은 120년 전 삼례에서 공주에서 보은과 광화문에서 상소를 올린 사람들과 역사적으로 동일인이라고 생각한다.

그 옛날 무능한 고종은 어윤중을 양호도호사로 임명하여 보은취회 중인 동학교도들에게 해산하라는 말만 되풀이했다. 일본군을 불러들여 제 나라 백성을 30만이나 학살했다. 박근혜 대통령은 두 달 전 자신의 말을 뒤집고 특별법은 여야가 알아서 하라고 한다.

유족들이 청와대를 찾아가는 날 박근혜 대통령은 찾아온 민심을 등지고 청와대를 나와 어물전에 가서 민심을 기웃거렸다. 동학교도들을 정탐하던 조선 관리들은 수시로 장계를 올렸다. 동학군을 학살하고는 전승비를 세웠다. 세월호 유가족은 미행당하고 조롱당하고 내쫓기고 있다. 단식농성 중이던 유민이 아빠 김영오 씨의 주치의까지도 사찰당했다.

용산 참사의 응어리와 밀양 송전탑의 폭력, 제주 강정마을의 참변과 국정원의 대선 부정, 간첩 조작 사건은 해원의 기회를 갖지 못한채 세월호 사건에 떠밀려 가고 있다. 대한민국의 현대사는 단 한 번도 제대로 된 해원과 신원의 기회를 갖지 못했다.

사건이 벌어진 때(2009)로부터 5년이라는 세월이 지난 올해(2014) 2월 8일에 서울 고등법원 민사2부 재판부는 쌍용자동차의 정리해고가 불법이며 3,000여 명의 노동자 해고 조치는 무효라는 판결을 내렸다. 쌍용노동자들이 24명이나 스스로 목숨을 끊은 뒤였다.

어떤 이는 말한다. 이 정도면 민란이라도 일어나야 하는 것 아니냐고. 조정(정권)의 조작과 폭압과 무능과 사대 굴종과 기만이 이 정도면 민란이 일어나야 마땅하다고. 그러나 나는 달리 생각한다. 민란은 이미 일어났고, 민란 중이라고 단언한다.

동학농민혁명이 일어난 것은 1894년이 아니고 1892년이라고 보기 때문이다. 요즘은 대나무 구하기가 어렵고 들고 다니기가 여의치 않아서 죽창이 없을 뿐이지, 대신 스마트폰과 동영상과 시사만화 웹툰으로 봉기했다고. 과거를 논하기는 쉽다. '오늘'을 바로 보기는 어렵다. 예나 지금이나 마찬가지다.

〈불교신문〉 2014년 9월

잠들지 못하는 영혼

방금 들어온 소식이 약간의 안도감을 준다. 재청구된 경찰-검찰의 고 백남기 농부 부검 영장을 법원에서 다시 퇴짜를 놓아서다. 경찰의 직사 물대포를 맞고 317일간 혼수상태에 있다 끝내 숨을 거둔 고 백남기 농부의 영안실에서는 추모의 시간을 가질 수 없었다. 사망 원인 제공자인 경찰이 공격적으로 대응하여 긴장과 불안의 시간이 며칠째 계속되고 있다.

오늘, 9월 27일(2016) 새벽 5시경에 경찰 병력이 시신을 탈취해 갈 것이라는 긴급 공지가 있었다. 새벽 1시경에 경찰에서 부검 영장을 법원에 재청구했다는 연락이 왔고, 판사도 재청구된 영장 신청을 반려하기는 어려울 것이라는 분석 때문이었다.

몇 번째 반복되는 긴급 공지인지 모른다.

운명하기 전날인 25일에도 경찰 병력 3천여 명이 병원을 에워쌌다. 강제 부검을 위한 시신 탈취를 위해서라는 게 중론이었다. 서울 대병원의 중환자실과 장례식장을 잇는 길을 무장 경찰들이 봉쇄했을 뿐 아니라 사복 경찰들은 중환자실을 비롯하여 병원 곳곳을 감시했다.

26일 일요일 오후 1시 58분, 백남기 농부가 운명하자 경찰은 병원의 모든 출입구를 봉쇄했다. 응급실 밖 복도에 있다가 서울대병원 입구 인도에 설치된 백남기 대책위 농성 텐트에 와 있던 나는 소식을 듣고 병원으로 다시 들어가려 했으니 한발 늦었다. 경찰은 한 사람씩 검문을 했다. 어떤 경찰도 경찰관직무집행법 3조에 의거해서 자신의 신분과 검문의 이유를 설명하지 않았다. 거친 항의 끝에 들을 수 있었던 대답은 '불법행위 예방' 차원이라는 말이었다. 일제 강점기 때나 있던 독립운동가 잡는 '예비검속법' 같은 얘기다. 어떤 불법행위가 예상되기에 예방하는 것이냐고 물었으나 답을 하지 못했다.

영문을 모르는 사람들이 경찰 방패 앞에서 항의하는 우리를 이상하게 생각하는 것 같아서 백남기 농부님이 방금 운명하셨다는 팻말을 만들어 경찰 대열 앞에서 들었다. 출입을 제지당한 사람들이 한 사람 두 사람 모여들면서 분위기가 격앙되기 시작했다.

아이를 안고 병원을 찾은 젊은 부부가 있었다. 뒷좌석에 앉은 눈물범벅인 엄마는 자동차가 경찰 앞에서 움직이지 못하자 몸을 반쯤 자동차 밖으로 기울여서 애가 죽어 간다면서 신발을 벗어 던졌다. 그 신발은 내가 든 피켓에 맞았다. 어떤 젊은 남자는 병원을 급히 나오면서 경찰 대열에 막혀 시간이 지체되자 마구잡이로 욕을 해대기 시작했

정부 때문에 결국 사망했음을 떠올려 본다. 사과도 병문안도 조문도 없다는 사실과 함께.

고, 항의 농성자와 시비가 붙었다. 흥분한 남자는 주먹을 휘둘렀고 대상은 경찰과 시민을 가리지 않았다. 가족과 친지가 생사의 갈림길에 놓인 사람들일 것이다. 오랜 병고에 시달렸건 불의의 사고를 당했건 한 인간의 삶이 위기에 처하면 주변 사람들의 애간장이 녹는다. 그것이 317일 동안이었다는 사실을 떠올려 본다. 정부 때문에 결국 사망했음을 떠올려 본다. 사과도 병문안도 조문도 없다는 사실과 함께.

고소 고발을 했으나 10개월째 기초 조사도 안 하다가 뒤늦게 사망 원인을 알아야겠다고 시신을 부검하려 드는 모습이라니.

장례식장에서 본 인상 깊은 팻말 하나가 떠오른다. '물은 마시라고 있는 것이지 사람 쏴 죽이는 도구가 아닙니다.' 어떤 사람은 장례식장 앞 문화제에서 발언했다. "시민이 잘못을 했다면 벌금을 때리든지 잡아 가두든지 하면 되지 그 자리에서 쏴 죽이냐?"라고.

법원의 판사가 부검영장을 반려한 것은 유가족들이 낸 '부검은 원치도 않고 필요하지도 않다'는 탄원서와 야당 의원들이 부검 영장 재청구를 항의하려고 경찰청을 방문한 영향도 받았을 것이다.

그러나 판사가 이런 첨예한 시국에서 소신껏 사망진단서와 10개월간의 진료 기록만으로도 사망 원인을 알 수 있다는 여론을 받아들여 부검 영장을 보완-반려한 것은 큰 용기라고 여겨진다. 가진 게 많고 자리가 높을수록 잃을 게 많기에 양심껏 결정하기가 어렵기 때문이다. 서울대병원에서 사망진단서에 사망의 선행 원인을 물대포 피격에 의한 '급성 경막하출혈'이라고 하면서도, 사고에 의한 죽음인 '외인사'라고 하지 않고 '병사'라고 한 것과 비교하면 더더욱.

내일은 어떤 아침이 우리 앞에 열릴지…. 슬프고 억울하다.

〈경남도민일보〉 2016년 9월

영덕의 핵전 막기

치명적 파괴력을 가진 핵발전소

지난주에 경상북도 영덕에 다녀왔다. 우리나라는 서울 등 대도시를 중심으로 교통망이 만들어져 있어서 동서를 가로질러 가는 길은 참 어렵다. 이곳 장수에서 게걸음 걷듯이 옆으로 옆으로 가다가 동해안에서 위로 치고 올라가는 영덕행 길은 시간이 많이 걸렸다.

이번에 몹시 바쁜 농사철임에도 녹색당 소속 농부 세 사람이 영덕에 간 것은 '핵전'을 막기 위해서였다. 우리나라는 핵발전소를 원자력병원을 연상시키는 '원전'이라고 하고, 일본에서는 '원발'이라고 한다. 그런데 이름이 안 어울린다는 생각을 한다. 그 치명적 파괴력과 불행의 영구성을 감안하면 아무리 생각해도 적당한 이름은 '핵전' 뿐이라 여겨져서, 이번에 영덕에 가면서는 아예 팻말에다 '핵전'이라고 썼다. 우리가 탈원이라 않고 탈핵이라는 말에 익숙하듯이 핵전이라는 말이 익숙해지도록 자주 쓸 일이다.

우리나라에서 핵전의 반경 30킬로미터 안에 사는 사람 수는 400만 명이 넘는다. 안전불감증이란 말은 여기에 써야 한다. 후쿠시마 같은 사태가 생기면 대피할 수가 없다. 갈 곳도 없지만 그 많은 사람들이 한꺼번에 빠져나오는 것이 불가능하다. 빠져나왔다 해도 돌아갈 곳이 없는 이들이 머무를 곳은 없다. 운동장이나 하천부지의 난민촌 천막뿐일 것이다.

강원도 삼척에서는 주민투표를 통해서 일찍이 핵전을 포기했다. 핵전 적지로 지정되었던 해남과 고흥은 훨씬 이전에 포기했다. 이유는 명확하다. 당국의 사탕발림과 달리 경제 유발효과도 없고 주민 갈등만 키운다는 것을 영광, 월성 등 다른 핵전 지역 방문 조사를 통해 확인했기 때문이다. 그런데 영덕은 군청에서 추진을 포기하지 않고 있다. 쌀부대를 주민들에게 나눠주는 등 한수원(한국수력원자력주식회사)의 집요한 공작도 계속된다.

영덕에 가서 인상적인 장면을 봤다. 밀양에서 오신 할머니들이 행진 대열에 팻말을 들고 함께 계셨다. 이분들한테 녹색당이나 환경운동연합 활동가들보다 더 큰 인상을 받은 것은, 이분들 덕분에 전기가 송전탑을 거쳐서 가정에 들어온다는 사실을 새삼스레 알았기 때문이다. 밀양 송전탑 항쟁이 있기 전에는 방에 있는 콘센트에 플러그를 꽂기만 하면 전기는 언제든지 쓸 수 있는 것으로 알았다. 밀양 할머니들 덕분에 전기가 산을 까뭉개고 논밭을 망가뜨리며 농부들의 머리 위에 전자파를 뿌려 대면서 온다는 것을 알게 된 것이다. 제비들이 나란히 앉아 있는 낭만어린 전깃줄만 떠올리다가, 그것이 동경 어린 추억에 불과함을 알았다.

더 이상 재앙 심지 않는 탈핵으로

며칠 전에 기획재정부는 신고리 3호기 핵전의 운영 허가를 내줬다. 핵전 지역뿐 아니라 밀양 할머니들께 안기는 핵폭탄이다. 밀양 할머니들이 영덕에 오신 것은 전라도에서 국토를 횡단하며 영덕에 간 것과 다를 바가 없다고 여겨진다. 핵전 문제는 너와 나, 경상도와 전라도가 따로 존재할 수 없다.

내가 사는 장수도 영광 핵전에서 오는 전기를 쓴다. 남원을 거쳐 오는데 남원 지역 송전탑 주민들의 거센 반발을 누르고 전기가 오고 있다. 그래서 나는 멀리 영덕까지 갔던 것이다.

우리나라의 핵전은 핵 밀집도가 워낙 높아서 영남과 호남을 가리지 않으며 동아시아 전체의 재앙이 될 수 있다. 3년 전에는 일본 후쿠시마의 핵전 난민 수용 문제로 일본에서 이곳 장수군에 와서 집단 이주 협상을 진행한 적이 있다. 동아시아의 재앙이라는 말이 헛말이 아님을 알 수 있다. 찬반 투표일은 11월 11일(2015)이다. 70% 이상의 영덕 주민이 핵전에 반대한다는 사전 조사 발표가 나오고 있지만 관계 기관의 방해를 무릅쓰고 주민들이 투표장까지 오느냐가 관건이라고 한다. 투표인 명부도 선관위로부터 받을 수가 없어서 일일이 집집마다 방문을 하여 작성하고 있다고 한다. 영덕 주민 투표의 성공은 핵지뢰를 이 땅에 더 묻지 않겠다고 선언하는 것이다.

이렇게 치러진 영덕군의 주민투표는 기적 같은 유치반대표 수치를 보였다. 자그마치 60.3% 투표율에 91.7%가 원전유치 반대였다. 11일 오전 6시부터 오후 8시, 12일 오전 6시부터 오후 8시까지 치러진 자발적인 주민투표의 온갖 방해공작을 감안하면 그 결과는 놀라운 것이었다. 유치찬성은 고작 7.7%였고 무효표는 0.6%뿐이었다.

애초 주민 399명의 동의와 군의회의 동의로만 추진된 유치신청에 비해, 이번에 확인된 11,209명의 주민들의 의사(그중 91.7퍼센트가 유치 반대)는 모든 것을 음모적으로 추진하던 그들의 코를 납작하게 만들었다. 주민투표 추진 과정에 처음에 눈치를 보던 군 의회 의장과 모든 의원들도 이번 주민투표를 지지했던 것은 민의가 워낙 강했기 때문으로 보인다.

2016년 11월 11일 오전 11시부터 주민들과 함께 한 전국의 연대자 200여 명은 영덕군청 앞마당에서 주민투표 승리 1주년 기념행사와 장터마당을 열었다. 주민투표 당시의 기록물들을 전시하고, 이후 핵발전소 유치 백지화를 위한 지속적인 활동을 해 나가기로 했다.

주민들은 며칠 전인 11월 7일에 있었던 영덕군수의 핵발전소 추

영덕군 주민투표 홍보 활동 중. 녹색당 농업위원회에서 천도교 한울연대를 현장에서 만나 기념사진 촬영.

진 관련 업무 전면 중단 발표 때문에 매우 분위기가 고무되어 있었다. 주민들은 이 자리에서 업무중단에서 나아가 원천적인 철회를 선언할 것을 요구했다.

행사에는 이강석 영덕군의회 의원과 황재철 경북도의원도 참석해 주민들을 격려하고 지난 날 잘못된 선택에 대한 사죄의 인사도 빼놓지 않았다고 한다.

영덕핵발전소 유치에 대한 주민들의 반대에 가장 큰 영향을 준 것은 일본 후쿠시마 핵발전소 사고였다. 영덕군수가 유치신청서를 제출한 지 석 달이 되기도 전에 일본에서 대형 지진에 이어 사상 최대 규모의 핵발전소 사고가 발생했다. 핵발전소의 안전신화를 깬 이 사고는 영덕주민들에게 핵발전소의 위험성을 일깨워 주었다.

삼척 주민투표에도 영향을 받았다. 정부가 일방적으로 밀어붙이는 국책사업을 국민이 어떻게 반대할 수 있는지를 보여주는 또 한 번의 학습의 장이었다. 영덕주민들이 용기를 내어 주민투표장으로 나올 수 있었던 계기이다. 경주에서 일어난 진도 5.8의 지진도 무시 못할 영향을 끼쳤다.

〈경남도민일보〉 2015년 11월

'진보'의 신개념

정세에 대한 자료를 읽다가 진보를 생각해 보게 됩니다. 원론적인
이야기는 식상하니까 생략하고 이렇게 물어봅니다.

- 담배 피우는 사람은 진보적인가?

- 고기 먹는 사람은?

- 매를 드는 선생님은?

진보와 보수를 이런 질문으로 가를 수는 없겠지요? 이런 질문은
어떨까요?

- 어른 앞에서 고등학생이 담배를 피면 나무라는가?

- 양심적 병역거부를 지지하는가?

- 친일인명사전과 친북좌경인명사전 발간을 둘 다 반대하는가?

- 조선일보 창간기념일에 초대 받으면 참석하겠는가?

- 낙태는 살생이기에 무조건 반대하는가?

- 낙태는 생명존중의 측면에서 봐야 하지만, 여성의 자기 결정권

이 우선이라고 생각하는가?

  - 북미정상회담 성격은 '북핵문제회담'이 아니라 '북미화해회담'이라고 생각하는가?

  이 질문들은 답변하기가 좀 애매해지나요?

  우리는 보통 진보라고 말할 때 사회 의제 중심으로 생각합니다. 저는 좀 다르게 생각합니다. 그렇게 접근하는 것은 매우 구시대적이라고 여기기 때문입니다. 서민복지, 토지공개념, 무상급식, 페미니즘, 기본소득제, 장애인이동권, 동성애인권 등등은 기본이구요, 한발 더 나아가야 한다고 보는 것이지요.

  지난달 어떤 모임에서 이런 얘기를 하게 되었는데 논란이 된 내용입니다. 나름 진보적인 인사들의 모임이었는데도 그랬습니다.

  - 어떤 경우에도 사람을 의심하지 않고 믿는 것(그를 따라 하지 않는 것은 그를 의심해서가 아니라 내가 준비되지 않아서이다).

  - 남에게 이것 바꿔라, 저것 하지 말라 하면서 그 사람(그 집단)을 교정하려고 언성 높이지 않는 것.

  - 청하지 않으면 남에게 조언하지 않는 것. 자식에게도.

  - 이 세상 최고의 자유는 '자기가 아는 것으로부터의 자유. 자기 생각으로부터의 자유'임을 아는 것.

  - 이 세상 최고의 평등 의식은 소유와 기회의 평등 의식이 아니라

모두가 이미 똑같음을 아는 것.

- 최고의 혁명가는 문제를 파고드는 데 열정을 쏟지 않고 자기 마음을 자기가 바라는 쪽으로 쓰는 사람.

- 자신의 깨우침이 사회화되도록 회향 정신으로 즐겁게 행동하는 것.

- 늘 긍정의 말을 하는 것. 밝고 맑은 마음을 전파하는 것.

- 늘 자신을 돌아보고 반성하며 칭찬에 우쭐대지 않고 비판을 고마워하는 것.

- 진보 정당은 권력 그 자체를 두려워하고 멀리할 줄 알아야 진정한 진보 정당.

- 가장 진보적인 정치투쟁은 권력의 장악이 아니라 해체. 권력을 잡더라도 이런 정신을 갖고 일하기.

이 말들이 종교 교의처럼 들릴 수 있겠습니다. 단지 이상적인 규범으로 여겨지기도 할 것입니다. 지금은 종교적으로나 정치적으로나 영성적으로 일상에서 진보가 통합되어 가도록 해야 하는 때가 아닐까요?

그렇게 되어야 하는 때라고 생각합니다. 김종철 선생님, 이범 선생님, 홍세화 선생님, 진중권 선생님, 박원순 선생님, 도법 스님 등 시대의 큰 스승들의 말씀에 2% 부족함을 느끼는 것은 이런 것 때문입니다.

저는 스스로 해답이 되지 못하는 많은 진보 활동가들을 봅니다. 진보 인사, 진보적 지식인들을 봅니다. 그들의 머리에 든 대답은 대개 옳아 보입니다만, 그들의 말과 글은 나무랄 데 없이 옳습니다만, 그들이 해답을 가지고 있는 것으로는 보입니다만, 그들 자신이 해답은 아니라는 느낌을 갖습니다.

우리 자신이 진보 그 자체여야 할 것입니다. 나 자신이 풍기는 풍모와 스타일과 말투와 눈빛과 마음이 따스하고 부드러우며 누구와도 다투지 않고 감동으로 상대를 설득하는 그런 사람이 진보 사람이라고 생각합니다.

아주 오래전, 평택 대추리에서 저는 여러 생명평화운동가들과 그렇게 해 봤습니다. 때리면 맞고 밀면 밀리고 붙잡아 가면 끌려가고…. 어떤 순간에도 내 안의 평화가 교란되지 않도록…. 그것이 진정한 한반도 평화의 기초라고.

〈부모를 모시는 사람들〉 2010년 7월

꿈같은 상상

시험만 보면 버려지는 수험생의 입시 책

포항 지진으로 수능 날짜가 1주일 미뤄졌다는 소식을 듣고 나는 의외의 부분에서 놀랐다. 근처에 핵발(원전보다는 핵발이 적합한 명칭으로 보인다. 일본은 원발이라고 한다)이 즐비한 포항에서 지진이 난 것도 놀라웠지만 그 못지않게 놀란 것이 또 있다. 수능을 하루 앞두고 초읽기를 하던 수험생들이 시험공부하던 책들을 이미 다 쓰레기통에 버렸는데 새로 생긴 1주일이라는 기간에 뭐로 공부를 하느냐고 불만이라는 소식이었다. 시험을 보려고 하는 공부, 지혜를 구하고 삶을 풍요롭게 하기 위한 공부가 아니라 오로지 남보다 점수를 더 따기 위한 공부, 그래서 시험만 보면 보기도 전에 버려지는 책. 새삼스럽지도 않지만 정말 놀라웠다.

문득 존 레논의 '이매진' 노래 가사가 떠올랐다. 대학이 없다면 얼마나 좋을까. 존 레넌은 천국과 국가와 종교가 없으면 지옥도 없고 전쟁도 없고 굶주림도 없지 않겠냐고 노래했지만, 우리나라에 대학이 없으면 청소년들이 얼마나 행복할까. 명작 소설도 읽고 운동도 하고 연애도 오지게 하고 여행도 다니면서 젊은 날의 기개를 맘껏 펼치지 않을까. 지금의 대학이 없어진다면 난리라도 나는 줄 아는 사람들은 거품을 물고 반대할 것이다. 그러면 대학은 놔 두자. 대신, 이런 상상을 해 보자.

최저임금을 지금보다 두세 배 올린다. 고등학교 졸업자가 직업학교 2년 정도 다니고 현장 경력 2년 쌓으면 대졸 초임과 같은 월급을 준다. 이후 승진에서도 불리하지 않고. 최저임금제뿐 아니라 최고임금제(소득상한제)를 정해서 대기업 회장도 월급이 최저임금의 20배를 넘지 않게 해서 초과 금액은 80% 정도 세금으로 걷는다. 돈을 더 벌고 싶으면 최저임금을 올리게 한다. 그 대신 업무수행비나 연구개발비는 공식적으로 얼마든지 지급한다(2015년에 최저임금보다 무려 2,717배나 많은 소득자가 있었다. 미국에서는 1920년대에 상한을 넘는 소득의 77%를 세금으로 걷었다). 이 정도만 되어도 입시지옥과 시험만 보기 위한 공부는 사라질 것이다. 배우고 익히는 즐거움이 뭔지 제대로 맛보게 될 것이다. 세계 최고인 청소년 자살률은 뚝 떨어질 것이고 평균 출산율은 올라갈 것이다. 학원과 야간자율학습 교실에서 해방된 청소년들이 세상의 활력을 북돋울 것이다.

그래도 공부에 소질이 있어 더 배우고자 하는 사람들은 원 없이 공부를 하도록 나라에서 전폭 지원하면 된다. 어떤가. 이런 상상이 재미있지 않은가. 내친김에 상상의 나래를 더 펴 보자. 영어가 없다면 또 어떨까? 시민 단체나 전문가들이 'GMO 반대'라 쓰지 않고 '유전자조작식품 반대'라 쓰겠지. 농민 단체가 '한미 FTA반대'라는 머리띠 대신 '한미 자유무역협정 반대'라는 머리띠를 두르겠지. 그러면 한글도 잘 모르는 나이 든 농협 조합원들도 뭐 하자는 건지 금방 알겠지. 혼자 두리번거리며 얼굴 붉힐 일도 없고.

　포항에서 '필로티 건물' 때문에 지진 피해가 컸다고 하는데 기자들이 '다릿발 건물' 때문이라고 기사를 쓴다면 나도 '누리그물(인터넷)'을 검색하지 않고도 무슨 말인지 알았을 것이다. 게다가 전기가 없다면 또 어떨까? 전기 없는 세상이라면 밤일도 없고 해가 지면 다들 쉴 것이다. 조류독감으로 닭이나 오리의 대량 살육도 없을 게 분명하다. 농한기 없이 한겨울에까지 일하는 농부도 없겠지.

　수능을 절대평가로 바꾸고 일제고사를 없애고, 논술 제도를 또 바꾸고 하는 대책들도 사실은 교육문제를 푸는 근본이 되지 못한다. 학력 차별이 사라지고 기본소득제만 시행되어도 다 해결된다. 멋진 상상이다. 존 레논은 이보다 더한 상상을 했다. 모든 인류가 형제처럼 세상의 것들을 서로 나누어 가지는 세상을 상상했다. 하나둘 모이면 쉬운 일이라고 했다. 모든 현실은 상상에서 출발한다.

〈경남도민일보〉 2017년 11월

재생에너지는 영원한가?

인간에게 필요한 에너지는 열과 빛과 운동력이다. 그것의 개발과 발전이 현대 물질문명의 밑바탕을 이룬다. 그 원천은 태양이다. 모든 에너지는 현재의 햇빛이거나 과거의 햇빛일 뿐이다. 과거 햇빛의 대표적인 것이 석유이며, 이것은 유한할 뿐만 아니라 막대한 반대급부인 이산화탄소와 화학합성물을 배출하여 인류의 삶을 위협한다. 핵도 결국은 과거의 햇빛이다. 유한하고 치명적이기는 매한가지다.

그래서 재생에너지를 주목한다. 그러나 '재생'이라는 말에는 커다란 함정이 있는 것으로 보인다. 아무리 퍼 마셔도 마르지 않는 〈마농의 샘〉(마르지 않는 우물이 나오는 영화)이 아니다. 바람길을 가로막아 만드는 풍력발전기가 무한정 세워질 수 없고, 조수 간만의 차를 이용하는 조력발전소 건설 역시 한계가 있다.

조수 간만의 차가 큰 조력발전소 적지는 갯벌이 잘 발달된 곳이라 해양생태계를 파괴하지 않고서는 발전소를 지을 수 없다. 그래서 가로림만에 들어서는 대규모 조력발전소는 벌써부터 서산 지역을 분쟁 지역으로 만들고 있다.

그렇다면 지열은 어떤가? 땅의 열기를 무한정 뽑아 쓸 수 없다. 땅이 식는다는 것은 또 다른 재앙의 시작이다. 태양만이 남는다. 오늘의 햇빛을 아무리 받아 써도 내일은 내일의 태양이 떠오른다고 보기 때문이다. 그러나 태양마저 무한성의 신화를 벗어 던지고 있다. 지구전자기력의 약화와 지구온난화로 태양이 방사능 덩어리를 그대로 지구에 쏘아 보낸다고 염려들이다.

독일에 갔을 때 에너지 혁명 시나리오 강의를 듣고 질문을 했다. 재생에너지의 함정, 그리고 지속 가능한 문명이라는 말의 허구성에 대해서 그의 대답은 한마디로 만병통치약은 없다는 것이었다. '직방'으로 약효를 발휘하는 기적의 해법도 물론 없었다.

길은 두 가지로 보인다

그린피스 활동가의 대답처럼 일단 탈핵을 위한 시나리오를 짜는 데 주력해 보는 것이 급선무다.

그러나 그것은 임시처방이다. 좀 더 근본적인 해법은 물질문명에 대한 큰 자각을 이루어 공동체운동에 기반한 영성운동으로 가는 것이다. 이것이 탈핵운동의 진정한 목표가 되어야 한다. 핵전(원전이 아니라 핵전 혹은 핵발이다)을 다 없앤다고 지구 문명이 해법을 찾는 건 아니다. 지구 3차원 문명과는 차원을 달리하는 새로운 차원의 길을 모색하는 영적 성숙을 지향하는 일을 빠뜨려서는 안 될 것이다.

황우석의 줄기세포 연구가 그렇듯 핵전 역시 판도라의 상자로 이해하는 사람들이 있다. 할 수 있는 것과 해서는 안 될 것을 구별할 수 있어야 한다는 논리다. 제우스 신이 만든 모든 악과 질병들이 들어 있는 이 상자는 아름다운 여인 '판도라'가 열었다. 사악한 괴물이 연 것이 아니다. 모든 재앙은 환상적인 꿈과 부푼 욕망들 속에 있는지도 모른다. 무모한 욕망을 없애야 할 것이다.

<경남도민일보> 2012년 3월

자제된 힘

　시민의회, 시민권력이라는 말이 자주 쓰이면서 이 용어에 대해 촛불 현장에서 친구와 얘기를 나누게 되었다. 문제가 된 단어는 '권력'이었다. 권력이 시민의 손에 있다면 괜찮을까. 우리는 둘 다 시민권력이라는 말이 마음에 걸린다는 얘기를 했다. 역사 속에서 대중의 환호를 받고 등장한 권력이 대중의 원망을 사고 몰락해 간 예는 많다. 이는 '선한 권력'이 있는가 하는 의문으로 이어진다.

　권력 자체의 속성이 스스로를 강화하고 지배 권역을 확장하는 것이라고 본다면, 권력자에 대한 두려움뿐만 아니라 권력을 쥐는 것에 대한 두려움도 커야 한다. 박근혜 정권의 몰락을 보면서도 권력 자체에 대한 두려움과 덧없음 때문에 대권 행보를 중지하고 물러나는 대권 주자는 아직 없다. 권력의 흡인력은 무지막지해 보인다. 이전 권력의 비참한 말로가 뻔히 보이는데도, 자신의 생각과 판단을 타인에게 미치고자 하는 권력에 대한 열망은 식지 않는다.

　현대 국가는 권력에 대한 감시와 견제가 겹으로 있다. 그러나 권력은 촘촘한 견제장치와 감시망도 뚫고 확대된다. 덜 나쁜 권력은 있어도 좋은 권력은 없는 걸까.

지난 주말에는 청와대 100미터 앞까지 갔다. 처음 가 보는 통인동과 청운동. 오후 5시쯤 되었을까. 행렬이 진출로의 막다른 지점에 세워진 차벽 앞에서 멈추고 돌아나오기 시작했다. 얼마나 시간이 지났을까. 인도 쪽에서 소란이 일었다. 와글와글하는 소란이 한동안 일더니 점차 "박사모는 물러가라"는 구호로 바뀌었다. 군중 사이로 태극기가 언뜻 보였다. 대한민국의 태극기가 극우 단체의 전유물처럼 된 지는 오래다. 태극기가 안보와 반공과 반북의 이미지로 굳어 있는 현실이 거기 있었다. 소음 사이로 분명하게 알아들을 수 있었던, 태극기를 든 분의 첫마디는 "문재인은 간첩이다"라는 것이었다. 그리고 죄 없는 박근혜 대통령을 탄핵한 국회가 해산되어야 한다고 했다. 우리도 며칠 전에 국회해산을 놓고 설왕설래했던 터라 그들의 국회 해산 구호를 듣자니 묘한 기분이 들었다. 박사모 회원 등으로 여겨지는 보수단체 회원들이 촛불행사를 방해할 의도를 노골적으로 드러내면서 낮에 세월호 천막 바로 앞에서 소란을 피웠는데, 이렇게 행렬을 따라다니며 반대 구호를 외치는 그들이 놀라웠다.

그런데 내 우려는 문재인이 간첩이라는 황당한 구호 때문이 아니었다. 무모하게도 수천, 수만 명의 촛불 행렬 사이로 들어와서 '깽판'을 놓고 있는 저분들이 혹시 다치지 않을까 하는 것이었다. 그들이 어떤 주장을 하든 안위가 위협당해서는 안 된다는 소박한 마음이었다. 서너 명 되는 분들이 어찌나 극성스럽게 군중들과 대거리를 하는지 무슨 난리가 난 줄 알고 헬멧을 쓴 경찰들이 일렬로 군중을 헤치고 들어와서 그들을 에워쌌다. 만약의 불상사로부터 그들을 보호하고자 하는 것인데, 꼭 그들만을 보호한다기보다 촛불 군중들을 폭력의 유혹으로부터 보호하는 측면도 있으리라.

　이쪽저쪽을 따지지 않고 시민의 안위에 대한 보호 조치를 할 정도는 되는 경찰이라는 믿음이 있었다. 그런데 보수 단체 회원들은 경찰이 보호막을 쳐 주자 더 기세를 올리는 것이었다. 이때도 나는 군중들이 겹으로 에워싸고 있는 경찰들의 머리 위로 뭘 집어던지면 저들이 다칠 거라는 걱정을 놓을 수가 없었다. 상당한 시간 동안 소란이 계속되었지만 군중들은 '박사모는 물러가라'는 말 외에는 어떤 위력 행위도 하지 않았다. 손에 들고 있는 유인물이나 두꺼운 종이 팻말을 던지는 사람도 없었다. 그들과 같은 보폭으로 걸으면서 '물러가라'는 말 외에는 욕지거리도 위협도 안 했다. 쉽지 않은 일이었다. 권력 또는 힘이라는 것은 견제받고 통제되어서가 아니라 스스로 자제할 수 있을 때 가장 아름답다.

〈경남도민일보〉 2016년 12월

농촌 도로에는 왜 인도가 없을까?

어제 5일장에 나갔다가 모종 파는 내 단골 할아버지가 돌아가셨다는 소식을 들었다. 경운기 사고 때문이라고 했다. 산 넘어 이웃 동네에 사시는 할아버지는 이맘때면 늘 경운기 아니면 '사발이'에 각종 모종을 싣고 나와서 파시는데, 할아버지가 안 보이고 할머니가 대신 나와 계시기에 여쭤봤더니 얼마 전에 도로에서 교통사고를 당해 돌아가셨다는 것이다. '사발이'는 4륜 오토바이를 말한다.

허리는 구부정하고 검게 탄 얼굴에 억센 손은 갈퀴 같았지만 늘 인심 좋은 웃음을 얼굴 가득 담고 사시던 할아버지. 세월호 서명대를 장터에 세워 놓고 진상규명 촉구 서명운동을 할 때도 가장 먼저 서명을 하시고는, 아는 사람들 손목을 끌고 와서 힘을 보태 주시던 할아버지다. 할머니는 "평생 일만 하시다가 인자 살 만 항게 돌아가뿌졌다."며 눈가를 훔치셨다.

시골길은 말도 못하게 위험하다. 요즘 같은 농사철은 더하다. 농기계가 다니는 길은 물론이고 사람 다니는 인도가 아예 없다.

도로의 가장자리 흰 차선 바깥이 바로 낭떠러지인 경우가 많다. 인도가 없는 것이다. 아무리 우리나라 도로가 사람보다 차 위주로 만들어졌다고 하지만 인도가 아예 없는 현실은 기가 막히다.

　꾸불꾸불 농촌 길에서 농기계가 차도로 들어서다가 과속 차량을 만나면 치명적이다. 어둑발이 내리고 밤이 되면 더 심하다. 비 소식이 있으면 농부는 가로등도 없이 깜깜한 데서 밤늦도록 일을 한다. 그러고는 피곤에 절은 채 농기계를 몰고 집으로 돌아가는데, 밤길에 차량이 과속으로 달려들면 대책이 없다. 그래서 몇 년 전에 3차선 또는 2.5차선 도로가 시골에 필요하다고 제안을 했는데도 아직 아무런 조치가 없다.

　나는 자동차를 없애고 자전거를 탄 지 3년째다. 목숨 걸고 타야 한다. 자전거는 평소 차도로 들어가면 안 된다. 그러면 어디로 다녀야 하는가. 인도가 없으니 허공으로 다녀야 하는가. 전기자전거도 한 대 있는데 이건 '원동기장치자전거'에 해당되어 차도로만 다녀야 한다. 인도가 없다 보니 위급한 때에 피할 곳이 없다. '사발이'도 마찬가지다. 시골 노인네들이 많이 타는데 차도로 주행하다 보면 양쪽으로 내달려오는 고속 차량들이 흉기로 느껴진다. 피할 데가 없어서다. '사발이'는 급히 핸들을 틀면 바로 전복된다. 피할 곳은 없는데 과속 대형차가 오면 반사적으로 핸들을 틀게 마련이고 그러면 바로 전복되어 농촌 길은 황천길이 된다.

여기에 대해선 도로교통법이나 이 법의 모범이라 할 수 있는 도로법에도 명확하게 정해져 있지 않다. 방법은 하나다. 찻길을 낼 때 인도를 의무적으로 만들게 해야 한다. 전문용어로 '길 가장자리 구역' 확보를 의무화해야 한다. 농촌 길은 3차선이 최선의 길이다. 농기계와 사람과 자전거가 다니는 3차선 도로가 농촌에 꼭 있어야 한다.

농촌의 교통사고는 피해가 치명적이다. 경찰청 자료를 보면 통계 수치에서도 드러난다. 전체 교통사고 치사율은 100건당 2.4명인 데 비해 농기계 사고 사망률은 8.5배나 높은 20.4명이다. 이런 현실은 오래 계속되고 있다. 대선 시기인데도 주적 논란이나 일삼고 색깔론이 난무하지만 농촌 공약은 없다.

도시에는 자전거 전용도로도 있고 인도가 널찍하게 있다. 농촌과 비교된다. 도로안전과 관리 등이 경찰청과 국토안전부, 자치단체로 분산되어 있는 것도 문제가 아닐까 싶다. 우선 급한 대로 도로교통법 제 12조의 2 '노인 및 장애인 보호구역의 지정 및 관리' 사항에 농촌도로 중 인도가 없는 곳을 지정하면 어떨까 싶다. 그렇게 해 놓고 과속을 엄격히 단속하는 것이다. 농촌에도 사람이 산다.

〈경남도민일보〉 2017년 5월

정의로운 음식과 정의로운 사람

정의라는 말과 조합이 되는 단어들은 많지만 여기에 '음식'이 끼어든 지는 오래지 않은 듯하다. 미국에는 '음식 정의'라는 단체가 있다고 들었는데 우리 귀에는 아직 좀 생경하다. '에너지 정의'라는 단체가 우리나라에도 있지만 아직 음식 정의 관련 단체는 못 봤다.

'정의'가 강조된다는 것은 그 반대인 '불의'가 심각하다는 뜻이다. 음식에서 불의는 무엇일까? 불의한 음식은 뭘 말하는 것일까? 농사를 짓다 보니 농사짓는 농부 입장에서 살펴보게 된다. 농산물의 보관과 가공, 그리고 요리라는 과정을 거쳐 비로소 우리 밥상이 차려지기 때문에 정의로운 밥상은 여러 단계에서 정의가 바로 서야 하지만 일단 농사 부분만 살펴보겠다.

요즘 농촌의 사과 농장에서는 부사라는 사과를 따고 있다. 9월 중순 즈음 추석 전후에 따는 홍로와 여러 면에서 다르다. 과수 농사 방법도 다르고 생육 과정도 다르다. 가장 큰 차이는 늦사과라는 점이다. 올사과인 홍로보다 생육 기간이 길어 농사일이 집중되지 않고 분산되기 때문에 두 종류를 다 재배하는 농가가 많다. 그러나 명절에 사과를 많이 찾기 때문에 홍로 농사를 더 많이 한다.

아는 사람은 알겠지만 농장이 거의 공장화되고 농사 자체가 자급용이기보다는 판매를 목적으로 산업화가 되어, 신기술이라는 이름으로 자행되는 기계화와 농약 사용이 심각한 상태이다.

올(2014) 추석은 38년 만에 가장 이른 추석이어서 추석 지나면 값이 20% 정도는 내려앉을 것이라 서둘러 출하를 했다. 그래서 추석 무렵 과일들은 맛이 덜하고 냉장고에 넣지 않으면 푸석푸석해지기도 했다. 평소보다 1~2주 빨리 출하하느라고 카바이트 에틸렌 계열과 지베렐린 계열 또는 옥신 계열 성장촉진제를 뿌려서 과잉성장시켰기 때문에, 농진청에서 공시한 기준을 상회하는 수분 함량으로 사과가 덤덤하고 상온에서는 썩기도 한다. 부사가 홍로보다 맛있는 것은 이 때문이다. 자연 상태의 성장 기간이 길기 때문이다.

성장촉진제는 정말 '대단한' 약이다. '과학의 쾌거'다. 추석이 빠르면 그만큼 빨리 사과를 새빨갛게 만드는 농약이다. 농약은 농약인데 농약이라고 부르지 않는다. 거부감 때문이다. 각종 농약의 공식 이름은 '식물생장조절제'이다. 진상품, 포미나(폼이 나), 쑥쑥, 황금들판, 도레미, 애플빅(큰 사과), 다조아(다 좋아), 더크리(더 커겠다) 등등. 사기성 농후한 이름들이다. 가장 많이 사용하는 지베렐린 계열 성장촉진제는 원래 벼 키다리병 병원균이다.

모든 성장촉진 농약제는 특성상 사람의 노화를 촉진하고 아이들의 성조숙증을 유발한다. 성조숙증은 아이들의 성장판을 닫아 버려서 더 이상 자라지 않게 한다. 성장촉진제에 노출되면 초등학교 저학년 여자아이도 가슴이 나온다거나 하는데, 그러면 성장이 다 된 줄 알고 성장판이 닫혀서 몸이 더 자라지 않는 것이니 무서운 일이다.

농약마다 적혀 있는 경고문과 기준치라는 말은 아무 쓸모가 없는 게 현실이다. 기준치대로 농약을 치는 농부는 없다. 하루라도 빨리 수확하여 비싸게 팔겠다는 성급한 마음에 농약을 기준치보다 듬뿍 듬뿍 더 치는 게 현실이다.

이렇게 키운 사과는 잘라 놓으면 절단면에 바로 갈변 현상이 생기면서 변색되고, 상처 부위에서는 곰팡이가 서식하면서 썩어 간다. 자연재배를 한 사과는 항산화작용이 강해서 여간해선 썩지 않고 그냥 말라 갈 뿐이다.

농약과 비료, 착색제 등 화학물질을 이용한 농사는 과잉성장을 하느라 과육의 세포 간격이 넓고 무르다. 제대로 키운 농산물은 항산화작용이 강해서 먹는 사람에게도 좋다. 쇠에 녹이 스는 것도 산화작용이지만 사람의 노화도 결국은 산소와 결합하는 산화작용이다. 자연재배의 항산화농산물이 생체 건강에 좋은 이유이다.

흔히 관행농업이라고 하는 농사는 농산물이 오염되어 그걸 먹는 사람들의 몸을 상하게 하고, 나아가서는 정신건강마저 무너지게 한다. 자연이 망가지는 것은 물론이고, 그보다도 그렇게 농사짓는 농민의 몸과 마음이 망가지는 게 더 큰 문제이다.

농촌에 거대한 시설농장이 우후죽순처럼 들어서고 있다. 웬만한 시골에서도 맨땅을 구경하기 힘들다. 비닐하우스가 들판을 다 덮고 있다. 농부들은 농한기 없이 사계절 내내 미친 듯 일을 한다. 외국인 노동자들을 부리기도 하는데, 사실 관행농이라는 말은 관대한 표현이다. 농사의 역사는 길게는 9천 년 이상 된다. 요즘 하는 주류 농법은 50년이 채 안 된 것이니 관행농업이라 부르기보다는 화학농업, 화공농업이라고 불러야 마땅하다.

언젠가 씨제이 제일제당의 '해찬들 고춧가루'에서 발암물질인 터부코나졸이 대량 발견되어 수거한 적이 있다. 터부코나졸은 고추의 탄저병과 흰가루병 방제 농약이지만, 발암물질인 것이 밝혀져 엄격히 통제되는 약품이다. 사과에 치는 착색제나 성장호르몬도 발암물질이다. 착색제는 수용성 인산과 가리, 마그네슘, 붕소 성분으로 아주 고약한 물질이다.

세상에 공짜는 없다. 농부가 원하는 대로 보름씩이나 일찍 출하할 수 있게 해 주고, 온통 사과를 빨갛게 해 줄 뿐 아니라, 사과를 어른 주먹 두 개 만하게 만들어 주는 약들에 아름다운 자연과 사람의 건강을 저당잡히는 꼴이다.

농약마다 적혀 있는 경고문과 기준치는 거의 지켜지지 않는 것이 현실이다. 스테비아라는 당도 조절제는 미국에서는 전면 금지되어 있으나 우리는 아직도 쓰고 있다. 우리나라에서 한우 키울 때 쓰는 락토파민(페일린이라는 상품으로 판매), 엘지화학에서 공급했던 엘토실도 매우 치명적이다.

달고 크고 매끈하고 싼 농산물을 찾는 이용자가 있는 이상 우리 농산물에 이런 발암물질 범벅의 농약이 뿌려지는 것을 막을 길이 없다. 외국에 가 본 사람들은 우리 사과처럼 크고 새빨간 사과가 없다는 것을 알 것이다. 작을 뿐만 아니라 사과의 꼭지 부위만 붉고 뒷면은 푸른색이 비친다. 이것이 정상적인 사과의 색이다.

떼알구조 흙으로 농지의 토양 구조를 개선하고 자연재배 영농조합이나 이용자 생활협동조합과 연계하여 판로를 마련해서 농사짓는 농부들을 감히 정의로운 농부라 불러도 되지 않을까? 이들이 키워내는 농산물은 작고 못생겼지만 올바른 먹거리라고 보면 된다.

사람은 누구나 먹어야 한다. 먹을거리를 이용하는 사람들이 정의로운 농산물을 찾고 농부도 정의로운 농사를 짓는 날이 되어야 건강하고 밝은 사회가 되리라 본다. 정의로운 사람들이 음식 분야에 많아지길 바란다.

〈녹색전환 교사연수 강의집〉 2016년 1월

공동체에서 조화롭게 살기

'수선재'라는 공동체 마을 탐방을 며칠 앞두고 골똘히 생각에 잠겨 있는데, 버스 운전사의 손전화 통화 내용이 너무나 거칠어서 집중이 잘 안 되었다. 의자에 푹 기대 앉아 느긋하게 차창 밖 풍경도 구경하고 메모를 해 가며 버스로 먼 길을 가는 중이었는데, 운전기사는 주위를 아랑곳하지 않았다.

자기 동네 이장하고 통화하는 것 같았다.

"그 쌍놈의 새끼가 전라도 놈인데 남의 동네 이사 왔으면 고분고분해야지 그런 놈은 어서 내쫓아야 돼."

동네 이장으로 여겨지는 통화 상대편이 뭐라고 이사 온 주민을 해명하는 모양이다. 운전 기사의 목소리는 더 커졌다.

"이장이 자꾸 그런 소리 하면 내가 군청에 가서 직접 얘기할 거다."라는 말까지 했다.

한 손으로 운전대를 잡고 다른 한 손으로 손전화를 연거푸 걸어댔다. 오는 전화를 받는 정도가 아니라 끊임없이 전화를 여기저기에 걸었다. 이번에는 친목회 모임인가 보다. 누구를 잡놈이라 하면서 '죽여야 한다'는 말을 했다. 물론 살의가 느껴지는 대화는 아니다. 그냥 말이 습관적으로 거친 사람으로 보였다.

늙고 어수룩해 보이는 시골 사람들이 주 고객이어서일까. 경상도 땅이라서 전라도 고객이 없으리라 여겨서일까. 그래도 그렇지. 손님들의 행색이 어떻건, 승객이 어느 지역 사람이건 장거리 직행버스 기사가 지역 차별 발언을 큰 소리로 떠들어대는 것은 해서는 안 될 일이다. 운전 중 전화 통화가 끝날 줄을 모르니 불안하기도 했다.

운전 기사 왼쪽 위에는 버젓이 기사 이름과 전화번호까지 있는 걸 보면 아예 주위에 신경 안 쓰는 사람 같았다. 더구나 운전 기사의 오른쪽 위에는 기가 막힌 표어까지 떡하니 붙어 있었다. '운전 기사에 대한 폭언과 폭력은 테러입니다.'라는 것이었다. 실명이 적혀 있고 안전 운전을 위한 표어가 있는 자리에서 정작 기사는 과도하게 자유분방했다. 조마조마했는데 이윽고 어떤 젊은이가 한마디했다. 전화 좀 그만하라고.

다행인지 불행인지 그 목소리가 운전 기사에게 들리지 않았다. 전화하느라 승객의 불평 소리가 귀에 들릴 리가 없지. 들렸으면 예상컨대 한바탕 곱지 않은 대거리가 오갔을 것이다. 승객이나 기사 자신의 안전을 위해 내가 나설 수밖에 없었다. 산청 아래 원지 정류장이었다. 내가 먼저 차를 내려서 기사를 내려오라고 했다.

영문을 전혀 모르는 기사는 엉거주춤 버스를 내려오면서 내 얼굴을 처다봤다. 나이는 60대 초반으로 보였다. 아마 자기가 운전 중에 장시간 전화 통화를 했다는 사실마저 모르는 표정이었다.

"종일 장거리 운전하시려면 힘드시죠?"

제법 상냥하게 인사부터 건넸지만 운전사는 오히려 그다음 말에 신경을 쓰는 눈치였다. 왜 자기를 불러 내렸는지 말이다. 그때 내 손에는 주머니에서 꺼낸 이어폰이 쥐어 있었다. 내가 가장 아끼는 1만 5천 원 하는 고급 이어폰이었다.

"기사님, 손전화가 필수품이라 전화 안 할 수는 없을 테고요, 앞으로는 이 이어폰을 끼고 하세요."

그때야 자초지종을 눈치챈 기사의 반응이 아주 놀라웠다. 그 어색하고 난감한 표정이 시골 소년 같았다. 양손을 쩔쩔 흔들면서 아니라고, 다시는 운전 중에 전화 같은 건 안 하겠단다. 자기도 있다고. 이어폰이 있어도 운전할 때는 전화는 안 하겠다고 했다.

그렇다고 꺼내 든 이어폰을 다시 내 호주머니에 넣기도 민망해서 기사 손에 쥐어 주었더니 그는 내 손을 잽싸게 뿌리치고는 운전석에 뛰어 올라가더니 운전석 주머니에서 이어폰을 꺼내 가지고 내려왔다. 내 눈 앞에서 자기가 이어폰을 가지고 있다는 것을 입증해 보이면서 다시는 전화 통화를 안 하겠다는 것이다. 정말 그럴 것 같았다.

공동체 마을 탐방 메모를 하면서 어떻게 하면 공동체를 이루어 서로 다투지 않고, 조화롭게 사는 관계를 만들지 생각하다 문득 '이 순간도 운전 기사와 내가 한 공동체에 속해 있는 것인데 이런 상황에서 어떻게 처신하는 게 옳을까?' 하고 돌이켜보고는 이어폰을 건넨 것인데, 값비싼 이어폰도 내 호주머니에 그냥 남게 되었고, 다투지 않고 문제도 해결한 셈이다.

〈경남도민일보〉 2017년 6월

경고? 부탁? 협박? 고백의 언어

　시골에서 농사짓고 살면 외식하는 일이 드문데 어제는 바로 그 드문 날에 해당한다. 내 고향 마을 폐교를 자연생태학교로 개조해서 운영하는 지인이 찾아온 데다가, 최근에 딸을 시집보낸 아랫동네 분이 한턱 내겠다며 합류한 까닭이다. 멋진 식당의 현관에서 신발을 벗어 신발장에 넣으려고 하는데, 내 시선을 가로막는 강력한 심리적 장애물이 있었다. '신발 분실 시 책임지지 않습니다.'

　그래서 어쩌라고? 신발주머니라도 있나 봐도 없다. 신발을 품에 안고 들어가? 도대체 답이 없다. 신발에 이름표라도 달아야 하나? 내 책임 아니라는 전형적인 책임 회피성 문구다. 지난주에 전주 시내 어느 문화센터에 강의를 갔는데 입구에 '주차장에서 일어나는 사고는 절대 책임지지 않습니다'와 '관계자 외 주차 시는 바로 견인하겠다'는 비문화적인, 책임 회피성 협박문이 있었다.

　언젠가 구미시 근처에서 철도 건널목을 건너는데 '언젠가 당신도 건널목 사고의 당사자가 될 수 있다'는 현수막이 있었다. 어느 경찰이 쓴 신문 칼럼의 제목은 '졸음운전은 당신을 영원히 잠재울 수도 있다'였던 걸로 기억한다. 이건 뭐 아예 협박에다 공갈에다 저주에 가깝다. 참 살벌하다.

졸음운전과 관련된 최악의 문구가 떠오른다. 해인사에 대장경 세계문화축전을 보러 가다가 발견했다. 스님들도 많이 볼 텐데 어찌 방치될까 머리가 쭈뼛할 정도였다. "졸음·죽음"이라는 붉은 네온 사인이 88고속도로 곳곳에 설치되어 있었다. 졸지 말라는 운전자에 대한 권유가 지나쳐도 너무 지나쳤다. 죽음이라는 극단의 비유를 통해 얻을 것은 없어 보인다.

심리학자들도 이런 방식은 부작용이 크다고 말한다. 무의식 속에 각인되어 의도와는 반대 방향으로 현실화한다고 지적한다. 동생을 때리는 큰애를 훈육한다고 부모가 때리면서 동생 때리지 말라고 한다면 그 아이는 어떻게 될까? 동생을 때리지 말라는 부모의 말이 학습되는 게 아니라 뭔가 자기와 의견이 다르면 주먹으로 해결하는 부모의 폭력이 학습된다는 것이다.

이런 면에서 구원파 신도들의 현수막은 매우 인상적이다. '확대 수사 안 한다더니 '뻥'치시네', '검찰 발표, 침몰 원인, 믿어도 됩니까?', '언론 종사자 여러분 언제까지 받아쓰기만 할 겁니까?' 하는 항변과 함께 언론과 수사 당국에 대한 조롱을 담고 있다. 살기어린 절규 대신 문제의 핵심을 바늘처럼 찌르는 재기와 여유가 묻어난다.

휴게소 화장실에 있는 '아름다운 사람은 떠난 자리도 아름답습니다'는 뒤처리 하나로 아름다운 사람과 그렇지 못한 사람으로 판가름하는 것이라 뒷맛이 개운하지는 않지만 대충 봐줄 만하다. '남자가 흘리지 말아야 할 것은 눈물뿐이 아니다'에서는 남성 우월주의와 미묘한 성적 자극이 담겨 있어 영 께름칙하다.

얼마 전에 녹색당 농업위원회 모임에서 본 화장실 문구가 새롭다. '휴지를 변기 안에 버리면 저희가 참 힘듭니다'라고 되어 있었다. 고백형 권유문이다. 요즘 고속도로에는 '졸음쉼터'라는 팻말과 함께 우리 집 마당 만한 휴식소를 군데군데 만들어 두고 있다. 팻말 하나에도 한울님을 모실 수 있음을 일깨워 준다.

〈불교신문〉 2014년 7월

사람이면 다야?

나에게는 두 가지 의문이 있었다. 공장 활동을 거쳐 정치조직과 환경 단체에서 제법 오래 일을 하면서 키워 온 의문인데, 생명평화운동 단체로 활동 공간을 옮겨 가면서 그 의문은 커졌다. 첫째는 지구상의 자연재해들이 꼭 인간 때문인가 하는 것이었고, 다른 하나는 인간이 천지만물 중 으뜸이냐 하는 것이었다.

전자가 과학과 역사에서 풀려질 문제라고 한다면, 후자는 종교 차원의 연찬 주제라고 해야 할 것이다.

내 안의 불화와 갈등, 희열과 번뇌도 이런 의문을 키우는 자양분이었다. 인간을 자연의 한 구성원에 불과한 것으로 보는 사람도 있고, 만물의 영장이라고 하는 사람도 있다. 어떤 사람은 지구별에게 가장 암적인 존재가 인간이라고 극언을 하기도 한다.

종교인 특히 기독교 성직자를 향한 통섭주의 학자 에드워드 윌슨의 편지글인 『생명의 편지』를 읽으면서 과학 역시 영성 차원의 의지와 신념 문제에서 벗어나 있지 않다는 것을 알게 되었다. 더 나아가

세상 만물도 내 의지의 적극적 표현에 불과하다는 데까지 이르렀다. 영적 체험과 직관으로 다다른 앎이다.

사회구조 문제와 자연환경, 생태 순환에 대한 관심에서 시작해 꽤 멀리까지 온 셈이다. 나로서는 본래 존재에 대한 큰 진보를 이룬 셈이다.

헌 못을 빼 쓰는 대학교수

내가 걸어 온 정신사상적 여정에는 차곡차곡 사소한 인연이 쌓인 것도 있지만, 때로 두드러지는 결정적 계기들도 있다. 20여 년 전 경기도 화성에 있는 야마기시 공동체에서 있었던 일이다. 특강이라는 프로그램에 참여했다가 겪은 일인데 지금 생각하면 내겐 아주 큰 사건이었다.

프로그램에 참여한 한 여학생이 고백을 한 것이다. 내게 한 고백은 아니었지만 내게 준 충격이 보통이 아니었다. 무슨 고백이냐고?

그녀는 맹렬한 운동권 여학생인데 씨앗에서 싹이 트는 원리를 설명했다. 생명을 품은 씨앗이 땅속의 물기와 지열을 만나 서로의 존재 모순을 놓고 갈등하고 투쟁하면서 싹이 트는 것으로 알다가, 화합과 사랑과 헌신으로 싹이 트게 된다는 사실을 알게 되었다는 고백이었다. 싹이 트는 것은 대립물 사이의 투쟁 산물이 아니라 일치와 공명의 창조라는 것을 알게 되었다는 이야기다.

이 고백을 들으면서 나는 세상이 완전히 달라 보였다. 이때의 문제의식을 체화하는 '연찬학교'라는 프로그램과 회원 조직 활동에 계속 참여하게 된 모든 원동력은 그 여학생의 고백 때문이라고 할 수 있다. 물질세계에 대한 완고한 껍질이 깨지는 순간이었다고 할까, 그렇다.

이런 일도 있었다. 귀농을 하고 얼마 안 되어서의 일이니 15, 6년 전일 것이다.

대학 민주화 운동으로 해직되신 교수님이 근처에 사셔서 친하게 지냈는데, 한 번은 그 교수님 집에서 소마구간을 짓는 데 아랫동네에서 일손을 구했다. 늙수그레한 시골의 젊은(?) 노인 몇 분이 오셨는데 교수님이 내놓은 목재도 헌것이고 장갑도 쓰던 것이었다. 더구나 헌 목재에 박혀 있는 못들을 빼내서 그걸로 다시 쓰게 하는 것이었다. 그러고 보니 일꾼들까지 포함해서 소마구간 작업에 참여하는 모든 것들이 다 헌것이었다. 나만 제법 신품에 가까웠다. 마흔이 채 안 되었으니까.

당연히 일꾼들이 투덜거렸다. 새 못을 사서 쓰면 1, 2만 원이면 뒤집어 쓸 것을 일꾼 품삯을 당시에 5만 원씩 줘 가면서 겨우 몇천 원어치 못을 뽑게 한다고 말이다. 그러나 나는 그 교수님이 근무하던 대학에 직접 가서 식당의 남은 음식물을 가져와 가축들을 먹이는 것을 알고 있었기에 헌 못을 빼서 쓰는 비경제적인 처사를 놀라움 속에서 이해할 수는 있었다.

돈이 없지는 않을 텐데 어찌나 깍쟁인지 모른다. 술도 싼 막걸리만 드시고 많이도 아니고 딱 한 병만 드신다. 승용차도 없이 만날 버스만 타고 다녀서, 시내에 무슨 모임에라도 가게 되면 늘 제 트럭에 같이 타고 다녔다. 그러면서도 한 번도 기름값을 내 주는 적이 없었다. 속으로 저는 참 노랑이라고 생각을 했다.

그러다 어느 해인가 제가 농림부 지원으로 일본의 나가노현으로 유기농업과 도시농업 연수를 가게 되었는데 자비 부담금을 마련 못 해 못 갈 처지가 되자 아주 큰돈을 덥석 내놨다. 나는 얼른 '노랑이'라는 옛 인상을 지워 버렸다.

생태환경 영역은 어디까지인가

이 교수님이 복직도 되시고 워낙 바쁘셔서 그 뒤로 자주는 못 뵙고 살았지만, 정년퇴직 뒤에는 가끔씩 찾아뵙곤 했다. 내가 치매 어머니랑 살게 되면서 멀리 헤어져 버렸지만 마음속으로는 늘 곁에 모시고 있었다.

그 교수님은 농사짓는 제게 농사가 완전한 순환을 이루는 농사여야 한다면서 알버트 G. 하워드 경이 쓴 『농업성전』을 직접 번역한 소책자를 주기도 하셨다. 환경 운동과 생태 문제의 중심은 농사이며, 농사는 완전한 순환이 이뤄지는 것이어야 한다는 가르침으로 새긴다. 우리나라뿐 아니라 현대 농업은 농산물 공장을 전국의 논밭에 설치한 것이라고 보면 된다.

계절이 따로 없고 비바람에 무관하며 자연계의 순환은 물론 사람과 자연의 모든 관계가 다 단절된 채 먹을거리들을 비닐집 속에서 만들어 내고 있다. 큰 재앙의 씨앗들이다.

좀 다른 이야기로 넘어가겠다. 영성과 생태, 그리고 고대인의 지혜를 말할 때 그것으로 일종의 권력자가 된 사람들을 본다. 언젠가부터 언론권력이라 하여 '제4부'니 하는 말이 생겨나더니 문화권력이라는 말도 생기고 급기야는 환경권력, 생태권력이라는 말이 들린다.

내가 환경 단체에서 일할 때 한 동료는 어찌나 생활이 철저한지, 그 당시는 공론화되지도 않은 시절이었는데도 일회용품을 안 쓴다면서 수저를 가방에 넣어 다니고 비닐봉지도 몇 개씩 가지고 다녔다. 산에 갈 때도 눈에 띄는 대로 등산로에 있는 쓰레기들을 주웠다. 길거리 꽁초도 주워 담았다.

그러니 함께 가다 보면 늘 뒤에 처졌다. 공동의 일정에 차질을 빚기도 했다. 한 번은 우리 고장의 주요한 산 하나를 정해서 등산로 훼손을 막기 위한 캠페인을 벌이기로 했는데, 근 한 시간이나 늦게 나타났다. 더 큰 문제는 자기처럼 그렇게 하지 않는 사람들을 심하게 비난하는 것이었다.

생활 운동을 강조하는 것은 좋은데 자기처럼 해야 한다고 다른 사람 모두에게 강요를 하니 자주 다툼이 일어나는 것이다. 자기가 손전화와 승용차도 없이 지내는 것을 하도 내세우면서 상대방을 비난하는 무기처럼 사용하곤 해서, 한 번은 "그래서 마누라까지 없이 사냐?"고 마흔이 지나도록 독신으로 사는 것을 우리가 비꼬기도 했지만, 어쨌든 누가 묻지도 않는데 손전화 없고 승용차 없다는 것을 그렇게 내세웠다.

내가 이해하는 생태와 환경은 자연물에만 해당되지 않고 사람 관계와 마음 씀씀이까지 포함하는 것이다. 감정과 느낌에도 생태원리가 적용되었으면 한다. 요즘 영성이라는 말이 유행이다. 명상이나 수련과 함께 영성에 대한 관심이 높다. 인성이 사람의 성품을 가리키는 데 반해 영성은 그보다 더 근본이 되는 본질을 말한다. 물질 현상계를 움직이게 하는 원동력이다. 존재의 본래 본성을 말한다. 생태를 말하고 영성을 말하는 사람이 남을 비난하거나 공격하는 것은 전혀 어울리지 않는 부분이다. 생태 관계는 순환이 그 본령이다. 막히지 않고 잘 통한다는 것은 대자유의 다른 표현이다. 서로가 서로에게 밥이 되는 관계라고나 할까?

해월 선생은 이를 이천식천(以天食天)이라고 해서, 남을 밥으로만 여겨 여러 문제가 생기는 것이니 내가 남의 밥이 되는 삶을 살아야 한다고 강조하셨다. 그러면서 밥이 되는 모든 이가 다 한울님이라 했다. 오곡은 천지의 젖줄기라고도 했다. 자연계와 인간의 온전한 순환 관계는 생태의 본질이고 영성의 바탕이지 않을까 싶다.

언젠가 귀농 선배와 논쟁을 했다. 그 선배는 파종할 때는 몇 날 며칠 준비를 하는데, 준비 목록 중에는 부부관계를 금하는 것까지 있었다. 그 선배는 교육학자이자 농학자이고 인지학의 창시자인 루돌프 슈타이너 선생이 가르친 대로 태양계에서 가장 큰 행성인 목성 기운을 중시하는 생명역동농법을 한다. 암소 뿔에 소똥이나 석영, 수정 등을 갈아 넣는 증폭제농법도 쓰고, 숯을 논 깊숙이 넣어 묻어 두는 방법도 쓴다. 그가 독자적으로 개발했다는 파종 시의 금욕 생활은 씨앗의 발아를 촉진시킬 것이다 아니다를 놓고 선후배들과 흥겨운 논쟁을 벌이게 된 것이다.

생태놀이와 영성놀이

부부관계를 금하는 것이 파종 때의 바른 농법인지는 답이 없어도 괜찮을 것이다. 우리가 살아가는 이 세상은 우주의 별자리까지도 다 연결되어 있는 하나의 유기체라는 것이 이 농사를 짓는 사람들의 생각이다. 생각과 행동의 영역이 우주까지 뻗어 있는 사람이 있는가

비를 매기 위해 채취 한 비수리. 일명 야관문. 몽근비라 하여 마당비 보다는 부엌 바닥이나 창고 바닥을 쓸어내는 빗자루 매기에 좋은 식물이다. 거칠고도 섬세한 자연을 접하는 일상은 깊은 명상의 시간이 되곤 한다.

하면, 자기 지갑에만 머물러 있는 사람도 있다. 자기 집이나 자기 자동차 밖은 다 쓰레기장처럼 취급하는 사람이 있다.

몇 년 전에 『4천년의 농부』라는 책을 인상 깊게 읽었다. 생태계와 단절된 화학농법이 번져 가고 있는 미국 농토를 걱정스레 바라보던 미국의 농림부 토양관리국장 프랭클린 킹이라는 사람이 쓴 책이다. 한국과 일본을 거쳐 중국까지 샅샅이 돌아다니면서 동아시아의 농법을 연구하여 쓴 보고서 같은 책이다.

이 책의 핵심을 한마디로 표현하자면 '똥이 밥 되는 농사'라고 할 수 있다. 이 농법이 동아시아의 토양과 생태를 손상시키지 않고 4천 년이나 농사를 가능하게 했다고 본 것이다.

똥을 쓰레기로 취급하면서 수백 수천억 원의 돈을 들여가며 연안에서 200킬로미터 이상 먼바다에 갖다 버리는 오늘날의 우리 현실은 이 책을 보면서 위기를 더 느끼게 한다.

무엇이든지 도식화하여 단순화하는 것을 좋아하는 전문가 그룹의 사람들은 도시의 사람 똥은 뾰족한 대책이 없다고 한다.

도시, 화학, 위생, 물질문명을 전제로 하면 대책이 없다. 농촌과 농민을 더 이상 압박하지 말고 농촌인구가 늘어나게 하는 게 유일한 대책이지 않을까 한다. 우리나라의 농업인구는 이미 7% 이하로 내려앉았다. 적어도 20%는 유지해야 생태계가 순환될 수 있다는 주장이 있다.

내 몸을 자연계와 같은 구성 성분으로 해 보는 게 어떠냐는 얘기가 어느 모임에서 나왔다. 바로 그 놀이를 시작했다. 자연계에는 동물보다 식물이 수백 수천 배나 더 종도 많고 양도 많으니 육식을 한다 안 한다 논쟁을 하지 말고, 내 몸에 식물을 동물보다 수백, 수천 배 더 섭취하는 것으로 결론지었던 기억이 난다.

치매가 심하신 어머니를 모시고 살면서 직접 농사지은 자연농 식품으로만 밥상을 차리다가, 부엌에서 비닐과 플라스틱 용기를 다 없

애는 놀이도 해 봤다. 내용물만 생태적인 게 아니라 그릇까지 그래
보자는 것이었다. 지난달에는 귀농운동본부에서 탈석유농법 세미나
를 열었다. 비닐과 기계와 농약을 쓰지 않고 토종 종자로 전통 농법
을 이용해 농사짓는 토론회였다.

우리가 사람이라고 온갖 폼을 다 잡고 으스대지만 동물만도 못하
게 사는 순간들이 얼마나 많나. 최소한 동물처럼 살아 보자는 놀이를
한 적도 있다. 비닐 한 장만 가지고 산에 들어가서 이틀을 살아 보았
다. 늦가을이었는데 뼛속까지 얼어 버렸다. 한 십여 년 그렇게 살면
얼굴과 등에도 털이 날지 모르겠지만, 감내하기 힘들어서 계획 일정
을 단축했다.

천지만물 중 사람이 으뜸이라면 으뜸답게 모범이 되게 살면 될 것
이고, 벌레 한 마리, 돌멩이 하나도 사람의 무게만큼 존귀하다고 한
다면 하늘 땅 앞에 머리 숙이고 공손하게 살면 되지 않을까 한다.

〈영성생활〉 2009년 여름호

밥상을 점령한 유전자조작식품

상인 중에 가장 고약한 상인은 먹을 것을 가지고 장난치는 장사꾼이다. 그렇잖은가. 살자고 먹는데 그 먹을 음식의 안정(전)성은 나몰라라 하고 돈벌이에만 열중한다면? 있을 수 없는 일이다. 그러나 있을 수 없는 일이 버젓이 벌어지고 있는 게 오늘의 현실이다.

누가? 대체 누가 그러고 있는가? 미국의 '몬산토'다. 한국의 '씨제이(CJ)제일제당'이 그렇고, '대상(주)'이 그렇고, '사조 그룹'이 그렇다. 유전자조작식품 지엠오(GMO)를 두고 하는 얘기다. 지난(2013) 7월 1일 경실련 소비자정의센터가 그렇게 발표했다.

이 단체가 식약청의 자료들을 두루 분석해서 이런 발표를 했는데 '씨제이제일제당·대상·사조 그룹 제품의 지엠오 표시 현황 실태조사' 결과에 따르면 이들 회사는 지엠오 콩과 옥수수를 395만 5888톤이나 수입했지만 어떤 제품에도 지엠오 표시를 하지 않았다는 것이다. 아주 고약한 짓이다.

경실련이 3개 업체의 제품 가운데 콩, 대두, 옥수수 등을 원재료로 표기한 386개를 조사한 결과 씨제이제일제당(249개), 사조 그룹(99개), 대상(38개)의 제품 어디에도 지엠오 표시는 없었으며, 266개 제품은 원산지 표시마저도 하지 않은 것으로 확인되었다. 정말 고약하기 짝이 없는 짓이다.

도대체 마음놓고 먹을 것이 없다. 마트에서 제품을 치켜들고 뒤집어 가면서 트랜스 지방이 있는지, 지엠오는 아닌지, 아무리 살펴보아도 발견되지 않는다. 깨알만한 글씨로 '대두:수입산 / 옥배유:수입산'이라고만 쓰여 있을 뿐이다. 옥배유는 옥수수기름을 말한다.

이는 현행 '유전자재조합식품 등의 표시 기준'이 그렇게 되어 있어서 그렇다. 원재료 5순위 안에 포함된 제품이나 외래 단백질·디엔에이(DNA)가 남아 있는 제품만 지엠오 여부를 표시하도록 규정했기 때문이다. 식용유 등 대다수 제품은 가공을 거치면서 외래 단백질·디엔에이가 남지 않아 표시 대상 제품에서 제외된 것이다.

지엠오가 왜 문제일까?

해충이 '살충성 지엠오' 작물인 옥수수나 콩잎을 먹으면 그 자리에서 죽는다. 유전자조작을 통해 그렇게 만들었다. '제초성 지엠오'는 제초제를 아무리 독하게 쳐도 옥수수와 콩은 싱싱하게 잘 자란다. 몬산토에서 개발한 '라운드 업 레이디'라는 제초제가 그렇다. 제초성이 얼마나 강한지 풀이란 풀은 다 죽는다. 그러나 콩과 옥수수는 유전자를 조작했기 때문에 끄떡없다.

그 외에도 '맞춤형 지엠오'가 있다. 운송 과정에 서로 좀 부딪쳐도 상하지 않도록 한 것으로, 고무공처럼 통통 튕겨 나는 토마토가 그것이다. 『음식의 종말』이라는 책에 적나라하게 나온다. 또 유통기간이 길어져 생산한 지 오래되어도 상하지 않도록 한 항균성 지엠오가 있다. 유통기간이 길고 매대에 오래 진열되어도 신선도가 전혀 떨어지지 않고 썩지도 않는다.

놀라운 것은 크기를 균일하게 하는 지엠오 제품도 있다는 것이다. 이는 제품의 선별 과정상의 편의를 도모하는 것으로 토마토 24개가 딱 한 박스가 되도록 유전자를 조작한 것이다.

이런 것을 사람이 먹으면 어떻게 되겠는가? 당장 아무 일도 없는 건 사실이다. 그러나 만병통치약이었던 디디티(DDT)를 기억하자. 너도나도 애용했던 석면 단열재와 슬레이트 지붕재를 떠올려 보자. 그것들이 지금 어떤 운명에 처해졌는지를 기억해 보자.

옛날에는 손가락 한마디만 했던 딸기가 지금은 다 애들 주먹만 하다. 달기는 또 얼마나 단가. 다 유전자조작이다. 이런 얘기 듣다 보면 너무도 암담하니까 "에이, 그러면 뭘 먹어. 죽을 때 죽더라도 일단 먹고 보자."고 한다. 그러나 어쩌랴. '나'만 죽는 게 아니라 가족과 이웃에게 크나큰 고통을 안겨 줄 수 있다는 데 문제가 있다.

일본에서 지엠오를 실험한 결과치가 있다. 임신 2주 전에 쥐에게 지엠오 먹이를 줬더니 무려 36%의 체중이 감소했다. 태어난 쥐의 새끼 55.6%는 3주 이내에 죽어 버렸다. 지엠오 작물은 생태계를 교란한다. 제초제가 더 이상 듣지 않는 슈퍼잡초가 마구 나타난다.

모든 포유류는 출산을 해야 젖이 나온다. 그런데 젖소는 만날 젖이 나온다. 유전자조작 때문이다. 유전자조작을 해서 젖소의 젖을 많이 나게 한다는 건 널리 알려진 사실이다. 그걸(우유) 우리는 먹는다. 지엠오 작물을 먹은 젖소는 평균수명이 2년 단축되었다는 보고가 있다. 지엠오를 안 먹겠다고 다짐을 해도 잘 안 된다. 보통의 직장인이 즐겨 먹는 짜장면(에 들어간 춘장), 두유(에 쓰인 대두), 찜닭(양념으로 쓰인 물엿과 간장 그리고 여기에 사용된 당면), 커피(에 타 먹는 시럽), 팝콘(재료인 옥수수), 콜라, 과자 등이 지엠오다. 소고기, 돼지고기, 연어 등이 다 지엠오 사료를 먹고 커서 우리 식탁에 놓인다. 그러나 어디에도 표시가 없는 것은 물론이다.

알뜰한 주부가 '국산 들기름'을 샀다고 하자. 지엠오일 가능성이 크다. 옥수수식용유를 섞은 가짜 국산 들기름이 많기 때문이다. 식당에 가서 비빔밥 먹을 때 넣는 참기름, 이것들은 거의 100% 옥수수식용유를 섞었다고 보면 된다. 국산 쌀과 국산 김치와 국산 참기름으로 된 비빔밥을 먹었는데 지엠오를 먹은 꼴이다. 기가 막힌다.

2012년 국내에 식용·사료용으로 수입된 지엠오는 총 784만 톤으로 이미 우리나라는 세계적으로 손꼽히는 지엠오 수입대국이다. 이 중 식용은 191만 5,000톤, 사료용은 592만 5,000톤이었다. 금액으로는 8억 8,481만 7,000달러에 달한다. 수입된 식용 지엠오는 식용 기름이나 전분당 및 각종 식품첨가물로 만들어지지만, 사료용은 일단 소·돼지·닭·어류 등이 먹는데 그 소·돼지·닭·어류를 사람이 먹으니 결국 사료용 지엠오도 사람이 먹는 꼴이다.

도대체 언제 우리 식탁이 이렇게 오염되었단 말인가? 참! 그런데 삼성이 빠졌네? 삼성은 지엠오 사업을 하지 않을까? 천만에! 삼성이 빠질 리 없다. 삼성은 더 크게 일을 벌이고 있다. 아예 몬산토와 손잡고 전라북도 새만금 지역에 지엠오 곡창지대를 만들려고 하고 있다. 역시 삼성이다.

'대상(주)' 홈페이지에 들어가 봤더니 대문짝에 '건강한 식문화로 행복한 미래를 창조하는 기업'이라고 되어 있다. 쿵~ 하고 가슴이 내려앉는다. 혹시나 하고 '사조 그룹'에 들어가 봤다. 역시나였다. '안전하고 건강한 먹거리 제공으로 가족의 건강과 행복에 앞장서는 기업'이라는 문구도 모자라는지 '사랑하는 우리 가족 행복한 식탁'이라고 되어 있다. '씨제이제일제당'은? '건강과 행복을 드리는'이다.

대책이 시급하다. 북핵보다 더 무서운 게 독이 되는 음식이라는 걸 깨달아야 할 때다.

〈원불교신문〉 2013년 7월

나도 가해자다

이 글의 제목만 봐서는 미투 운동('성폭력, 나도 당했다' 고발 운동) 이야기인 줄 알겠지만 다른 이야기다. 아주 평범한 직장인을 예로 들어 보자. 그는 환경문제와 식생활뿐 아니라 건강이나 교육문제도 알 만큼 안다. 당연히 자동차도 함부로 끌고 다니지 않고 장거리는 꼭 대중교통을 이용한다. 한국 사람의 평균 수준이 이 정도는 된다. 평범한 직장인인 그는 낡긴 했지만 경유차인지라 하루 평균 10킬로미터 정도 자동차를 몬다. 한 달이면 20일 운행에 200킬로미터. 아주 준수하다. 그런데 말이다. 그 정도 자가운전만으로도 초미세 먼지를 한 달에 46킬로그램이나 배출한다면 다들 놀랄 것이다. 이를 정화하자면 소나무 90만 그루가 필요하다. 어느 매체에 실린 사례다.

택배를 받아 보면 비닐 완충제가 가득이다. 재활용이 되는 물건 묶는 끈이 사라지고 모두 비닐 테이프를 쓴다. 택배로 온 책 한 권을 풀어보면 책 부피보다 많은 비닐이 처치 곤란이다. 풀로 붙여도 될 것을 꼭 비닐 테이프로 봉투를 붙인다. 가게에서는 장바구니 대신

자전거를 타면 길가의 밭에서 자라는 작물들을 눈여겨볼 수 있고 동네 어르신들과 정겨운 인사 나누기에 좋다. 계절의 변화를 읽기에도 안성맞춤이다.

비닐봉지를 거저 주고, 우리는 별생각 없이 받는다. 지금 비닐 쓰레기 대란이 일어난 배경이다. 매일 마스크를 챙기고 일기예보 중 미세 먼지 예보를 살피면서 정부 정책에 투덜대는 우리가 되새겨 봐야 할 현실이다. 중국 베이징보다 서울의 미세 먼지 농도가 더 높다는 사실을 통해 미세 먼지나 대기오염의 국내 요인 비중이 높다는 것을 알고 중국 탓하기도 머쓱해진다. 집 안의 과도한 조명, 지나친 난방 보일러 사용, 함부로 쓰는 전기 제품, 흥청망청 쓰는 온수 등은 핵 방사능이나 미세 먼지를 대기 중에 흩뿌리는 행위가 된다. 아니, 산업 에너지가 문제고 기업 활동에서 발생하는 것이 더 심각한데 이를 외면하고 생활 에너지 탓을 하면 되느냐고 하는 사람이 있겠지만, 그렇게 생각해서는 안 될 지경에 이르렀다고 본다.

일상생활 속에서 환경 감수성을 섬세하게 키워 내지 않으면 산업 환경, 기업 활동에 대한 문제의식을 갖기 어렵고 사회적 실천으로 연결하지 못할 것이다. 언론을 통해 농사용 비닐이나 비닐봉지, 그리고 소주병과 맥주병에 환경 보증금을 지금보다 수십 배 더 붙여서 수거하는 것을 의무화하자고 제안한 적도 있다. 맥주병과 소주병만 보증금이 코딱지만큼 인상되었을 뿐 다른 쪽은 아무 반응이 없다. 나는 작년 초에 농협과 군의원에게 제안서를 동시에 드렸다. 적어도 시골 터미널이나 농협, 면사무소나 복지관 앞에 자전거 보관대(주차장)를 만들자고 말이다.

자전거를 타고 다니는 나는 농협이나 면사무소를 갈 때는 물론이고 버스 터미널에서 버스를 타고 시외로 갈 때마다 자전거를 안전하게 세워 두려고 건물 벽에 있는 빗물 통, 가로등 기둥이나 전신주에 자전거를 동여매고 자물쇠를 채운다. 그래서 그런 제안서를 냈던 것이다. 아직도 답변이 없다. 시골에도 이들 기관 앞에는 자동차들로 만원이 된 지 오래되었다. 가까운 거리를 자전거로 다니려 해도 자전거 세울 곳이 없다 보니 자동차 운행은 늘어만 간다. 도시가 문제지 시골이 미세 먼지 발생에 책임이 있냐고 할지 모른다. 그런 식으로 생각하다 보니 오늘날 비닐 쓰레기 대란, 미세 먼지 경보, 기상이변 경고를 겪는 것이 아니겠는가. 공기는 시골이건 도시건 경계가 없다. 네 탓 내 탓 공방할 만큼 한가한 때가 아니다.

지난달에 환경부 장관과 시민·종교 단체 대표로 면담할 기회가 있었다. 그때도 건의했다. 욕먹을 각오를 하고 환경 보증금을 대폭 인상하자고. 검은 비닐봉지 환경 보증금을 1,000원으로 인상한다고 가정해 보자. 소주병과 맥주병의 빈병 보증금이 2,000원 한다고 해 보자. 장바구니를 다 들고 다닐 것이고 길거리와 주택가, 농장에 날아다니는 비닐들은 자취를 감출 것이다. 아무리 술에 취해도 빈병은 챙길 것이다.

당국은 정책으로, 개인은 개인적으로 환경 가해 행위를 근절하는데 적극 나서야 할 때다. 〈경남도민일보〉 2018년 4월

살충제 달걀, 육식 문화가 문제다

진드기를 잡아 닭을 살리고자 살충제를 뿌렸는데, 어처구니없게도 양계장 달걀을 전량 폐기처분하는 것도 모자라 닭마저 살처분하니 마니 하고 있다. 생산성 향상과 효율 극대화를 향해 질주하는 현대 물질문명의 폐해가 양계 농장에 드러났다 할 것이다.

식물이건 동물이건 성장을 촉진하고자 사료에 성장호르몬제를 넣고 운동을 제약하는 시설 안에서 키운다. 과성장으로 허약해지니 이번에는 항생제를 먹이고 살충제와 농약을 친다. 여기에 그치지 않는다. 치명적인 스트레스호르몬인 '코르티솔'이 사람 몸에 다량으로 생긴다. 당뇨와 비만, 고혈압과 그로 인한 합병증이 생긴다. 식욕부진, 피로감, 우울증 등등 끝이 없다. 필자는 졸저 『아름다운 후퇴』(도서출판 자리, 2012)에서 이를 '자해문명'이라 불렀다.

대통령까지 나서서 근본 대책을 마련하라고 지시한 살충제 달걀 문제는 동물복지농장으로 의견이 모아지는 듯하다. 2010년 겨울부터 이듬해 봄까지 진행된 지독한 구제역 사태를 겪고 나서, 2013년에야 이른바 축산선진화법이라 불리는 동물복지법 제29조의 개정으로 등장한 것이 동물복지농장이다. 그러나 동물복지농장이 결코 대안이 될 수 없다고 본다.

풀어 놓고 키우는 방사형 양계와 함께 철저한 방역 시스템, 엄격한 품질 인증제 등을 실시하더라도 우리의 육식 밥상이 바뀌지 않고서는 어떤 대책도 계속되는 산업형 축산의 재앙을 막지 못할 것이다.

2014년 한 해 동안 우리나라 사람은 1인당 51.3kg의 고기를 먹었다. 2016년 한 해에 닭을 7억 3천만 마리나 잡아먹었고, 달걀은 1인당 평균 268개를 먹었다. 1년으로 따지면 138억 5천만 개다. 달걀은 김밥이나 계란찜, 계란말이에만 들어가는 게 아니다. 과자와 빵에도 들어가고 분유와 이유식에도 들어간다.

육식 소비량은 해마다 증가하고 있다. 그래서 4년 전에 동물복지농장제가 생겨서 정책적으로 지원하지만 여전히 공장식 밀집축산이 창궐하고 있다. 이 때문에 본래 닭들의 평균수명이 20년이나 되는데 육계는 몸무게가 900g 내외가 되는 40일 정도 살고, 산란계는 겨우 20개월 남짓 산다. 평균수명의 180분의 1에서 12분의 1을 살다 죽는 셈이다.

80살을 사람의 평균수명으로 했을 때 몇 살에 죽는지 빗대어 볼 수 있으니 상상만 해도 끔찍하다. 조류독감이 발생하면 닭들은 이 정도의 수명마저도 보장받지 못한다. 작년 말, 1달여 만에 3천만 마리가 살처분됐다. 이처럼 육식 밥상은 생명 경시와 대량 살처분을 인간의 새로운 만성질환으로 만들었다. 이제는 무감해졌다. 감각마저 사라졌다는 것은 아주 중증이 되었다는 것이다. 육식 밥상은 이처럼 동물들의 원혼과 떼죽음 위에 차려진 것이다. 우리가 대량 살생에 둔감하고서 어찌 세상 평화를 바랄 수 있으랴. 화해와 치유를 말할 수 있으랴.

육식이 늘면서 각종 건강 문제도 생겨나고 덩달아 의료비도 급증한다. 사람의 심성이 거칠어지는 것도 육식과 관계된다. 결론은 간단하다. 식물식 식단으로 우리의 밥상을 바꾸는 것이 살충제 달걀과 대량 살처분의 악순환을 벗어나는 근본 대책이라 할 것이다.

식물성 식품으로만 구성된 식단은 비만·아토피·천식·비염 등을 개선하고, 임신·수유기·유아기·유년기·청소년기·성년기·노년기 등 모든 단계의 삶에 적합하며, 만성질환을 감소시켜 의료비 부담까지 줄인다. 학습 집중도도 높인다. 미국의 영양식이요법 학회에서 작년에 나온 보고서 내용이다.

지난(2018) 3월에 포르투갈은 모든 공공시설의 급식에 한 가지 이상의 엄격한 식물식 메뉴를 의무적으로 포함시키도록 하는 법안을 승인했다. 학교와 병원은 물론 교도소까지 원하는 사람에게 완전한 식물식 식단을 제공하게 되었다. 이미 유럽 선진국에서는 완전 채식

전형적인 공장식 양계 모습이다. 되풀이되는 조류독감 살처분의 온상이 된다.

슈퍼마켓이 등장했고, 채식이 시민의 기본권으로 자리 잡는 추세다. 가까운 대만만 하더라도 채식 요리가 발달되어 있고 채식 전문 시장이 즐비하다. 채식 인구도 전체 인구의 20%가 넘는다고 한다.

시내 음식점에서 고기 안 들어간 메뉴를 고르고 고르다가 겨우 된 장찌개를 시켜 보지만 국물은 육수인 우리 현실이 참으로 아득하다.

기후변화의 가장 큰 요인도 육식이다. 그래서 비틀즈 멤버였던 폴 매카트니가 제안한 '고기 없는 월요일(Meat Free Monday)'이라는 단체가 한국에서도 2010년부터 활동하고 있다. 덕분에 국내 시민사회단체, 공공기관 70여 곳에서 고기 없는 월요일이 진행된다. 서울시는 2013년부터 시청 구내식당에 금요일마다 채식 식단을 제공하며, 전북교육청도 동참해 100여 개 학교에서 주1회 채식 급식을 한다.

탄산음료와 튀김류 음식이 학교에서 퇴출됐듯이 동물성 식단이 학교에서 먼저 추방되어야 한다. 자라는 아이들에게 치명적인 유해 음식 명부에 육류를 포함시켜야 한다. 최소한 소와 돼지, 닭들도 '생명'이라는 인식은 가지게 해야 한다.

이제는 아무데서나 담배를 피는 사람은 점점 줄어들고, 슬레이트 판 위에 고기를 구워 먹는 사람은 아무도 없다. 마찬가지라고 예상한다. 오래지 않아 채식이 문명인의 기준이 되고 지구인의 교양이 될 것이다. 만악의 근원이 육식 문화이기 때문이다.

경유 자동차에 환경 분담금을 물리듯이 축산을 비롯한 육식 문화

산업 전반에 환경 분담금을 물리고, 건물 에너지 효율 등급에 따라 인센티브를 주듯이 식물식 식단에는 각종 지원을 해야 할 것이다.

육식 문화를 그대로 둔 채 추진하는 동물복지농장 정책은 실패한다. 우리나라처럼 국토가 좁아 농지가 제한된 경우에는 동물복지농장은 한계가 있고, 육식문화가 개선되지 않는 한 밀집 축산은 숙명이다. 더구나 1년 중 목초 생육 가능 기간이 짧게는 220일뿐이고 제주도에 가야만 300일 정도 되는 현실을 봐야 한다.

최근에 잘 운영된다는 동물복지농장을 방문한 적이 있다. 이 농장은 동물복지법과 그 시행령뿐 아니라 100여 개나 되는 시행세칙을 잘 지키고 그 이상의 환경 조건을 갖추고 있는 곳이라고 했다. 농장주도 동물에 대한 사랑이 남다른 분이었다. 그러나 어디까지나 관리의 대상이었다. 그곳에는 '생명'이 아니고 '축산물'이 있을 뿐이었다.

1990년대 초에 야마기시 공동체에서 야마기시 수련을 하면서 '야마기시 양계'를 본 적이 있다. 칼릴 지브란의 『예언자』에 나오는 '먹고 마심에 대하여'를 떠오르게 하는 곳이었다.

그대가 대지의 향기로 살아갈 수 있으며 공기 식물처럼 빛에 의지해 유지될 수 있다면 좋으련만. 그러나 그대는 살기 위해서 죽이지 않을 수 없고, 그대의 목마름을 달래기 위해서 새로 태어난 새끼에게서 어미의 젖을 훔쳐야만 하기 때문에, 그때 그 행위가 당신의 예배 행위가 되게 하시오. … (중략) …

어떤 짐승의 고기를 먹을 때 그대들은 그에게 마음속으로 이렇게 말하십시오.

"너를 죽이는 바로 그 힘으로 나도 죽임을 당하고 나 역시 너처럼 먹힐 것이다. 너를 내 손에 넘겨 준 그 법칙이 나를 더 힘 있는 손에 넘겨 줄 것이기 때문이다." … (후략)

야마기시 양계에서는 닭장에 모이를 줄 때 먼저 노크를 하고 닭장을 연다. 그런 다음 "아침밥 가져왔습니다."라고 말한다. 달걀을 꺼내 올 때도 먼저 알리고 양해를 구한다. 닭을 잡을 때도 마찬가지다. 고통을 최소화한다. 인공조명을 쓰지 않고 채광과 통풍을 사람 사는 살림집처럼 한다.

야마기시 양계법을 최대한 따르는 나주의 농부 김경호가 프레시안에 쓴 글은 좋은 참고가 될 것이다[프레시안: 김경호, 'AI천하무적, 닭 키우는 법 알려 드립니다'(2017.4.21)].

우리의 과도한 육식 문화에서는 친환경인증기관들과 축산 산업, 국립농산물품질관리원의 유착도 근절될 수가 없다고 본다. 인증기관의 부정행위와 (동물복지)축산 농가의 위법행위가 조용할 만하면 어김없이 도마 위에 오를 것이다. 돈벌이 양계의 한계라고 봐야 한다.

핵발전소에 기대어 먹고사는 핵피아가 있다. 밥상을 뜯어먹고 사는 식피아들이 있다. 수입 농산물과 육식 관련 업종이다. 예를 들어 'H' 그룹은 그들에게 식재료(?)를 공급하는 3,200여 농가의 87%를 수직계열화했다. 이들 간의 살벌한 생산성 경쟁을 부추긴다. 대표적인 식피아다. 이들의 발호를 막고, 식물식 식단에 대한 시민의 선택권을 보장함으로써 밥상을 근본에서부터 바꿔 가는 것이야말로 되풀이되는 축산 관련 재앙으로부터 벗어나는 길이 될 것이다.

〈오마이뉴스〉 2017년 8월

'혁명'과 '깨달음'

이 글의 제목을 처음에는 '촛불주권 선언문 또는'이라고 했다. 대통령 탄핵이라는 쾌거를 이룬 촛불이 매듭 하나를 구획 짓는 의미로 17세기 영국 명예혁명의 권리장전 같은 선언을 할 수도 있지 않을까 싶어서다. 시민의 주권이 철저히 보장되는 사회, 정치적 결정의 주체가 어떤 경우에도 시민 대중인 그런 현실을 담는 선언 말이다.

그러나 촛불혁명이나 시민권력, 시민의회, 시민주권회의 등은 차고 넘치는 담론인지라 방향을 바꿨다. 촛불집회마다 죄다 참가하면서 들었던 생각 하나가 떠올라서다. 혁명과 깨달음. 바로 이것이다. 이렇게 써 놓고 보니 두 단어의 조합이 별로 익숙지는 않다. 이것은 혁명과 깨달음이 양 날개가 되는 '최후의 혁명'을 그리는 것이다.

영국의 명예혁명의 결과로 권리장전, 곧 '신민(臣民)의 권리와 자유를 선언하고 왕위 계승을 정하는 법률'이라는 이름의 의회 제정법이 공포되었고 영국의 절대왕정이 무너진 자리에 입헌군주제가 확립되었지만, 근대와 현대에 이르기까지 많은 사회적 모순과 인민의 피 흘림이 계속되었다.

더 이상 혁명이 필요없는 마지막 혁명이 될 수는 없을까. 섣부른 예단이지만, 어쩌면 12월 9일을 촛불혁명 기념일로 선포하는 날이 올 수도 있다. 헌법재판소에서 박근혜 대통령 탄핵 인용결정이 나오는 것은 명확해 보이지만, 그 결과와 무관하게 촛불혁명기념일을 제정하는 것은 현실성이 있다고 본다.

박근혜 대통령 탄핵소추안이 가결된 날이라서만은 아니다. 단순히 대통령이 탄핵되었다는 것보다 더 중요한 의미가 있기 때문이다.

최순실로 대표되는 기득권 세력의 공식·비공식 또는 불법적·탈법적 전횡과 비리가 촛불의 철퇴를 맞은 날이고, 억눌려 살던 민중들이 촛불 하나로 승리를 거둔 날이다. 대통령의 거취와 정치 일정을 놓고 두 달여 계속된 어지러운 논란을 잠재우며 대통령 퇴진과 구속, 패당들의 처벌을 일관되게 추진해 온 촛불시민의 1차 승리의 날, 이런 의미가 더 크다.

이번 촛불혁명은 다양한 형태로 중국과 일본, 동남아를 넘어 세계로 번져 갈 것이다. 동학농민혁명과 3·1만세운동, 광주민주화운동과 6, 7, 8월 항쟁이 그랬듯이 말이다. 바로 이 지점에서 새로운 혁명을 꿈꿔 보는 것이다. 되풀이되는 것이 아니라 마지막인 혁명, 온전한 혁명, 행복한 혁명을.

이제는 마지막 혁명을 기획해도 되는 때가 아닐까. 비록 긴 여정이 될지언정 최후의 혁명 시나리오를 짤 시대가 되지 않았는가. 세상 만물을 사랑하고 어우러지며 서로 격려하고 호혜 헌신하는 혁명. 다름으로써 하나 되고 사회가 조화를 이루며, 물질적 검소함과 정신적 개벽이라 일컫는 최후의 혁명. 깨달음이 대중화되는.

마지막 혁명에 대한 설명이 꽤 장황하다. 장황한 것은 그만큼 쉽지 않다는 것이고 분명하지 않다는 것이다. 쉽지도 않고 명료하지도 않지만 손놓고 있을 수는 없다.

지금 그런 말 하면 김샌다고 할지 모른다. 누구 말마따나 촛불을 횃불로 지펴 올리는 때에는 자기 성찰이니 깨달음이니 그런 말은 나중에 하자고 할 수도 있다. 혁명만으로는 결코 완수할 수 없는 과제가 있다. 혁명이 퇴색될 때까지 혁명의 날들은 한가하지 못하다.

혁명의 원동력이 분노와 편 가르기와 집단의 위력인 것은 어떤 혁명에서나 마찬가지다. 광화문의 촛불도 그렇다. 손가락질하며 최순실·박근혜의 공범들과 부역자들을 호출한다. 계속해서 믿지 못할 놈들과 그들의 죄상을 들춘다. 촛불 내부에서 서로를 향한 손가락질도 생길 수 있다. 큰 사랑의 호통은 증오의 저주와 다르다. 착한 부자가 없듯이 선한 권력은 없다.

수백만 명이 모였으나 유리창 하나 깨지지 않았고 쓰레기 하나 뒹굴지 않았던 촛불광장의 기적으로 보건대 이제 마지막 혁명을 꿈꿔도 되지 않을까. 내 친구의 귀띔으로 쓴다. 〈경남도민일보〉 2016년 12월

북핵 운전석 앉으려면 미국 움직여야

녹색당 농업특위 위원장인 나는 지엠오(유전자조작식품) 반대 시위를 일삼다가 전주교도소에 갔다 왔다. 벌금 50만 원을 안 내고 5일간의 감옥살이를 한 것이다. 감방살이를 하면서 온몸에 문신이 새겨지고 팔뚝 근육이 웬만한 사람 허벅지만한 조폭 같아 보이는 사람들을 여럿 만나 그들과 먹고 자고 했지만 무섭지는 않았다. 때론 우리 집 앞으로 엽총을 멘 사람들이 지나간다. 수렵 허가 기간에 사냥에 나선 사람들인데 총을 든 이들 역시 무섭지는 않다. 조폭이나 총을 든 사냥꾼이 나를 해코지할 거라고 여기지 않아서다.

그런데 이상하다. 핵무기가 수만, 수천 기가 넘고 대륙간탄도미사일도 개수나 성능에서 북한보다 월등한 중국이나 러시아는 가만히 놔두면서 왜 북한만 들볶는지 알 수가 없다. 몇 개 안 되어 보이는 북한 핵과 완전한 성공인지조차 분석이 엇갈리는 북한의 대륙간 탄도미사일은 왜 그렇게들 호들갑을 떨고 겁을 내는가 말이다. 도둑이 제 발 저린다고, 뭘 잘못했기에 저토록 난리를 치는가 말이다. 미국 얘기다. 북한의 핵 프로그램은 이제 전문가뿐 아니라 일반인도 다 안다. 미국의 북한 압살 정책과 이에 맞선 북한의 생존 전략이라는 것을. 북한은 생존을 위해 일관되게 정전협정의 체결 당사자인 미국에 종전선언을 하자고 요구해 왔다. 북한을 향한 한미 군 당국의 대규모 합동 훈련을 중지하고 정당한 에너지 보상을 해 준다면 자신들의 핵 프로그램도 중지하겠다고 요청했지만 이것 역시 거절당했다.

최근(2017.8)에는 미국 군사 요충지 괌을 포위 타격하겠다고 위협하여 긴장이 격화되었을 때, 을지프리덤가디언 훈련을 안 하면 괌 타격을 안 할 수도 있다고 했지만, 미국과 한국은 늘 하던 대로 대규모 군사훈련을 실시했다. 상대방 탓이라고 책임을 전가하지만 명백한 것은 이러한 긴장과 대결 국면을 통해서 미국은 태평양과 동북아 지역에서의 패권을 굳건히 유지하고 있다는 사실이고, 북한 역시 1인 지배 체제를 더 공고히 한다는 점이다. 북한의 핵 프로그램은 수소폭탄의 완성과 대륙간탄도미사일 개발로 치달아 왔다.

미국은 세계 각지에서 전쟁과 대결을 촉발시키면서 패권을 유지해 오고 있다. 한반도의 긴장 국면이 초장기화하는 데는 사실 미국 책임이 가장 크다. 중국을 견제하고 태평양권에서의 군사적 패권을 유지하려는 미국의 한반도 전략 때문이다.

남북한은 이 틈새에서 호의호식하는 놈들이 대규모로 형성되었고 피붙이 먹여 살리기도 어려운 사람들이 양산되었다. 이 사실을 직시

하지 않고서는 북핵이 아니라 한반도 비핵화 문제는 풀리지 않을 것이다. 툭하면 핵항공모함과 핵전략폭격기를 한국 영해와 영공, 영토로 몰고 들어오는 미군들을 통제하지 않고서는 어떤 대화 제의도 북한의 관심을 끌지 못할 것이라고 본다.

이를 통제할 의사가 없거나 그럴 능력이 없다면 문재인 대통령의 북핵 운전석론은 공염불이 될 것이다. 미군의 전략자산 전개니, 족집게 정밀 타격이니, 선제공격이니, 유엔안보리의 성명이나 제재 결의니 하는 압박도 북한을 움직이지 못했다. 애꿎은 동해 바다로 현무-2에이 탄도미사일을 발사해도 서울을 향해 휴전선에 깔려 있는 수천 기 북한의 300밀리 방사포는 코웃음도 안 칠 것이다.

9월 1일 농촌진흥청에서 농업·시민 단체와 농촌진흥청은 중요한 협약서에 서명날인 했다. 농진청의 지엠오개발사업단을 해체하고, 지엠오의 상용화를 포기하겠다는 협약서다. 3년여에 걸쳐 농업·시민 단체가 줄기차게 요구해 오던 것을 다 수용한 것이다. 문재인 정부가 들어서며 정치 상황이 변했기 때문이다.

정의와는 무관한 미국의 힘에 너무 '쫄' 필요가 없다. 야만 부족의 술 취한 족장만도 못한 트럼프 대통령의 말 한마디에 일희일비할 필요도 없다. 미국은 지는 해다. 문재인 정부가 운전석을 과감하게 차고앉아 운전대를 거머쥐어야 할 것이다. 미국이 조수석에 앉기를 거부하고 하차하는 일은 절대 없을 것이다. 〈오마이뉴스〉 2017년 9월

"동물복지농장에 대한 살처분을 중단해 주십시오"

정헌율 익산 시장께 드리는 호소

차마 눈뜨고 볼 수 없는 참극 앞에서 우리 전북 지역 5개 종단 종교인들이 나섰습니다. 정헌율 시장님. '참사랑 동물복지농장(농장주 유항우)'에 대한 살처분 방침을 거두어 주십시오. 조류독감 보균 잠복 기간도 지나고 역학조사에서 음성반응까지 나온 건강한 생명체 5,000마리 닭들에 대한 살처분 방침을 중단 해 주십시오.

정헌율 시장님.

우리가 특정 축산 농가를 비호하자는 게 아닌 걸 아실 겁니다. 우리의 요구는 '예방적 살처분'이라는 이름으로 자행되는 살육 행위와 생명경시 현실을 막아 내고 생명의 존귀함은 인간뿐 아니라 모든 존재에게 해당된다는 것을 재확인하고자 함입니다. 이는 종교인 본연의 역할이자 사회적 의무라고 보기 때문입니다.

정헌율 시장님.

아시다시피 인간의 삶은 모든 생물, 무생물까지 촘촘한 그물망처럼 연결되어 서로 영향을 주고받지 않습니까. 조류독감이 발생하기만 하면 반경 3킬로미터 이내의 농장 가금류를 몰살시키는 살처분 정책은 실효성도 없을뿐더러 관계 당사자와 이 땅에 사는 모든 사람들에게 위협이 됩니다. 농장주의 정신적·심리적 상처와 상실감은 둘째 치고라도 살육 행위에 동원되는 공무원들의 트라우마 역시 적다고 할 수 없습니다. 이런 뉴스를 접하는 시민들의 심리적 부담과 상흔 역시 가볍지 않습니다.

정헌율 익산 시장님, 호소합니다.

몇 년 새 비극적인 조류독감과 구제역 사태로 8천만 마리 이상의 가축을 살육했던 우리나라가 축산선진화 정책을 만들고 동물복지농장제를 실시한 지 겨우 3년입니다. 그동안 동물복지농장에서는 단 한 건도 조류독감이나 구제역이 발생하지 않았습니다.

익산에 있는 '참사랑 동물복지농장'은 동물복지 기준을 훨씬 상회하는 축사 환경을 갖추었고, 현재 이 시각 건강한 상태임이 확인된 닭들이 살고 있습니다. 2.1킬로미터 떨어진 (주)하림 계열 201농장에서 조류독감이 발생했다는 이유 하나만으로 이 닭들을 살처분하려는 익산시 방침을 결코 묵과할 수 없습니다. 책임 회피성 행정이며

전북지역 5개 종단협의회가 고병원성 조류인플루엔자(AI) 예방적 살처분 중단에 한 목소리를
냈다.(2017.4.6)

철새와 농림축식품부 방침 뒤에 숨는 떠넘기기식 행정이라는 비판
을 피할 수 없을 것입니다. 살처분을 중단해 주십시오.

더구나 농장주 부부는 살처분 중단으로부터 비롯되는 모든 사태
에 대한 책임을 다 감당하겠다는 결의를 다지고 있습니다.

정헌율 시장님.

행정심판 청구 소송과 가처분 신청까지 벌어지고 있는 이 사건에

대해 대승적인 결단을 내려 주십시오. 법원 판결 이전에 지역 행정
책임자의 용기와 결단이 요구되는 상황으로 보입니다. 농림축산식
품부의 공고(제2015-543호)에서도 시장·군수의 재량을 광범위하게
허용하고 있습니다. 음성 판정을 받은 농장이므로 조류독감 관리·
보호지역을 예찰지역으로 전환해 주시고 이동 제한 등의 사후 조치
를 해 주신다면, 이번 사태를 계기로 우리나라의 후진적인 살처분 중
심의 조류독감 대응이 동물복지농장의 확대와 생명 존중의 전환점
이 되리라는 기대 또한 있는 것입니다.

　이번 기회에 우리 종교인들과 시민들은 자신의 밥상을 되살펴보
면서 참사랑의 동물복지, 참사랑의 밥상에 대한 관심과 정성을 기울
이는 계기로 삼고자 하면서 간절한 호소를 드립니다.

　2017년 4월 6일(목) 오전 11시 익산 시청 브리핑룸

〈익산시청 정문 기자회견문〉 2017년 4월

　추신: 이후 이 복지농장은 '예찰지역'으로 선정되었고, 한 달여 동안 발병
하지 않아 모든 닭들이 살아 남았다.

상업성 친절의 뿌리, 공짜 점심은 없다

친절과 공짜 점심. 오늘 '페북(페이스북)'을 보면서 드는 생각이다. 친절과 공짜 점심은 별 연관성이 없어 보이지만 맥락이 같다. 그 맥락을 짚어 보고자 한다. 환경문제의 새 이슈가 될 수 있을 것이다.

친절도 상품이다

한동안 '운전 습관은 당신의 인격입니다'라는 표어가 나돌았는데, 최근에 '친절'이 '운전 습관'의 자리를 차지하고 있는 표어를 본 적이 있다. '친절은 인격이다'라는 표어다. 친절은 잘 아는 사람이나 사회적 약자만을 대상으로 하지는 않는다. 도리어 모르는 사람, 때로는 대립적인 사람에게까지 확장되어야 제맛이다. 그래서 친절은 바로 인격이라고 하는 것이리라.

근엄한 사람보다 친절하고 상냥한 사람이 좋다. 근엄하게 전하는 메시지는 메시지 자체보다 근엄함이 더 비중 있게 전달된다. 그래서 메시지가 경직되거나 왜곡되기 일쑤다. 같은 원리다. 근엄한 메시지와는 반대로 친절은 메시지 전달의 효과를 높인다. 긴장을 풀고 호감을 먼저 유발하기 때문일 것이다. 모든 의사 전달이 상대로 하여금 내 주장을 지지하고 긍정하며 수용하게 하는 것이 목표라면 친절은 매우 유효한 수단이다. 그래서 이제 친절은 실명의 인격이 아니라 익명의 상품이 되기도 하다. 기업들의 친절은 모든 시민을 잠재적 고객으로 바라보며 상품을 구매하게 하는 수단으로 이용된다.

대기업의 서비스센터에 가 보라

상냥한 아가씨가 벌떡 일어나서 맞이하고, 컴퓨터까지 공짜로 쓸수 있고, 식수는 물론 인스턴트이나마 차까지 공짜로 준다. 요즘은 스마트폰 충전도 공짜로 할 수 있게, 충전기가 여러 대 마련되어 있다. '역시 대기업은 다르다'는 생각이 들 것이다. 그러나 그것이 상품이라는 것은 다 안다. 친절의 상품화다. 화사한 친절에 깜빡 속아서 그것이 고객을 호리는 상품이라는 명백한 사실을 잊는 경우도 있다. 상품 속에 그 친절 값이 포함되어 있다는 사실도 잊고, 그 때문에 센터 아가씨의 인격까지 우러러보게 된다면 크게 착각하는 것이다.

대기업의 제품에는 브랜드 가치라는 명목으로 친절의 값이 덧씌워져 있다. 그런데 오이엠(OEM, 주문자 상표 부착 방식)이라는 제조 방식의 허용은 대기업이 자신의 친절을 여기저기에 중복해서 팔아먹게 해 주기도 한다.

오이엠으로 만들어지는 대기업 제품은, 같은 제품이라도 제조회사의 원래 이름이 붙으면 싸구려가 되고, 주문자인 원청 대기업의 이름표가 붙으면 고가 제품이 된다. 이것이 친절을 두 겹 세 겹으로 팔아먹는 행위가 아니고 뭐겠는가. 드라마 주인공이나 고급 첩보원처럼 겉으로 친절하면서도 말은 똑 부러지게 하는 사람을 보면 멋지기까지하다. 상대를 호리는 미인계도 외모만으로 호리지 않는다. 맺고 끊는 지성미를 장식품처럼 구비한다. 거기에 상냥함과 친절이 추가된다면 최고의 미인계가 될 것이다.

그런데 때로 친절은 수상하다. 오늘 페북이 그랬다. 페북의 친절이 왜 불편한지는 선명하지 않다. 그냥 불안을 자아내는 불편함이 서려 있었다. 이 불편은 '공짜 점심은 없다'는 말과 관련된다. 누군가 공짜로 밥을 산다면 뭔가가 뒤따른다는 것이다. 난처한 부탁을 들어줘야 하거나 뭔가를 눈 감아 줘야 한다. 공짜 밥을 얻어먹었는데 밥 얻어먹을 만한 연결고리가 안 보이면 내심 불안하다.

광고 전화의 극성은 공짜 점심의 대가

오늘 스마트폰에 뭐가 떴는데 자세히 보니까 5년 전 오늘이라면서 어머니가 마루에 앉아서 진달래꽃을 따는 사진이 떠 있었다. 까만 겹바지와 연분홍 무늬가 있는 내복 상의를 입으신 어머니가 완연한 봄볕이 가득한 마루에 나오셔서 진달래꽃을 따고 있었다. 어머니 모습에 가슴이 뭉클했다. 아련히 떠올랐다. 사진 밑에 있는 몇 줄의 설명 글을 읽으니 더 선명했다.

진달래꽃이 예뻐서 한 송이를 꺾어 물병에 담아 어머니 머리맡에 놨는데 "참꽃이다." 하시면서 이것을 술 담가 먹으면 오랜 속병에 좋다며 꽃잎을 죄다 따시기에 낫을 들고 산에 가서 진달래꽃을 다시 한 아름 꺾어 와서 꽃잎을 맘껏 따게 했다는, 내가 붙인 설명이다.

댓글에는 진달래꽃하고 참꽃이 같은 거냐는 질문도 있고 진달래 화전을 권하는 것도 있었다. 소일거리가 있는 어른 모습이 보기 좋다는 댓글들이 당시 정경을 생생하게 되살려 주었다. 어머니에 대한 뭉클함은 페북의 친절에 대한 뭉클함으로 옮겨 갔다. 한순간이었다. 이것이 공짜 점심이다.

수시로 친구가 올린 글이 어디에 있다고 알려 주는 페북의 친절, 검색어만 치면 연결되는 관계망, 공짜로 문자와 동영상까지 주고받는 페북 메신저. 이 역시 공짜 점심이다. 수상한 무료라는 얘기다.

공짜 점심이 없다는 만고의 진리는 친절의 저의가 엉뚱한 곳에 숨어 있음을 암시한다. 페북이 끊임없이 위치 정보를 요구하는 것이 이것이다. 인터넷으로 제공되는 편의와 공짜 서비스에 가입하려면 수없이 요구되는 '동의합니다' 버튼들. 이것이 공짜 점심의 숨겨진 밥값이다.

편지 한 장 부치려면 봉투에 담아 우체국에 가서 300원짜리 우표를 사 붙여야 하지만, 컴퓨터에서는 똑딱 하는 시간에 수백 명, 수천 명에게 편지를 보낼 수 있다. 그것도 공짜로. 그런데 이것이 진짜로 공짜 맞을까? 천만에 말씀 만만에 콩(공)떡이다.

시도 때도 없이 걸려 오는 대출업체나 보험회사의 전화, 무수한 스팸문자들, 땡처리한다는 쇼핑몰 회사들의 광고 메일. 이런 것들이 내가 동의하고 수신을 허락한 '동의합니다'라는 버튼 때문이다. 공짜로 서비스와 편의를 그들로부터 제공받은 내 점심값이다.

"내 전화번호를 어떻게 알고 전화했나? 거기가 어디냐?" 하고 짜증을 부려도 소용없다. 내가 모두 동의한 행위의 결과들이기 때문이다. 내 밥값인 것이다. 텔레마케팅 여직원들은 죄가 없다. 회사로부터 닦달받고 고객으로부터 부당한 항의를 받는 애처로운 감정노동자일 뿐이다.

단체문자와 단체 메일도 자원의 낭비

우표값 없이 한순간에 전달되는 이메일과 웹 메신저, 인터넷 문자들이 공짜라고 생각한다면 큰 오산이다. 오산일 뿐 아니라 진정한

넷맹(인터넷 시대의 문맹)들이다. 찬찬히 살펴보자. 아래 글을 읽고도 단체 메일링과 카톡의 단체문자, 단체카톡방을 마구잡이로 쓴다면 그는 진정한 환경운동가라고 할 수 없을 것이다.

내가 쓴 이메일은 내가 가입되어 있는 포털 사이트(네이버나 다음이나 구글)가 구비하고 있는 수많은 서버 중 메일서버로 간다. 거기서 도메인 이름을 대부분 미국에 두고 있는 도메인네임서버로 보내져서 숫자로 된 아이피(ip) 주소로 해석하여 메일을 받을 상대방이 가입되어 있는 포털 사이트의 수많은 서버 중 메일서버로 보낸다. 그 메일서버가 가입되어 있는 수많은 고객의 아이디를 검색하여 그 계정에 넣어 주면 최종 당사자가 접속하여 읽게 되는 것이다.

단체문자와 웹 메신저도 대개 이런 과정을 거치는데 모두 다 공짜로 알고 있다. 그때그때 내 지갑에서 돈이 나가지 않는 것은 맞지만 당연히 공짜는 아니다. 이 과정에서 발생하는 서버값과 호스팅값, 회선값, 이들의 유지관리비에다가 전기료는 누가 내겠는가?

내가 공짜라서 물 쓰듯 쓰는 단체문자와 단체 카톡방, 텔레그램, 페이스북에 올리는 사진과 글들은 포털 사이트가 빅데이터로 수집·분류·가공하여 사기업이나 광고사, 정부에 팔아먹는다. 엔에스에이(NSA, 미국국가안전보장국)는 이 과정에서 하루에 50억 개의 개인 휴대전화 위치 정보를 빼 간다. 팩스, 이메일, 전화를 시간당 수십억 건씩 도청하여 대중을 통제하는 기초 자료로 삼는다. 해당 국가의 안보를 위협하여 무기를 팔아먹는다. 우리가 내는 엄청 비싼 점심값이다.

전자통신 기기의 발달로 요즘 너 나 할 것 없이 다들 쓰레기 사진을 양산하고 있다. 스마트폰의 내장메모리 용량을 키워도 다시 차버린다. 이런 디지털쓰레기는 심각한 환경오염이다. 메모리값과 배터리 충전하는 데 드는 전기료만으로 디지털 사진의 비용을 계산하는 것은 공짜 점심에 중독된 바보들의 계산법이다. 『육식의 종말』 등으로 유명한 저술가 제레미 리프킨이 『한계비용 제로 사회』에서 아래와 같이 지적한다. 공짜 점심 먹지 말라는 말로 새기면 되겠다.

"기업, 가정, 개인, 단체의 운송 수단인 사물에 담긴 1차 정보는 빅데이터로 전달되어 고급 분석을 거친 다음 예측 알고리즘으로 전환되고, 새로 가공된 그 빅데이터는 프로그램을 통해 자동화 시스템으로 연결된다."

〈오마이뉴스〉 2017년 9월

농민기본소득, 또 말하기 입 아프다

"쌀이 과잉 생산되어 곡간에서 썩어 나는데도 쌀 가격 보전하느라 엄청난 돈을 허비하고 있다. 그런데 기본 월급까지 달라고? 필요없는 곡물 생산에 자본을 허비하면 그만큼 필요한 곳에 효율적으로 못 쓰는 거다. 그러면 우리나라 GDP는 추락하고 국민은 그만큼 가난해진다. 그리고 농사가 환경을 지킨다고? 4대강 사업이 환경을 지킨다던 맹바기랑 똑같구먼."

내가 어느 신문에 쓴 글에 달린 댓글이다. 농민월급제 또는 농민기본소득제 이야기를 맹렬한 기세로 잡지와 신문에 발표하고 토론회와 강의 때 역설하던 2015년 여름의 일이다.

농민기본소득 주장은 한순간에 '맹바기'와 동렬에 올랐다. 녹색과 환경을 성장과 발전의 맥락에 끼워 맞춘 이명박 정부와 동일시되는 농민기본소득은 여전히 아득하고 먼 이야기인가?

다시 얘기를 꺼내려니 입 아프다. '한정된 자본을 경제성 없는 농업에 투여하는 것은 전 국민의 가난을 재촉한다'는 논리, 지디피는 올라야 좋고, 돈벌이가 되는 분야를 키우면 다 잘살게 된다는 낡고 때 묻은 인식의 벽이 너무도 강고하다.

이상하지 않은가, 삼성전자 1분기 영업순이익 10조 원이

농업 지원 때문에 나라의 지디피가 하락할까 봐 걱정하는 이는 재 벌도 기업인도 아니다. 생활고에 허덕이는 노동자이거나 근근이 하 루를 버티는 농부이거나, 그도 저도 아니라면 그의 피붙이이거나 친 인척일 것이다.

모르긴 몰라도 그 사람은 삼성전자가 1분기(2017년 1분기) 영업순 이익이 10조 원(정확히 9조 9,000억 원)이라는 보도에 대해서는 '와~' 하고 부러움의 탄성 한 번 지르는 것으로 관심의 끈을 놓았을지도 모 른다. 너무 익숙해져 있고 너무 당연해서 말이다.

실업수당 타 먹으려고 줄을 길게 서고, 취업 노력을 증명하기 위 해 일정표를 고치고 고치고 또 고치는 사람들이 날로 느는데, 석 달 만에 10조 원을 번다? 10조 원. 동그라미가 몇 개나 되지? 하나, 둘…. 13개나 된다.

영업이익이라는 말은 잘 새겨야 한다. 총매출액에서 매출원가를 다 빼고 얻는 매출 총이익에서 다시 일반 관리비와 판매비를 뺀 것을 말한다. 말 그대로 순수하게 영업을 통해 벌어들인 이익을 말한다.

완전 알짜배기 이익이다. 그것이 10조 원이란다.

좀 차분해져 보자.

순이익이 크다는 것은 든 비용에 비해서 훨씬 높은 가격을 받았다는 것이고, 그 일에 참여한 사람들에게 성과를 고루 나눠주지 않았다는 얘기가 된다. 그래도 다른 업체의 노동자들에 비해서는 삼성전자 노동자들이 더 많이 받았다고? 그렇다면 결론은 뻔하다. 원가보다 지나치게 비싸게 팔았다는 것이다. 결국, 소비자를 등쳐먹었다는 것이다. 엄청 비싸게 팔아 소비자를 등쳐먹었거나, 고루 나누지 않고 홀라당 회사가 이익을 다 가져간 것을 큰소리로 떠벌려도 되고 다들 그걸 입을 헤~ 벌리고 부러워하는 사회, 바로 우리나라 대한민국의 현실이다.

자, 그러면 10조 원 순이익이 나는 동안 농부 손에도 초등학생 손에도 노동자와 그 자녀와 부모 손, 실업자 손에도 들려 있는 '갤럭시' 손전화와 1킬로그램도 안 되는 신제품 노트북을 들고 와서 "도둑놈들아 내 돈 내 놔라."고 항의하는 사람들이 있는가? 없다. 소소한(?) 이해관계에 초연하다 못해 초월적 삶을 사는 사람들이다. 그런데 웬걸? 농민기본소득이 나라 말아먹을 도둑놈이라고 소리친다. 댓글에 있다.

"뭔 헛소리를…. 자기 배 채우고 나라 말아먹으려고 환장했구먼."

이러니 어쩌겠는가. 좀 더 설득력 있고 실현 가능한 보조정책 하나를 더 제안할 수밖에 없다. 2012년에 최저임금법과 짝을 이룰 수 있는 '최고소득법'을 만드는 걸로 하면 어떨까? 최저임금법은 실상은 '최저임금보장법'이니 최고소득법은 '최고소득제한법'이 되는 것이다. 개인이건 기업이건 최고소득 또는 최고 영업순이익을 제한하는 것이다. 내 식으로 말하면 도둑질 제한법인 것이다.

도둑질 제한법. 이름도 참 고상하고 품격이 있다. 양심적인(?) 수준의 도둑질은 인정하겠다는 것이니 얼마나 관대하고 관용적인가. 그렇게 해서 생기는 사회적 재부를 직장 폐쇄나 폐업 때문에 일하지 못하는 근로자나, 고령농에게 기본소득으로 지급하는 것이다. 얼마나 아름다운가. 서민들의 손에 들어간 돈은 부정한 비자금이 될 걱정도 없지, 뇌물 청탁으로 정치권과 사법권을 오염시키지도 않을 게 분명하지, 장롱 속에 금괴로 꼭꼭 숨겨져서 실물경제가 헛바퀴 돌릴 일도 없지 않은가.

농민기본소득은 농민들이 만들어 가야 한다

최고소득(제한)법을 두면 기업이나 개인이 창조적인 활동을 안 할 거라고? 뭘 그런 섭섭한 소리를…. 사람은 돈으로만 사는 게 아니라 명예와 긍지와 보람을 추구한다. 그래야 비로소 인간인 것이다. 그래야 만물의 영장이라는 수사가 부끄럽지 않다.

단연코 장담한다. 이렇게 된다면 삼성의 총수가 수갑 차고 감방 갈 일도 없는 것이다. 삼성 그룹의 총수가 감방에 가는 것은 매우 부당하고 불공정하다고 생각한다. 재산이 수십조 원이나 되는 사람을 나라에서 공짜 밥 먹이고 공짜 잠을 재우는 것은 있어서는 안 되는 일이다. 집 없이 굶는 사람이 있는데 말이다. 최고소득(제한)법과 (농민)기본소득이 정의이고 인권이고 행복이라 아니할 수 없다.

근데 누가 그런 법을 만들 것인가? 국회의원이? 문재인 정부가? 글쎄…. 목마른 사람이 우물을 파야 할 것이다. 농민이 만들어야 한다. 정치권에 요구하여 제도의 정비를 추진하면서도 농민들이 한발 앞서서 농민기본소득제를 통해 만들어 갈 세상에 대한 상상력을 키워가야 한다.

즉, 농민기본소득제를 실현하고자 하는 것은 우리가 어떤 사회에 사는 인간이고자 하는가를 바르게 설정하는 것이라 하겠다.

나는 2015년 여름, 내 글에 달린 댓글에 거친 대댓글을 달고 기진맥진해했다. 이 대목에서 당시의 내 글을 인용해야겠다.

*   *   *

상호 착취는 물론이고 급기야는 자기 착취를 강화하는 이 체제를 넘어서고자 하는 것이 기본소득제의 취지다. 공짜 돈으로 편하게 사는 제도로 농민기본소득제를 이해한다면 이 제도는 실패할 것이다.

인간의 존엄을 높이고 협동과 봉사, 헌신과 나눔, 자급과 자립, 순환의 공동체 등 새로운 문명 가치를 일구어 가는 과정에 기본소득제가 있음으로써 자발적인 노동, 창조적인 삶이 전일화되는 사회를 만들어 가는 것이다.

아무리 제도가 좋아도 그 제도의 운영 주체이자 향유자인 사람의 의식과 도덕적 수준이 그에 따르지 못하면 어느 한쪽이 붕괴하는 사례는 역사에 무수하다. 농민기본소득제 논의 과정에서 돈의 가치보다 삶의 가치를 존중하는 농민 집단이 등장해야 할 것이다. 농민기본소득제 논의를 주도하고 실현해 내는 주체가 농민이어야 한다. 뒷전에 앉아서 불로소득처럼 기본소득을 챙기는 농민이어서는 이 제도의 취지와 부합하지 않는다.

위대한 자연의 상속자로서 농민은 건강한 밥상을 차리는 담당자여야 하기 때문이다. 지금이라도 '기본소득 농민 네트워크'를 만들어 대응하는 것이 바람직하겠다. 이 기본소득제 운동은 한국 사회 내부에 계급간, 계층간, 세대간, 지역간, 성별간에 견고하게 형성되어 있는 다양한 층위의 내부 식민지를 해방하는 투쟁이기 때문이다. 기본소득 도입은 '돈벌이 노동 사회'를 '필요 노동 사회'로 바꾸어 가는 지렛대가 될 것이다.

〈귀농통문〉 2018년 봄

'가빠 농법'으로 풀 관리하기

소리글은 '갑빠'라고도 하는데 인터넷 사전에서는 '가빠'로 나온다. 이 가빠를 이용한 농법에 대한 내 경험을 나눠 보려 한다. 농가에서 다용도로 쓰이는 가빠는 곡식을 널어 말릴 때도 쓰이고 덮개로도 쓰인다. 방수가 되고 가벼워서 이동하거나 보관하기에 참 좋다. 더러워지면 물로 쓱쓱 닦으면 깨끗해지고, 땅바닥 습기가 찰 때는 두 겹으로 사용하면 습기 차는 것도 막을 수 있다.

요즘처럼 가을걷이하다가 일이 덜 끝났는데 어두워지거나 갑자기 비라도 뿌리면 이 가빠만큼 좋은 게 없다. 펼쳐서 덮으면 일단 안심이다. 값도 싸다. 원하는 크기로 자르거나 이어 붙이기도 좋다. 밭농사 하면서 이걸로 효과를 많이 보았다.

우리가 '농법'이라고 할 때는 단순화해서 보면 딱 두 가지이다. 하나는 작물을 잘 키우고 소출을 높이기 위한 기술을 말하고, 다른 하나는 잡초를 효과적으로 관리하는 것이다. 이 둘이 서로 별개는 아니지만, 가빠 농법은 두 번째에 해당되는 것이다.

관리기를 대체하다

24년 농사지으며 최대 2,800평 농사를 지을 때도 내 농기계는 관리기가 유일했다. 초대형 농기계들에 비하면 초라할지 모르지만 귀농과 도시농업계의 독보적인 존재인 안철환 선생은 『호미 한자루 농법』(안철환, 들녘, 2016)이라 하여 호미 한 자루로 농사를 다 하는 데 비하면 '엄청난' 기계 농업인 셈이다.

삽, 괭이, 호미, 쟁쇠, 풀밀어, 새마을삽, 지네발 호미, 삽쇠, 여우호미, 선호미, 딸깍이, 쟁이 등 재주 좋은 농부들이 만든 농기구를 다 쓰면서도 6.5마력 모델[AMC-880S]인 아세아관리기를 오래 붙들고 있었던 것은 제초 때문이었다. 관리기는 사용이 편리하고 매우 똑똑해서 기능이 양 손가락을 꼽아도 모자랄 정도지만, 우리 집에서 최후의 역할은 한 가지였다. 제초! 이것이었다.

구굴기, 비닐피복기, 두둑성형기, 쟁기 등을 다 갖췄지만 차츰차츰 하나씩 쓰지 않다가 마지막 남은 것이 로터리였다. 제초에 로터리만 한 것이 없다. 밭에 계절 따라 여러 작물을 섞어서 심고 가꾸다 보니 동네 트랙터를 불러서 한 필지씩 로터리를 칠 상황이 안 되었다. 그때그때 조금씩 다양한 형태로 작물을 심어야 하니까 관리기가 딱이었다.

웬만큼 풀이 자라도 관리기로 살짝 겉흙만 로터리를 치면 되니까 계속 관리기를 사용했는데, 가빠농법을 본격화하면서 관리기마저 재작년에 중고로 팔아 버렸다. 평택으로 귀향한다는 정년퇴직자 한 분이 이 관리기를 가지러 왔을 때 시원섭섭했던 기억이 난다.

지금은 가빠만으로 우리 밭 잡초 관리를 하고 있다. 우리 집 가빠는 크기도 각각이고 색깔도 제멋대로이다. 정품을 사다가 가위로 자른 것은 하나도 없고 이러저런 인연으로 우리 밭에까지 굴러온(?) 것들이다. 가빠가 아닌 덮개도 여럿이다. 한꺼번에 가빠라 부르겠다. 가빠와의 특별한 인연들은 뒤에 얘기하고 가빠를 이용한 농사법을 먼저 살펴보기로 한다.

가빠 특성과 사용법

가빠건 비닐이건 부직포건 땅을 덮고 있으면 풀은 자라지 못한다. 누구나 아는 사실이다. 봄이면 고추밭이나 감자밭에, 가을이면 마늘밭이나 양파밭에 비닐멀칭을 하는 가장 큰 목적이 그것이다. 빛을 가려서 풀이 나지 않게 하는 것이다.

가빠로 덮는 것을 굳이 '농법'이라고 이름을 붙이는 것은 다음과 같은 특성을 발견하고 심오한(?) 용법을 터득했기 때문이다. 먼저 사용법을 순서대로 살펴보기로 한다.

(1) 파종(또는 아주 심기)할 곳에 이랑만(또는 고랑까지) 가빠로 덮는

다. 가빠의 가장자리를 긴 나무토막이나 돌로 눌러 주기만 해도 풀이 조금 나 있을 때인 초여름 이전에는 1주일이면 풀들이 다 죽는다. 한여름에는 풀이 제법 자라 반 뼘 정도 되더라도 역시 일주일이면 무더위에 풀들이 누렇게 떠서 사망 내지는 임종을 앞둔 상태가 되어서 파종하기 좋은 상태가 된다. 자라던 풀들은 한동안 자연스레 덮개 역할을 하다가 삭아서 거름이 된다.

(2) 풀이 한 자 이상 자랐을 때 쑥대나 명아주, 달맞이꽃 등 키가 크고 억센 풀은 낫으로 대충 쳐 주고 가빠를 덮으면 효과적이다.

때로는 작물을 심을 이랑만 가빠를 덮어 두었다가 풀이 마르면 파종하고, 고랑 풀은 놔뒀다가 작물이 자랄 때 서로 쳐다보며 어울리게 한다. 고랑 풀이 작물을 위협할 때쯤에 고랑에 가빠를 덮으면 된다.

(3) 고랑에 놔 뒀던 풀들을 가빠로 덮기보다 낫으로 베어서 이랑의 포기 사이에 깔아 줘도 된다. 풀보다 작물들이 빨리 자라서 땅을 다 차지하면 다행이지만 그렇지 못하면 풀을 베어 깔아 주거나 부분적으로 풀을 매 주는 방법이다.

(4) 옆쪽에 다른 작물을 심거나, 같은 작물이라 하더라도 순차적으로 파종해 가는 중이라면 가빠를 그쪽으로 옮겨서 덮는다. 날씨에 따라 덮어 두는 기간이 달라지므로 파종할 날로부터 거꾸로 날짜를 세어 보고 덮으면 된다.

이때 가빠의 개수와 크기, 총면적은 필요한 만큼 정해서 사용하면 된다. 상상이 되겠지만 좁거나 긴, 넓거나 짧은 가빠들이 여러 가지로 쓰인다. 서로 포개져도 되고 겹쳐져도 무방하다. 가장자리를 잘 눌러 주는 게 중요하다.

(5) 닭장 덮개로 많이 쓰이는 부직포는 주의가 필요하다. 잡초가 부직포를 뚫고 올라오거나 뿌리가 부직포에 엉겨붙으면 뒤처리가 힘들어진다. 안 쓰는 낡은 담요를 써 봤는데 이것도 부직포처럼 뒤처리가 힘들다. 역시 가빠가 좋다. 다만, 가빠가 바람에 날려서 자라고 있는 멀쩡한 옆 이랑을 덮는 일이 종종 있다. 잘 살펴야 한다.

(6) 가빠도 두께나 색깔이 여러 가지인데 땅 상태에 따라 알맞은 것을 쓰는 게 좋다. 풀이 무성하면 '두꺼운 가빠'를 쓰고 풀이 별로 자라지 않았으면 얇은 가빠로 덮어도 된다. 얇은 가빠 위에 부직포를 덧씌워도 된다.

가빠도 종류가 여럿이다. 가빠 종류가 여럿이라는 것은 우연한 기회에 알게 되었는데, '두꺼운 가빠'인 유브이(UV, Ultraviolet Rays 자외선) 하드코팅 가빠를 구하게 된 때부터이다. 재미있는 사연은 뒤에 얘기하고, 유브이코팅 가빠의 효과가 가장 좋더라는 것만 말씀드린다. 자외선을 차단하니 변색과 부식이 잘 안 되어 오래 쓸 수 있는데, 다루기 무겁고 비싸다는 단점은 있다. 물론 이것도 햇볕을 많이 쬐다 보면 점점 딱딱해지다가 접힌 곳이 부러지기도 한다. 플라스틱과 비닐 같은 석유화학제품의 일반적인 특성이다.

가빠를 덮어 둔 모습. 풀이 웬만큼 자라고 나서 덮어 줘도 여름에는 1주일이면 다 말라죽는다.

(7) 사용한 가빠는 깨끗하게 씻어서 잘 말려 보관해야 한다. 습기와 햇볕은 가빠의 내구성을 떨어뜨리므로 피해야 한다. 흙이 좀 묻은 채로 보관하더라도 마른 상태라야 한다. 꼭 그늘에 보관하는 게 좋다.

가빠농법의 좋은 점

가빠농법의 이점은 다음과 같은 것들이다. 풀 관리 위치 선정이나

이랑 사이에는 가빠를 덮어 풀을 나지 못하게 하고 다른 한 쪽은 덮었던 가빠를 벗겨내고 다른 작물을 심는다. 씨앗을 뿌리기보다 모종을 옮기면 풀이 자랄 겨를이 없이 작물이 땅 위에 어우러져 풀을 이긴다.

필요 면적에 따라 자유자재로 쓸 수 있어 좋고, 임시로 덮는 것이라 고정식 멀칭과 달리 부작용이 적다.

1년 동안 한곳에 고정되는 비닐멀칭은 통기와 지열, 투습 등에서 폐쇄적이다. 가빠는 이동식이며 가장자리가 땅속으로 묻히지 않기 때문에 이런 부작용이 없다. 땅속 생명체를 함부로 해치지도 않는다 (관리기로 하는 로터리작업과 비교할 수 없을 정도로 땅속 생명체를 보호함).

풀을 적당한 양과 적당한 크기로 관리하기에 좋다. 풀은 제거의 대상이 아니라는 점에서 그렇다. 물론 농부의 손이 많이 가고 태풍이 불 때는 특단의 대비가 필요하지만 자연농법에 적용할 만하다. 무엇보다도 비용이 거의 들지 않는다는 이점이 있다.

길거리에 떨어져 뒹구는 가빠를 주워 온 적도 있고, 천막사 할아버지가 자투리 가빠를 한 무더기 주셔서 얻어 온 적도 있다.

가빠농법의 시작은 이 할아버지와의 인연 때문이기도 한데 언젠가 어머니 휠체어를 밀고 읍내 장에 장 구경을 갔는데 이 할아버지가 나를 불렀다. 이유가 뜻밖이었다. 수십 년 장터에 살았어도 쓰레기를 버리는 놈만 봤지 쓰레기를 주워 가는 놈은 한 번도 본적이 없다면서 내 트럭을 끌고 오라는 것이다. 그러고는 천막 자투리 조각들과 노끈 다발과 일할 때 신으라고 양말까지 한 묶음을 주셨다. 휠체어를 밀고 가다가 장바닥에 굴러다니는 쓰레기가 있기에 주워서 휠체어에 걸고 다니던 비닐봉지에 담는 모습을 봤던 모양이다. 그분이 그렇게까지 한 것이 어떤 내밀한 자기만의 내력이 있는지는 모르겠다.

이때 엄청 많이 얻은 크고 작은 가빠는 청색이 대부분이었고 노란색과 분홍색도 있었다. 그걸 집에 가져다 뒀다가 이것저것 곡식을 널다보니 그 밑에 풀이 못 자라는 걸 새삼 발견하고 밭으로 옮겨 가빠농법으로 쓴 것이 본격적인 가빠농법이 탄생된 배경이다.

위에서 말한 '길거리에 떨어져 뒹굴던 가빠'가 비싸고 두꺼운 유브이 하드코팅 가빠이다.

한번은 남원 쪽으로 가다가 중앙선에 걸쳐서 시커멓고 커다란 물체가 있는 걸 발견하고 급히 핸들을 꺾었다가 순간적으로 다른 차량들도 놀라서 사고가 나겠다는 생각에 급히 차를 세우고 되돌아가서 치울 겸해서 싣고 왔다. 그게 대형 트럭에 덮개로 쓰이는 이중코팅 가빠였다. 몇 년째 아주 잘 쓰고 있다.

우리 밭 사진에서 보듯이 가빠를 걷어 내면 살아 있는 땅 모습이 보인다. 사막화된 비닐멀칭 땅과는 다르다. 가장자리를 통해서 빗물과 공기가 잘 통해서일 것이다. 덮이는 기간이 길어야 열흘이나 보름이니 땅속 생명체들이 살아 있다. 그럼에도 잡초를 통제하는 능력이 뛰어나다.

〈귀농통문〉 2017년 겨울

마음 농사 짓기

등록 1994.7.1 제1-1071
1쇄 발행 2019년 3월 20일

지은이　전희식
펴낸이　박길수
편집인　소경희
편　집　조영준
관　리　위현정
디자인　이주향
펴낸곳　도서출판 모시는사람들
　　　　03147 서울시 종로구 삼일대로 457(경운동 수운회관) 1207호
전　화　02-735-7173, 02-737-7173 / 팩스 02-730-7173
홈페이지　http://www.mosinsaram.com/

인　쇄　천일문화사(031-955-8100)
배　본　문화유통북스(031-937-6100)

값은 뒤표지에 있습니다.
ISBN 979-11-88765-33-1　　03300

이 도서의 국립중앙도서관 출판예정도서목록(CIP)은 서지정보유통지원시스템 홈페이지
(http://seoji.nl.go.kr)와 국가자료공동목록시스템(http://www.nl.go.kr/kolisnet)에서 이용하
실 수 있습니다.(CIP제어번호:CIP2019002610)